普通高等教育一流本科专业建设成果教材
普通高等学校低碳管理类系列教材
国家社科基金重大项目阶段性成果

能源电力企业碳中和管理

邵 婧　李良星　于汶珊　主编

化学工业出版社

·北京·

内容简介

《能源电力企业碳中和管理》主要介绍能源电力行业碳中和的背景、意义；能源电力企业碳中和战略制定及路线；我国能源电力企业发电技术的现状、碳中和的挑战与机遇以及低碳技术转型的方向等；传统能源节能减排技术、新能源发电技术、核能发电供热一体化技术、储能技术、氢产业链与氢能利用；能源电力企业的发电体系，以及新型电力系统、能源互联网、"源-网-荷-储"运营模式等新兴概念；能源电力企业未来碳中和技术的发展。并对实现净零排放的关键技术——碳捕集、利用与封存（CCUS）技术，数字技术的发展和生命周期分析方法进行了举例说明。

本书可作为高等学校新能源、电力等专业的教材使用；并为企业提供具体的节能减排路线建议，可供能源电力行业作为培训教材使用，还可供对碳达峰、碳中和感兴趣的社会各界人士阅读。

图书在版编目（CIP）数据

能源电力企业碳中和管理/邵婧，李良星，于汶珊主编.—北京：化学工业出版社，2023.12
普通高等教育一流本科专业建设成果教材
ISBN 978-7-122-44998-6

Ⅰ.①能… Ⅱ.①邵… ②李… ③于… Ⅲ.①能源工业-节能减排-中国-高等学校-教材②电力工业-节能减排-中国-高等学校-教材 Ⅳ.①F426.2②F426.61

中国国家版本馆CIP数据核字（2023）第239669号

责任编辑：满悦芝　　　　　　　文字编辑：刘　莎　师明远
责任校对：边　涛　　　　　　　装帧设计：张　辉

出版发行：化学工业出版社
　　　　　（北京市东城区青年湖南街13号　邮政编码100011）
印　　刷：三河市航远印刷有限公司
装　　订：三河市宇新装订厂
787mm×1092mm　1/16　印张10¾　字数259千字
2024年9月北京第1版第1次印刷

购书咨询：010-64518888　　　　售后服务：010-64518899
网　　址：http://www.cip.com.cn
凡购买本书，如有缺损质量问题，本社销售中心负责调换。

定　　价：39.80元　　　　　　　　　　版权所有　违者必究

前言

党的二十大报告提出，积极稳妥推进碳达峰碳中和。实现碳达峰碳中和是一场广泛而深刻的经济社会系统性变革。立足我国能源资源禀赋，坚持先立后破，有计划分步骤实施碳达峰行动。完善能源消耗总量和强度调控，重点控制化石能源消费，逐步转向碳排放总量和强度"双控"制度。推动能源清洁低碳高效利用，推进工业、建筑、交通等领域清洁低碳转型。深入推进能源革命，加强煤炭清洁高效利用，加大油气资源勘探开发和增储上产力度，加快规划建设新型能源体系，统筹水电开发和生态保护，积极安全有序发展核电，加强能源产供储销体系建设，确保能源安全。完善碳排放统计核算制度，健全碳排放权市场交易制度。提升生态系统碳汇能力。积极参与应对气候变化全球治理。报告高度概括出我国"双碳"工作的指导思想、基本原则和重要措施，进一步坚定了实现"双碳"目标的决心，指明了走符合中国国情的降碳之路。

中国承担了全球30％的制造业，在保护生态环境的全球共识下达成碳达峰碳中和的目标要承担更大的压力。受我国能源资源禀赋约束，以煤为主的能源结构和煤电为主的电源结构是客观存在的。能源电力作为现代社会重要的基础产业和公共事业，既是碳排放的重要行业，又是碳减排的重要领域，能源电力绿色低碳转型是支撑全社会实现"双碳"目标的关键。

自"双碳"目标提出后，大量的学者和企业利益相关者都开始关注"双碳"背景下企业如何制定减排目标、实施减排策略、实现低碳转型。其中有不少研究立足于我国以煤为主的基本国情，聚焦于能源电力企业的发展方向和发展路径。但随着新的政策制度不断出台、新的技术快速更新，已有的大部分书籍或研究不能囊括新的研究成果和发展趋势，缺乏对电力企业关键转型技术的介绍。

本教材将紧密围绕电力企业实现碳中和的新政策和技术，通过对政策技术的概念、发展、未来趋势的阐述，用案例和图表对该领域的知识进行延伸思考，从碳中和的实现技术及路径出发为碳中和管理人才、相关企业及研究领域学者提供电力企业转型的新研究成果和管理实践。

本书主要由邵婧、李良星、于汶珊主编，赵佳元、王闻婕、王嘉熙参编。

为保证本书的顺利出版，一些专业领域的专家，如西北工业大学管理学院贾明教授团队、西安交通大学能源与动力工程学院李良星教授团队为本书的出版做出了卓越贡献。对上述所有人员表示衷心的感谢！

由于时间和水平所限，书中疏漏之处在所难免，请各位读者批评指正。

编者

2023 年 12 月

目 录

1 能源电力企业碳中和管理导论

学习目标 1
开篇案例 1
1.1 什么是碳中和 2
    1.1.1 碳中和的现实背景 2
    1.1.2 碳中和的理论基础 5
    1.1.3 碳中和政策概述 6
    1.1.4 碳中和政策的激励作用 8
1.2 什么是企业社会责任 9
    1.2.1 企业社会责任概述 9
    1.2.2 企业履行社会责任的驱动力 11
    1.2.3 影响企业碳中和实施的因素 12
    1.2.4 企业碳中和的两大类标准 13
1.3 能源电力企业相关碳中和政策 14
    1.3.1 燃煤（火力）发电行业政策 15
    1.3.2 水电行业政策 17
    1.3.3 核电行业政策 18
    1.3.4 新能源行业政策 19
    1.3.5 氢能行业政策 21
1.4 能源电力企业碳中和管理的展望 22
    1.4.1 能源电力企业碳中和技术的发展 22
    1.4.2 数字化碳中和路径 27
    1.4.3 碳中和管理的重要意义 29
本章小结 29
关键术语 30
复习思考题 30

2 能源电力企业碳中和战略制定及路线   31

- 学习目标 ······ 31
- 开篇案例 ······ 31
- 2.1 国家能源战略与实现碳中和的途径 ······ 31
  - 2.1.1 国家能源战略 ······ 31
  - 2.1.2 中国能源体系实现碳中和的途径 ······ 33
- 2.2 企业碳中和路线的制定 ······ 34
- 2.3 碳排放权交易市场 ······ 36
  - 2.3.1 碳排放权交易的经济学背景 ······ 36
  - 2.3.2 碳排放权交易的历史演变 ······ 41
  - 2.3.3 我国碳排放权交易体系 ······ 42
  - 2.3.4 能源电力企业碳市场的运行管理 ······ 48
- 本章小结 ······ 54
- 关键术语 ······ 54
- 复习思考题 ······ 54

3 能源电力企业发电技术的转型   55

- 学习目标 ······ 55
- 开篇案例 ······ 55
- 3.1 我国发电技术现状 ······ 55
  - 3.1.1 燃煤发电 ······ 57
  - 3.1.2 水电 ······ 58
  - 3.1.3 核电 ······ 58
  - 3.1.4 太阳能 ······ 59
  - 3.1.5 风能 ······ 59
  - 3.1.6 生物质能 ······ 60
  - 3.1.7 未来氢能 ······ 62
- 3.2 能源电力行业碳中和 ······ 66
  - 3.2.1 碳中和下的电力需求 ······ 66
  - 3.2.2 我国电力市场的建设 ······ 67
  - 3.2.3 低碳电力转型的有效措施 ······ 69
- 3.3 碳中和的挑战与机遇 ······ 71
  - 3.3.1 技术发展与能源供给的矛盾 ······ 71
  - 3.3.2 储能技术与新能源的矛盾 ······ 72
  - 3.3.3 核能挑战 ······ 73

7.2	核能供热技术	121
	7.2.1 单一核能供热方式	121
	7.2.2 热电联产供热方式	121
7.3	核能的安全问题	121
	7.3.1 核能安全风险	121
	7.3.2 核能安全伦理原则	122
7.4	储能技术	123
	7.4.1 储能技术概述	123
	7.4.2 储能技术分类	123
	7.4.3 储能技术在智能电网中的应用	125

本章小结 ········· 126
关键术语 ········· 126
复习思考题 ········· 126

8 能源电力企业的发电体系 127

学习目标 ········· 127
开篇案例 ········· 127

8.1	新型电力系统	127
	8.1.1 电力系统的定义与发展历史	127
	8.1.2 新型电力系统的特点	128
	8.1.3 新型电力系统的构建与发展	131
8.2	能源互联网智能系统	132
	8.2.1 智能电网概述	132
	8.2.2 能源互联网概述	134
	8.2.3 "源-网-荷-储"运营模式	136
8.3	多元互补综合能源发电体系	139
	8.3.1 互补发电技术的界定	139
	8.3.2 互补发电方式	139

本章小结 ········· 143
关键术语 ········· 143
复习思考题 ········· 143

9 能源电力企业碳中和技术的发展 144

学习目标 ········· 144
开篇案例 ········· 144

9.1 二氧化碳捕集、利用与封存 ·· 144
 9.1.1 CCUS 技术概述 ·· 144
 9.1.2 CCUS 技术风险 ·· 147
9.2 数字技术在碳中和的应用 ·· 149
 9.2.1 数字经济概述 ·· 149
 9.2.2 碳中和中的数字技术 ······································ 152
 9.2.3 数字经济发展方向 ·· 154
9.3 生命周期分析方法 ·· 154
 9.3.1 生命周期理论与概念 ······································ 154
 9.3.2 生命周期碳成本分析 ······································ 156
本章小结 ·· 159
关键术语 ·· 159
复习思考题 ·· 159

参考文献 160

1 能源电力企业碳中和管理导论

❖ **学习目标**

(1) 了解国际碳中和进程。
(2) 掌握我国碳中和提出背景及现实意义。
(3) 理解企业碳中和社会责任含义。
(4) 了解能源电力行业政策。
(5) 了解能源电力企业碳中和管理的未来发展。

❖ **开篇案例**

构建新型电力系统，是实现电力行业高质量发展的重要途径

能源是经济发展的基石和现代社会的血液。党的十八大以来，习近平总书记提出"四个革命、一个合作"能源安全新战略，做出推进"碳达峰、碳中和"的重大战略决策，明确了建设能源强国新目标，为新时代我国能源清洁低碳转型指明了发展方向、提供了根本遵循。

站在新的起点上，党的二十大报告提出，推动绿色发展，促进人与自然和谐共生。"加快规划建设新型能源体系""加快发展方式绿色转型""推动形成绿色低碳的生产方式和生活方式"等一系列绿色发展新目标、新任务引发热议。

近年来，我国能源绿色低碳转型取得重要进展，新能源为绿色发展注入新动力，可再生能源装机逐渐成为我国发电新增装机的主体。党的十八大以来，我国非化石能源消费占比提高了6.9%，水电、风电、太阳能发电、生物质发电装机位居世界第一，巨大的新能源市场给企业带来了广阔的发展机遇，绿色日益成为经济社会高质量发展的鲜明底色。随着碳达峰碳中和进程加快，能源转型将进一步深入推进，使能源结构布局深刻调整，能源利用方式多元化，能源科技创新融合发展，能源产业生态跨越升级。

从供给侧看，新能源占比逐渐提高；从客户侧看，发用电一体"产消者"大量涌现；从电网侧看，以大电网为主导、多种电网形态相融并存的格局正在形成；从系统整体看，运行机理和平衡模式出现深刻变化。构建新型电力系统是推动能源清洁低碳转型、助力碳达峰碳中和的迫切需要，是顺应能源技术进步趋势、促进系统转型升级的必然要求，是实现电力行业高质量发展、服务构建新发展格局的重要途径，为电力系统转型升级指明了方向。

第一，新能源注入新动力。甘肃是我国重要的生态安全屏障和清洁能源基地，当地的清洁动能，正通过我国首条大规模、高比例输送新能源的特高压直流工程，源源不断送往中东部地区。党的二十大报告为能源电力行业绿色低碳转型指明了方向。国网甘肃省电力

公司加快构建新型电力系统，引导新能源及产业负荷优化布局，为实现"双碳"目标贡献力量。

第二，数字技术为电网赋能。国家电网以数字技术为电网赋能，在电力系统广泛应用"大云物移智链"等现代数字技术，推动电网向能源互联网转型升级。目前，国家电网建成了全球规模最大的新能源云平台，为新能源规划建设、并网消纳、交易结算等提供一站式服务；依托"网上国网"、新能源云等线上平台，打造户用光伏建站并网结算全流程一站式服务，构建分布式光伏服务生态圈。

第三，能源服务的新模式涌现。能源服务的新模式为促进能源消费侧清洁低碳转型注入了新动能。例如，国家电网打造省级智慧能源服务平台，聚焦工业企业、公共建筑等，持续推进"供电＋能效服务"，为客户提供用能分析、能效对标、节能提效方案推介等服务。

1.1 什么是碳中和

1.1.1 碳中和的现实背景

气候变化是危及人类生存的共同挑战，其中温室气体排放导致全球升温而引发气候灾害频发的问题最为突出，因此成为近30年以来全世界各国关注的焦点问题。低碳发展和控制温室气体排放成为全世界各国的共识，是全球公共治理的共同挑战。1992年，《联合国气候变化框架公约》明确提出工业化发达国家应负主要责任。《京都议定书》于1997年12月在日本京都由联合国气候变化框架公约参加国三次会议制定，其目标是"将大气中的温室气体含量稳定在一个适当的水平，进而防止剧烈的气候改变对人类造成伤害"。《京都议定书》规定发达国家从2005年开始承担减少碳排放量的义务，而发展中国家则从2012年开始承担减排义务。中国于1998年5月签署并于2002年8月核准了该议定书。

2009年《哥本哈根协议》将"2℃阈值"作为共识列入并作为全球减排努力的参考目标。随后在2015年12月12日的巴黎气候变化大会上，通过了《巴黎协定》，并于2016年4月22日在纽约签署了该气候变化协定，该协定为2020年后全球应对气候变化行动做出安排。《巴黎协定》长期目标是将全球平均气温较前工业化时期上升幅度控制在2℃以内，并努力将温度上升幅度限制在1.5℃以内。中国于2016年4月22日在《巴黎协定》上签字。同年9月3日，全国人大常委会批准中国加入《巴黎协定》，成为完成了批准协定的缔约方之一。2023年首次评估成员国对《巴黎协定》的执行情况。

随着《京都议定书》《巴黎协定》等的签订和生效，世界各国陆续做出碳减排承诺，并提出了实现"碳中和"的时间表。

1.1.1.1 世界各国碳中和时间表

碳减排和实现碳中和是全球各国的共同目标。目前，世界各国碳中和目标如表1-1所示。2015年底的《巴黎协定》中并没有提出碳中和或气候中和的目标，但其第四条提出要在21世纪下半叶，在人为源的温室气体排放与汇的清除量之间取得平衡，这一目标对应于净零排放。《巴黎协定》之后，陆续有国家和地区提出了与碳中和及净零排放有关的长期目标。在2019年联合国气候行动峰会中，联合国秘书长古特雷斯发表声明称包括65个国家和欧盟在内的"2050"集团全数承诺在2050年前实现碳中和。但由于其中大部分国家并未就这一目标展开后续行动,因而无法对这些国家提出的碳中和目标及其内涵进行进一步研究。通过对各国向《联合国气候变化公约》(UNFCCC)秘书处提交的长期温室气体低排放发展战略以及其他公开资料进行调研,本书统计了85个国家的碳中和目标承诺的相关信息并进行分类,其中包括非欧盟的58个国家和欧盟27个成员国。这些国家2016年CO_2排放共计16261Mt,全温室气体排放共计20451$MtCO_2$当量,分别占全球44%和41%。国家能源网2022年的数据显示,全球国家已陆续设立了符合各国国情的"双碳"目标。主要的发达经济体和部分发展中经济体已经实现了碳达峰,部分发达经济体已经提出了实现碳中和的预计年份,实际上有138个国家设定了碳中和目标,其余的国家设定了碳减排量目标,以及部分国家还未设定目标。

表 1-1 世界主要国家碳中和时间表

进展情况	国家和地区(承诺年)
已实现	苏里南共和国、不丹、蒙古等7个国家
已立法	瑞典(2045)、英国(2050)、法国(2050)、丹麦(2050)等36个国家
发布声明	马来西亚(2050)、阿根廷(2050)、印度(2070)、巴西(2050)等18个国家
政策宣示	冰岛(2040)、芬兰(2035)、克罗地亚(2050)、中国(2060)等20个国家
已进行讨论	瑞士(2050)、墨西哥(2050)、巴基斯坦(2050)、索马里(2050)等57个国家

1.1.1.2 各国对碳中和目标的表述及其定义

正式提出碳中和承诺的29个国家或地区分别采用了一种或多种碳中和目标表述,但大多数国家并未严格遵循联合国政府间气候变化专门委员会(IPCC)的定义,而是对同一类目标进行了不同的解读,造成了各国碳中和目标概念混淆、气体覆盖范围不明晰的情况。

在29个国家或地区中,不丹、冰岛、智利、葡萄牙、中国、斐济、瑞士及西班牙等8个国家选择以碳中和或净零碳排放为目标。按照IPCC的定义,这些国家需在目标年份实现CO_2的净零排放。

除了未明确气体范围的国家外,法国、芬兰、葡萄牙、智利等国虽以碳中和为目标,但在政策表述中都围绕温室气体(GHGs)展开。斐济则根据自身发展水平,设定了四种不同情景,并提出在最高强度减排路径下实现能源部门的GHGs净零排放。乌拉圭的碳中和目标则包括CO_2、CH_4和N_2O,也并非只有碳排放。由此可见,这些国家对碳中和的定义与IPCC的定义并不相同,其目标中都用碳代指了包含CO_2在内的温室气体。对于将目标表述为净零排放国家而言,覆盖气体范围较为统一。除了哥斯达黎加和韩国,其余国家均明确指出是实现全温室气体的净零排放。

然而,尽管表述较为统一,但不同国家对于实现这一目标的核算规则和气体覆盖范围也有不同的界定。例如,加拿大将在其他国家实现的GHGs减排也计入本国的减排当中;在新西兰,由于农业是最大的排放来源,因此净零排放的范围没有包括生物CH_4。大多数国家将气候中和目标等同于温室气体净零排放。虽然IPCC从影响和排放两方面对气候中和及净零排放进行了明确区分,但从各国官方文件的表述来看,几乎所有国家都将两者等同。例如,欧盟同时将气候中和及净零排放作为其长期目标,将两类概念同等化。

| 碳中和聚焦 1-1 |

组织碳中和实践案例

组织泛指各种政府机关、企业等。目前,全世界进行碳中和实践的典型组织有悉尼市政府、汇丰银行、温哥华城市银行、瑞士再保险集团、网络公司谷歌、美国冰淇淋公司 Ben & Jerrys、美国奥柏林学院和中欧国际工商学院等等。

(1) 澳大利亚悉尼市政府。澳大利亚悉尼市政府依循 ICLEI 协议,使用相关软件量化组织碳排放。政府进行市府内各项减量行动。购买通过 Carbon Offset Guide Australia 认可的自愿碳减排(VER)和国际核证减排标准(VCS)碳信用额度碳中和组织一年的碳排放。然后,政府委托 Banarra 公司进行第三者查证,使用 ISO 14064-3 及 ICLEI 全球地方政府温室气体排放分析议定书中的准则作为查证准则。最后,在市政府网站上披露查证报告。ICLEI 是一个有着 1100 多个致力于可持续发展的地方政府的国际组织,成员来自 70 个国家和地区,代表全球约 4 亿人口。ICLEI 作为"地方环境行动国际委员会"成立于 1990 年。2003 年,ICLEI 正式更名为"国际地方环境倡议理事会"。

(2) 汇丰银行。汇丰集团于 2005 年成为全球首家实现碳中和的大型银行。为了实现零碳排放,汇丰从全球信誉可靠的可再生能源项目购买二氧化碳排放额度,部分项目经由联合国清洁发展机制委员会和自愿碳标准核准注册。汇丰所购买的一部分二氧化碳排放额度来源于中国的项目,比如风力发电和水电站,这将有助于向低碳经济转变。在 2009 年,汇丰购买减量额度中和了组织 2008 年度的 90 万吨二氧化碳排放量。

活动碳中和案例

(1) 活动碳中和多属于单次举办的大型活动的碳中和:对于活动碳排放的量化尚无统一的标准与方法,由活动单位自行采用适用标准,或独自计算碳排放量。

碳排放核算范畴包括:场馆、表演场地等的直接碳排放,场地使用电力的间接排放,直接相关工作人员、选手、音乐家等的旅行碳排放,以及器材货运造成的碳排放等。目前,全球已经出现不少活动碳中和典型案例,如 2006 年都灵冬奥运会、2007 年的活乐地球音乐会(Live Earth)、2008 年的北京奥运会、2008 年的迈阿密海岸码头钓鱼锦标赛、2010 年的南非世界杯足球赛等。其中,都灵冬奥运会是迄今为止首次实现全程"碳中和"的奥运盛事,为抵消赛事期间排放的近 10 万吨二氧化碳,组委会开展了"都灵气候遗产"活动,通过林业、节能减排和可再生能源项目进行了碳抵消。南非世界杯足球赛通过购买已评估的合格碳补偿来源,并宣告达成碳中和。

(2) 东航——碳中和航班:全国第一班全生命周期碳中和航班成功首航,如图 1-1 所示,东航碳中和航班不仅仅完成航班运行中的碳抵消,更迈向产业链上游。

在习近平主席在联合国大会宣布我国"双碳"目标一周年之际,中国东航、中国石化、中远海运联合在上海举办我国首船全生命周期碳中和石油认证仪式,上海环境能源交易所分别向三家企业颁发我国首张碳中和石油认证书,这是中国东航、中国石化、中远海运发挥各自优势,共建"绿色交通新模式"的创新实践,探索了一条跨行业、产业链实现净零排放的路径,对我国交通能源领域推动"双碳"目标落地具有里程碑意义,将助力国家"双碳"目标的实现。

该项目首次实现了全生命周期碳中和。据悉,该项目从石油开采、运输、炼制,到产品储存、消费等各环节,测算出全生命周期所产生的二氧化碳,然后进行同等当量的中和。根据自愿抵消原则,中国东航通过购买林业碳汇、可再生能源等具有社会贡献力的碳抵消产品，抵消航空煤油燃烧的碳排放，实现航班运行阶段的碳中和。此外，中国石化承担了本次原油开采、储存、加工、石油产品运输以及车用汽油、车用柴油、液化石油气燃烧的碳排放抵消责任；中远海运承担了原油运输和船用燃料油燃烧的碳排放抵消责任。

依托中国东航、中国石化、中远海运联合完成的我国首船"全生命周期碳中和石油"，使得这一航班的航油，实现了从原油开采、运输、航空燃油炼制、储存、成品油燃烧的"全生命周期碳中和"。

东航的碳中和航班打通了旅客互动途径，旅客通过东航 APP 查询航班出行信息时，能清晰直观地看到碳中和航班的专属标记；购票搭乘东、上航"碳中和"主题航班完成出行的旅客，将收到"东航邀请助力碳中和"的手机短信；旅客作为"东方万里行"会员，可以通过短信或点击东航 APP 首页的活动轮播图，参加碳中和行动，使用 100 分的"东方万里行"积分，支持植树造林、可再生能源发电等碳中和项目，参与抵消飞行过程中产生的碳足迹。

图 1-1　东航碳中和航班

1.1.2　碳中和的理论基础

将全球温升稳定在一个给定的水平意味着全球"净"温室气体排放需要大致下降到零，即在进入大气的温室气体排放和吸收的汇之间达到平衡。这一平衡通常被称为中和（neutrality）或净零排放（net-zero emissions）。由于目前人为温室气体排放的绝大部分是 CO_2，因此在各国提出的碳中和或净零排放目标中也常用碳代指温室气体。各国提出的与碳中和相关的目标表述主要包括四种，即气候中和（climate neutrality）、碳中和（carbon neutrality）、净零碳排放（net-zero carbon emissions）和净零排放。

IPCC 的全球升温 1.5℃ 特别报告对以上概念进行了明确定义。其中，净零排放与气候中和的定义并不完全等价，这是因为气候中和是从对气候系统的影响出发，而净零排放则是从排放角度进行定义，零排放与零影响之间并不等同。

首先，温室气体净零排放并不等同于气候净影响为零。虽然温室气体排放是人类活动对气候变化的最大贡献源，但并不是唯一来源。其他人类活动如城市化、植被改变与破坏等，也会改变地表反照率并对气候系统产生影响。

其次，气候中和并不必然要求温室气体净零排放。从全球碳排放的能源结构来看，碳排放主要来自电力、交通和工业行业，2018 年三个行业碳排放占比达 85%，是碳减排的主要阵地，其中电力行业碳排放量最大，2018 年达 14Gt CO_2，占比约 42%，因此降低电力行业碳排放是重要工作。对于 CH_4 等短寿命温室气体而言，有研究表明稳定的短寿命温室气体排放并不会导致新的气候影响，因此气候中和只要求短寿命温室气体排放达到稳定而不必要求其达到零排放。

最后，在核算温室气体净零排放时，需要采用一些衡量不同温室气体增温能力的指标对非 CO_2 温室气体进行换算和加总，这些指标包括全球增温潜势（GWP）、全球温变潜势（GTP）和最近提出的辐射强迫等价潜势（GWP*）等。不同指标会显著影响温室气体净排放的核算结果。已有研究表明采用 GWP 可能显著高估 CH_4 等短寿命温室气体的气候影响，这一高估在碳中和目标下会成为一个突出问题，未来可能需要通过修订核算规则予以解决。

1.1.3 碳中和政策概述

1.1.3.1 国际形势

碳排放量是指在生产、运输、使用及回收等过程所产生的平均温室气体排放量。全球来看，随着 20 世纪 90 年代初经济迅速发展，全球碳排放总量不断增加，到 2020 年全球碳排放量为 31.5Gt，较 1990 年上涨 53.5%，同比降 5.7%，实现近年来同比最大降幅，是碳排放政策趋严加疫情导致一次能源需求下降的双重作用所致。

欧盟在 1996 年碳排放达峰后，最早进入减排下行通道。以 1990 年碳排量为基准，截至 2020 年已减排 31.7%，2020 年，欧盟委员会公布《欧洲气候法》草案以立法形式明确到 2050 年，较 1990 年碳减排 80%~95%，实现碳中和的目标；2020 年 12 月 11 日欧盟 27 个成员国领导人同意将 2030 年欧盟碳减排目标提高至 55%。2021~2030 年期间，欧盟每年新增 3500 亿欧元投资，资金主要来自于欧盟 7500 亿欧元的复苏基金，以确保减排目标顺利实施，主要由欧盟发行绿色债券、欧盟 1.279 万亿欧元的 7 年预算及碳交易市场收入构成。

美国在 2000 年碳排放达峰，21 世纪碳排放逐渐下行，但 18 年排放量略有抬头，2020 年美国碳排放量较 2005 年已下降 24.4%。2020 年推出 2 万亿美元新能源计划，将有效促进美国 2050 年实现碳中和。2021 年 2 月，美国重返《巴黎协定》，承诺 2030 年较 2005 年减排 50%~52% 的目标。2021 年 4 月美国总统拜登承诺在 2030 年将温室气体排放量从 2005 年的水平减少 50%~52%，并计划 2035 年前达到电力产业无碳污染，2050 年前达成 100% 绿色经济、零碳排放，有利于新能源产业发展。

1.1.3.2 国家政策

随着工业经济的高速发展，我国的碳排放还处于上升通道，面临着巨大的碳减排压力。2020 年 9 月 22 日，国家主席习近平在第七十五届联合国大会上提出："中国将提高国家自主贡献力度，采取更加有力的政策和措施，二氧化碳排放力争于 2030 年前达到峰值，努力争取 2060 年前实现碳中和"。这是我国政府面向世界做出的庄严承诺，也体现了我国政府大力推进碳减排、迈向碳中和的坚定决心。

而在推进实现碳中和国家目标的过程中，碳排放企业肩负着重要的历史使命和责任，构成了碳中和目标达成的重要力量。据国际能源署统计，全球电力和热力生产行业贡献 42%

的二氧化碳排放，工业、交通运输业分别贡献 18.4% 和 24.6%。具体到我国，电力和热力生产行业贡献 51.4%，工业、交通运输业分别贡献 27.9%、9.7%；我国碳排放来自电热、工业的占比相比全球更高。据国家统计局等部门的估计，碳排放重点行业企业的碳减排和接近碳中和是实现我国"30-60"目标的关键。而从实现低碳高质量发展的角度来看，所有企业，无论是工业制造企业，还是农业、服务业企业，都存在碳排放和碳减排的问题，故而在"30-60"目标导向下，所有企业都要努力实现碳减排和迈向碳中和，将低碳转型和高质量发展协调统一起来。

| 碳中和聚焦 1-2 |

我国发布十八大以来企业生态环境治理激励性政策文件清单

"二氧化碳排放力争于 2030 年达到峰值，努力争取 2060 年实现碳中和"的"双碳"目标是我国向世界做出的庄严承诺，同时也意味着一场广泛而深刻的经济社会系统性变革的开始。实现"双碳"目标任重道远，企业是勇挑时代重任的关键主体。

党的十八大以来，党中央以前所未有的力度抓生态文明建设，引导企业强化环境责任意识，加强能源资源节约，用政策增强企业绿色低碳发展的自觉性和主动性，推动企业转型与发展。表 1-2 是我国发布的十八大以来企业生态环境治理激励性政策文件，包括综合性政策、财政政策、价格政策等，从不同方面指导和激励企业进行正确战略选择，实现高质量发展。

表 1-2　企业生态环境治理激励性政策文件清单

政策类型	政策文件
综合性政策	关于构建现代环境治理体系的指导意见 国务院关于促进光伏产业健康发展的若干意见 ……
财政政策	关于分布式光伏发电实行按照电量补贴政策等有关问题的通知 关于"十三五"新能源汽车充电基础设施奖励政策及加强新能源汽车推广应用的通知 关于开展中央财政支持北方地区冬季清洁取暖试点工作的通知 ……
价格政策	关于创新和完善促进绿色发展价格机制的意见 关于积极推进风电光伏发电无补贴平价上网有关工作的通知 ……
税费政策	关于继续执行光伏发电增值税政策的通知 关于节能新能源车船享受车船税优惠政策的通知 ……
绿色金融政策	关于印发《绿色债券发行指引》的通知 关于印发《企业环境信用评价办法（试行）》的通知 ……
生态补偿政策	关于印发《建立市场化、多元化生态保护补偿机制行动计划》的通知 关于印发《生态综合补偿试点方案》的通知 ……
绿色供应链	关于印发《企业绿色采购指南（试行）》的通知 关于进一步做好供应链创新与应用试点工作的通知 ……

党的十九届六中全会通过了《中共中央关于党的百年奋斗重大成就和历史经验的决议》（以下简称《决议》），强调"党坚持实施创新驱动发展战略，把科技自立自强作为国家发展的战略支撑。""生态文明建设是关乎中华民族永续发展的根本大计，保护生态环境就是保护生产力，改善生态环境就是发展生产力，决不以牺牲环境为代价换取一时的经济增长。""更加自觉地推进绿色发展、循环发展、低碳发展，坚持走生产发展、生活富裕、生态良好的文明发展道路。"

企业应当贯彻落实《决议》精神，不应为了应付而只做表面功夫，也不应为了利益而进行"伪低碳"，而应当积极响应国家号召，成为绿色低碳发展道路上的主力军。

1.1.4 碳中和政策的激励作用

近年来，我国地方政府环境治理建立了环境监管体系、财政竞争制度、公众参与机制等三重激励机制，即地方政府的环境治理面临着来自上级政府的环境监管、同级政府间的财政竞争以及社会层面的公众参与等多重激励。

相关激励政策可以从不同的角度来进行分类：以调控方式来划分，激励政策可分为价格型调控工具（如税费和补贴）和数量型调控工具（如碳交易和可再生能源许可证交易）；从目的来划分，激励政策又可以分成两类，一类是促进碳减排的政策，包括碳税和碳交易，另一类是促进可再生能源发展的政策，包括补贴、可再生能源交易证书。由于激励政策的类型众多，在实践中往往有多种不同的组合方式。

1.1.4.1 税费和补贴的组合

在这一组合类型中，具体措施有：对部分行业和产品实行税收优惠，如对海运公司和航空公司中船舶或飞机运营所需的能源产品予以免税；对用作动力或者供热以外用途的能源产品免税；对农林行业中限额以下柴油只征收定额税；对能源消耗大，且与人民生活密切相关的行业（供热、公共交通）给予税收优惠；对超过一定税额的生产企业给予税率优惠，生产企业还可以根据缴纳能源税的数额相应减少在社会养老保险方面的支出；对生态能源的使用给予税收优惠。

1.1.4.2 碳交易和补贴的组合

规定排放限额的同时对企业的减排投资予以补贴的做法，在污染物控制行动中比较常见。在温室气体排放交易体系中，排放配额如何分配是碳交易的首要问题。在公平和公正原则下，配额的分配应当以排放和产出为基础，与企业的实际排放活动相对应。此外，碳交易的前提条件是碳排放权可以作为商品在市场上交易，具有稀缺性，企业减排的方式可以是自己减排，也可以是在市场购买碳排放配额，这种机会成本就形成市场价格。如果免费分配碳排放配额，那么政府实际是给企业免除了碳排放的成本，变相地给予企业补贴。

1.1.4.3 能源税和碳交易的组合

与价格型政策工具相比，数量型政策的适用范围较窄。在实践中，碳税往往与碳交易混合运用，即采用双轨制方法，一些部门采用数量型的排放权交易制度，其他部门则采用价格型的税收制度。在存在不确定性和总量控制的条件下，双轨制的方法在效率上优于单一的排放权交易方法或碳税方法。例如欧盟能源税指令对成员国的动力燃料、工商业的加热燃料和电力规定了最低税率，征收范围是矿物油、煤、天然气和电力等能源产品，涉及行业包括农林渔业和园艺、建筑和民用工程、私人交通等。在欧盟建立碳交易体系之前，英国在

2001 年就已经向全国工业、商业及公共部门使用的燃料（电力、天然气、固体燃料或液化石油气等）征收气候变化税，对使用石油产品、热电联产和可再生能源减免税收。虽然没有对居民家庭征税，但是气候变化税将碳减排推及商业和公共部门，不仅提高了能源效率，促进了能源结构的调整，而且减少了碳排放。根据测算，从 2001 年至 2010 年，英国每年减少 250 多万吨碳排放，相当于 360 万吨煤炭燃烧的排放量。

1.1.4.4 碳减排激励政策工具和可再生能源发展激励政策工具的组合

就碳减排而言，通常有两种途径，一种是提高可再生能源在整个能源消耗中的比例，减少传统能源的消耗，从而实现碳减排；一种是提高能源效率，减少能源消耗，实现减排。可再生能源发展激励政策工具虽然可以实现碳减排，但是在能源需求增长的情形下，由于碳的影子价格不能确定，加之市场效率问题，不能保证碳减排目标的实现；碳减排激励政策可以间接地达到提高可再生能源比重的效果，但是碳排放交易是否能实现这一目标存在不确定性，因为碳交易还不足以减少传统能源和可再生能源之间的成本差别，使可再生能源使用量增长到希望的水平，因此碳减排激励政策工具与可再生能源发展激励政策工具往往需要同时存在。

1.1.4.5 清洁发展机制和碳交易的组合

清洁发展机制（CDM）是一种抵消机制，允许限额交易的参与者跨体制进行减排，以抵消体制内的减排数量。如果通过抵消机制进行减排的评估标准合理有效，抵消机制就能维护政策的减排效果，同时对产业提供一定程度的保护，并减少整体的减排成本。

1.2 什么是企业社会责任

1.2.1 企业社会责任概述

进入 21 世纪以来，随着消费者运动兴起、环境保护意识增强以及 SA8000、ISO26000 等企业社会责任标准在世界范围内日益普及，要求企业在经营过程中更加重视企业社会责任（corporate social responsibility，简称 CSR）。企业作为社会经济发展的细胞，扮演着经济发展与社会进步中的重要角色。企业在遵守法律法规、实现企业价值的基础上，还应对社会承担相应的责任与义务。衡量一个企业的贡献度，除了利润、经济效益等经济指标外，社会责任也是需要纳入考量的重要标准。当企业行为满足"促进了一些社会福利，并且这种行为并不是出于企业纯粹的商业目的和法律要求"时，这种行为就是 CSR 行为。在大力发展低碳经济、推进环境友好型企业的大环境下，企业需要充分发挥企业战略管理的作用，通过积极承担社会责任树立企业形象，以体现企业的社会责任担当。然而近年来，由于传统 CSR 存在着与企业利润目标相背离的潜在威胁，学界和商界尝试将战略管理思想融入 CSR 理论，并由此提出战略性企业社会责任（strategic corporate social responsibility，简称 SCSR），以期实现经济效益和社会效益的最大化（Burke，1996）。

1.2.1.1 企业社会责任

1923 年英国学者欧丽文·谢尔顿基于对美国企业管理的长期考察，提出企业社会责任这一概念，认为企业社会责任是指在企业经济效益目标之上的对消费者、环境、利益相关者、社会的贡献。Bowen《商人的社会责任》一书中提出了 CSR 是指商人有义务按照社会所期望的目标和价值进行决策或采取相应的行动。从国内的研究文献来看，CSR 的研究几乎都集中于概念、内涵和理论的发展及其对企业财务业绩的影响，较少涉及基于这些理论的企业决策行为本身。从国际视角来看，随着各类社会问题的出现，新的 CSR 研究逐渐转向研究和评价组织在社会中的 CSR 行为。

相关学者构造了企业社会责任的决策框架，并将社会责任分为战略性社会责任和反应性社会责任。反应性社会责任以"做良好企业公民、减轻企业活动对社会负面影响"为主要特征。反应性社会责任能有效回应利益相关者要求，降低企业经营面临的风险。相较于反应性社会责任，战略性社会责任更关注企业与社会利益的交叉点，更有利于企业在解决社会问题的同时获取竞争优势、实现可持续发展。

企业面临 CSR 时具有无行动、被动回应、自我调适、主动介入、全部接纳等不同的行为，CSR 可以划分为四类：强制性 CSR、回应性 CSR、战略性 CSR 以及完全利他性 CSR。这四种 CSR 之间不存在严格的界限，且由于行业、规模、企业性质等因素的影响，不同企业的具体行为在分类中并不总是一样。例如，将绿色环保与企业战略相整合对处于信息产业中的企业来说是一个战略性 CSR，但对采掘业的企业而言，可能表现为回应性 CSR。

1.2.1.2　战略性企业社会责任

战略性企业社会责任试图解决如何从企业战略的角度实施 CSR，使企业在实现其经济效益的同时兼顾社会效益，又在社会繁荣中寻找企业发展的机会。SCSR 的概念最早由 Burke 和 Logsdon 于 1996 年提出，他们认为传统 CSR 对利益相关者有利，对企业而言却不一定能够创造价值，因而并不是战略性的；而 SCSR 是能够产生商业利益，为核心利润提供支持，提高生产率的 CSR，因此是战略性的。他们同时还提出了 SCSR 的五个维度，即中心性、前瞻性、自愿性、专业性和可见性。Bhattacharyya 则在 2010 年将 SCSR 的识别特征整合为四个层次，形成甄别 SCSR 的四层过滤法，即通过意图层、核心层、保障层和运营层，筛选出与企业愿景和目标一致的、有资源保障的、能够嵌入运营中的 CSR。Porter 和 Kramer 提出了重新构想产品与市场、优化价值创造过程和核心业务、促进当地产业集群发展三条途径，将 SCSR 融入企业核心业务，创造"共享价值"，将企业自身创造的经济价值与社会价值统一起来，始终把"共享价值"作为企业发展的核心问题来看待。

国内 SCSR 的研究相对较晚。王馨、姜雨峰等人认为企业只有将战略和 CSR 充分融合，选择合适的社会责任活动，才能从中获得竞争优势并实现企业价值，既增进社会福利，又给企业带来竞争优势。刘建秋、盛梦雅从 SCSR 的内在战略特征出发，提出了 SCSR 的四个评估标准：向心性、前瞻性、专用性和系统性，认为具备这四个特征的 SCSR 不仅能够对企业短期财务绩效产生有利影响，还能够帮助企业获得长期竞争优势。因此可以看出 SCSR 是嵌入企业战略的，由企业主动、自愿承担的，能够创造经济价值，帮助企业获取核心竞争力，并与社会价值趋于一致的 CSR。

总的来说，战略性企业社会责任就是将对企业社会责任的考虑包含在企业战略和目标的制定过程中，将企业社会责任延伸到企业的整个价值链，具体来说，应主要从四个方面进行定义：第一，企业将社会责任视角包含在其战略计划过程之中；第二，企业所采取的任何行动都与核心运营相关；第三，包含利益相关者视角；第四，企业管理企业资源和与核心利益相关者的关系的视角是从短期发展到中期以至于长期。这四个重要方面的结合保证了强制性企业社会责任与非强制性企业社会责任的有机结合，从而使其具有战略性。

1.2.2 企业履行社会责任的驱动力

1.2.2.1 企业的动态能力

企业在动态的环境下难以获取持续的竞争优势,这使得学者们研究在动态的环境中如何获得竞争优势的动态能力理论应运而生,现在这些战略管理理论已经成为研究的新热点。学者们考虑到动态变化的超竞争环境,把研究的注意力开始从核心能力转向动态能力,探讨企业能力的演进与竞争优势之间的关系。

动态能力的概念在1994年由Teece和Pisano正式提出,其定义为"创造新产品和新过程,以及对变化的市场环境做出响应的一系列能力"。此后,兹奥罗与温特、凯瑟林等都试图对该概念作出进一步界定,明确从战略管理理论演进角度研究。蒂斯等人在1997年发表的《动态能力与战略管理》一文中,把演化经济学的企业模型和企业资源理论结合起来,提出了"动态能力"战略观的框架。他们认为,为适应不断变化的市场环境,企业必须不断更新自身能力。Teece、Pisano和Shuen以组织过程、位置和发展路径等三个关键因素来构建他们的动态能力战略框架。他们认为,企业竞争优势来源于在企业内部运行的、由过程和位置所决定的高绩效的惯例。组织过程的内容(惯例)及其发展竞争优势的机会,在任何时间都明显地由企业所拥有的资产(内部的和市场的)以及由企业所采用、继承的演进路径所塑造。所以,动态能力概念的提出旨在解决两个问题:外部动荡环境的适应性;改变"能力"的能力,即对现有能力的驱动和变化能力。

有很多学者认为,动态能力是快速变化环境下企业获得持续竞争优势的来源,所以管理学界和企业界都对动态能力给予了极大的关注,并且相关研究也取得了非常多的成果。但是,现有的相关研究仍存在两个不足:一是就动态能力的概念界定和理论内核没能达成一致,研究者们一味过分关注动态能力形成机制分析,而对其概念框架构建重视不够,造成学术界在动态能力研究情境、分析单元和研究对象等问题上出现了不同的理解;二是当前大部分研究缺乏对已有研究成果的传承和对最新研究建议的整合,在动态能力维度划分和测量方法方面存在严重的分歧,导致相关的实证研究彼此割裂、缺少关联性,结论不一甚至相互矛盾。

企业动态能力是企业整合、重新配置、获得和释放资源的过程,反映了在环境波动条件下企业资源整合的能力。在竞争密集的环境中,企业可以保持一个动态的互补能力池来转换现有的资源基础和内部化外部资源。动态能力视角表明,动态能力有助于企业感知和抓住机会,并在组织的各个层次重新定义关键知识,修改现有资产,发展新的技能,以应对新出现的威胁和机会。因此,动态能力可能引发更多的绿色产品或过程,促进绿色创新。也有研究认为动态能力、协调能力和社会互惠是绿色创新的重要驱动力,包括绿色产品创新和绿色工艺过程创新。具有动态能力的企业将能够更有效地把握机会,发展新的技能,以应对新出现的威胁和机会。因此,企业的动态能力越强,就越能够促进企业绿色创新和实现碳减排。

| 碳中和聚焦 1-3 |

企业动态能力战略整合模型(3P模型)

蒂斯、皮萨诺和舒恩(Teece, Pisano & Shuen, 1997)认为动态能力是一种对现有的组织资源和能力进行整合和重构的适应性机制,它嵌入在组织由位势和路径塑造的流程中,形成了企业不可复制的核心竞争力。由此,可以将动态能力界定为三个维度:定位

(position)、路径（path）、流程（process）。

（1）定位　定位以定位学派和资源学派的部分理论观点为基础，指企业不同资源之间的组合方式和结构以及资源存量的多少，包括独特技术、企业声誉、智力产权禀赋、组织结构、补充性资产、客户基础等企业的内部定位和企业行业结构、竞争环境以及市场地位等外部定位两部分。

（2）路径　路径即企业发展的历史过程，包括路径依赖、企业惯例、组织学习、技术机会。路径依赖理论认为企业过去的发展方式影响着企业当前和未来的行为。

（3）流程　流程是动态能力的核心要素，是指组织与管理的协调与整合、学习和创造与重构的过程。协调与整合分为两部分：内部协调与整合（包括各个职能板块、资源协调与整合能力、业务活动能力），外部协调与整合（包含外部竞合关系、网络组织、上下游管理、客户管理、战略联盟甚至与竞争对手的合作等）。学习包含企业内部学习型组织的建立等知识的分享交流机制和企业之间的知识溢出及知识吸收。学习能力是企业的一种核心竞争力，具有难以模仿性和不可替代性，可以使企业及时应对外部环境的剧烈变化并制定出相应的策略。创造与重构体现了在范式转变的环境下，企业做出重整资产、流程更新、能力再造等措施的能力。

1.2.2.2　企业的组织能力

企业的组织能力体现了企业组织学习以及寻找外部人才、技术和想法的能力。企业的内部能力（如组织学习，寻找外部人才、技术和想法）可以帮助获得外部能力，而外部能力反过来又有利于提高环境绩效。对北美和欧洲滑雪行业的研究表明，股东整合、组织学习、跨职能整合、持续创新、共享愿景和战略主动性的组织能力与主动性绿色战略的制定呈正相关，并且强调了组织资源和能力在追求绿色商业战略中的关键作用。在碳减排的过程中，需要企业改变已有的工作流程和传统做法，突破性和创新性地找到一些新的业务流程和方式来实现绿色创新，降低碳排放。

1.2.3　影响企业碳中和实施的因素

企业碳中和的实施依赖于企业内部利益相关者的态度和行为方式。本部分分别从高管和员工层面出发，解析高管和员工特征如何影响企业低碳战略的实施和落地。

1.2.3.1　高层激励和低碳战略

作为组织层级中与基层员工日常接触最频繁、最深入的人，高管（尤其是直接主管领导）的言行举止和领导风格对员工低碳行为起着至关重要的作用。员工会追随、学习和模仿上级领导的行为，因此当高管积极参与和践行企业低碳发展战略时，员工也会相应实施更多绿色行为。只有高管在日常管理中真正支持低碳活动，员工才能有效贯彻和执行企业的低碳发展战略。在领导风格的影响方面，绿色变革型领导作为一种聚焦于企业环保目标的领导，能够为企业建立环保愿景、带领员工为企业环保目标奋斗，从而促进员工执行企业的低碳发展战略。

1.2.3.2　员工培训和低碳实践

在工作场所中，员工参与环保行为的意愿和程度是因人而异的，多种个体因素会影响员工的低碳绿色行为。人口统计因素方面，年长的员工更可能采取节约行为、避免工作场所中破坏环境的行为以及鼓励和促进同事参与低碳行为。环保态度和价值观方面，个体对环保问题持有不同的立场和看法，环保态度和价值观较强的员工具有更强的低碳意识，因此更倾向于支持企业的低碳行动。动机和意图方面，员工在工作中的自主动机、外部动机以及绿色行为意图均能促使员工实施低碳行为。情绪状态方面，员工的积极情绪能够促进员工的低碳绿色行为。工作态度方面，当员工对其工作感到满意时会更愿意为企业发展贡献自己的力量，从而积极参与实施企业的低碳战略。

1.2.3.3 技术创新和低碳转型

基于企业技术创新及战略变革两个视角，学界对企业绿色转型展开了相关的研究。其中战略转型包含战略内容和战略决策程序两个维度，并且在战略内容维度内，公司层、经营层和职能层三个层次战略内容的变化相互支持和约束，从而使整个企业战略发生系统性变化。当前学者对于企业环境战略转型的驱动要素研究大都集中于环境规制、利益相关者压力和组织价值观以及组织文化等，少有文献将环境战略转型中的各种环境要素集中起来进行系统性的分析。

1.2.4 企业碳中和的两大类标准

实现碳达峰、碳中和主要技术标准及相关认证实践必不可缺。目前，国际上以生命周期评价标准 ISO 14040 为基础形成的与碳足迹相关的量化标准主要有 ISO 14064（1～3）、ISO 14067、温室气体核算体系（GHG Protocol）、PAS 2050，以及与碳中和相关的主要标准 PAS 2060、INTE B5 和国际标准化组织正在研究制定的标准 ISO 14068，下面针对认证领域目前使用较多的两大类标准作简要的解读。

1.2.4.1 温室气体量化标准

第一大类是温室气体量化标准，其中包括 ISO 14064 系列标准、PAS 2050、GHG Protocol 和 ISO 14067 等标准。

（1）ISO 14064 系列标准　2006 年，国际标准化组织发布 ISO 14064 系列标准，并于 2018 年和 2019 年进行修订，作为一个实用工具，ISO 14064 使得政府和企业能够按统一标准核算温室气体排放量，同时服务于温室气体排放贸易。

① ISO 14064-1：《温室气体——第一部分：组织层面上对温室气体排放和清除的量化和报告的规范性指南》详细规定了设计、开发、管理和报告的组织或公司温室气体清单的原则和要求。

② ISO 14064-2：《温室气体——第二部分：项目层面温室气体排放减量和清除增量的量化、监测和报告的规范性指南》着重讨论旨在减少 GHG 排放量或加快温室气体清除速度的项目（如碳吸收和储存项目）。

③ ISO 14064-3：《温室气体——第三部分：温室气体声明审定和核查的规范性指南》阐述了实际验证过程，规定了核查策划、评估程序和评估温室气体等要素，适用于组织或独立的第三方机构进行报告验证及索赔。

（2）PAS 2050　2011 年英国标准协会发布的《PAS 2050：2011 商品和服务在生命周期内的温室气体排放评价规范》（简称 PAS 2050）规定了企业到企业（B2B）和企业到消费者（B2C）两种评价方法。该标准是以生命周期评价方法为基础建立的，实现了使用一种统一的方法评价商品和服务在其整个生命周期内的温室气体排放量的愿望，从而使组织、企业和其他利益相关者受益。

(3) GHG Protocol　2009 年，世界资源研究所（WRI）和世界可持续发展工商理事会（WBSCD）首次发布 GHG Protocol（《温室气体核算体系：企业核算与报告标准》）修订稿，2012 年发布了最终版，在欧洲和北美各国得到了比较广泛的应用。我国为了应对气候变化，引入其核算方法体系并进行了部分行业领域的中国化修订。通过采用温室气体计量和管理的综合方法，可以帮助企业清晰梳理温室气体排放情况，设立较为合理的减排目标，最终使企业减少温室气体排放。该标准可为产品整个生命周期碳排放盘查提供标准方法，包括整个供应链，从而帮助企业或组织减少在产品设计、制造、销售以及使用环节中的碳排放。

(4) ISO 14067　《ISO 14067:2018 温室气体—产品碳足迹—量化要求和指南》是专门针对产品碳足迹的量化和外界交流而制定的，适用于商品或服务（统称产品），其制定参考了 PAS 2050 的基本框架，但内容包含一些已有的通用或地方性的规范，比如在 cut-off（数据切断）规则中没有规定具体数值等。

1.2.4.2　碳中和标准

第二大类是碳中和标准，其中包括 PAS 2060、ISO 14068 等。

(1) PAS 2060　2010 年，英国标准协会提出了 PAS 2060 碳中和承诺，即通过温室气体排放的量化、还原和补偿实现实施碳中和的组织所必须符合的规定。标准中规定了达成碳中和的三种可选择方式为基本要求方式、考虑历史已实现的碳减排方式、第一年全抵消方式。PAS 2060 规定碳中和承诺中必须包括温室气体减排的承诺，因此也将鼓励组织采取更多的措施来应对气候变化和改善碳管理。该标准可适用于任何实体，包括：地区政府、组织企业、社区、家庭及个人；任何实体所选定的标的物，包括产品、小区、组织等。

(2) ISO 14068　ISO 于 2020 年 2 月成立工作组制定国际标准 ISO 14068，2023 年制定完成并发布。ISO 14068 制定重点集中在标准范围、核心术语的定义、减排量要求、碳中和信息交流等方面，有助于为人们提供一种实现碳中和的统一方法和原则，并支持各国在制定本国气候变化的计划、战略和方案时更好地使用碳中和相关的目标和说明。

1.3　能源电力企业相关碳中和政策

降低电力行业碳排放是实现碳中和的重要工作。在中国、欧盟等规划的减排路线图中，各行业减排指标中电力行业的减排要求最高。降低电力碳排放不等于减少电力能源使用，而是要推动清洁能源发电，改善发电结构。在清华大学气候变化与可持续发展研究院的研究和欧盟 2050 减排路线图中均对电力行业的减排提出了最高要求，电力行业承担主要的减排指标。

图 1-2 显示了全球碳排放分行业情况，从 1990 年至 2018 年，总碳排量增长近 1.5 倍，电力、工业、交通是碳排放最多的行业，而随着时间推移，电力、工业及交通行业碳排增长幅度明显。从全球范围来看（如图 1-3），2018 年全球碳排放中，电力占比 41.7%，交通占比 24.6%，而工业占比 18.4%。综合以上数据可以看到，电力行业碳排比重最高，因此本书主要关注能源电力行业。

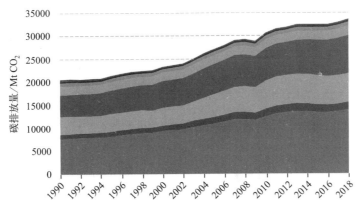

■电力 ■其他能源工业 ■工业 ■交通 ■住宅 ■商业和公共服务 ■农业 ■渔业 ■其他

图 1-2　全球碳排放分行业情况

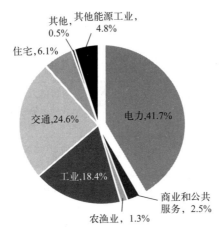

图 1-3　2018 年全球碳排放情况

（数据来源：IEA，北极星大气网，Climate News，东吴证券研究所）

1.3.1　燃煤（火力）发电行业政策

国务院办公厅、国家发改委、国家能源局等部门都颁布了相关政策，从开展火电行业排放检查、提出改造建议、严控新增产能等政策要求，逐步转向实施节能降碳改造、培育绿色品牌、指导低碳转型体制机制等政策引导。碳中和目标提出后，相关政策文件迅速出台，围绕构建新型电力系统、鼓励煤电企业与新能源企业实质性联营、完善火电领域 CCUS 研发等内容，从不同角度对火电行业企业提出了新要求。表 1-3 总结了近五年我国火电行业相关政策。

表 1-3　我国火电行业相关政策汇总

时间	政策	发文部门	相关内容
2018 年 7 月	《打赢蓝天保卫战三年行动计划》	国务院	开展火电等重点行业无组织排放排查，建立管理台账，对装卸、储存等无组织排放实施深度治理
2019 年 3 月	《国务院关于落实〈政府工作报告〉重点工作部门分工的意见》	国务院	加快火电、钢铁行业超低排放改造，实施重污染行业达标排放改造

续表

时间	政策	发文部门	相关内容
2020年6月	《2020年煤电化解过剩产能工作要点》	国家发改委、工信部等六部门	2020年将按需有序规划建设煤电项目，严控煤电新增产能规模，2020年底全国煤电装机规模控制在11亿千瓦以内
2021年10月	《全国煤电机组改造升级实施方案》	国家发改委、国家能源局	提出"十四五"期间实施节能降碳改造3.5亿千瓦、灵活性改造2亿千瓦、供热改造5000万千瓦的目标
2021年11月	《"十四五"能源领域科技创新规划》	国家能源局、科学技术部	聚焦煤炭绿色智能开采等重大需求，形成煤炭绿色智能高效开发利用技术体系
2021年12月	《推进多式联运发展优化调整运输结构工作方案（2021—2025年）》	国务院办公厅	在煤炭矿区、火电等领域培育一批绿色运输品牌企业，打造一批绿色运输枢纽
2022年1月	《"十四五"新型储能发展实施方案》	国家发改委、国家能源局	推动火电机组抽汽蓄能等试点示范，研究开展钠离子电池等新一代高能量密度储能技术试点示范
2022年1月	《关于完善能源绿色低碳转型体制机制和政策措施的意见》	国家发改委、国家能源局	完善火电领域二氧化碳捕集、利用与封存技术研发和试验示范项目支持政策
2022年3月	《"十四五"现代能源体系规划》	国家发改委、国家能源局	统筹电力保供和减污降碳，加快推进煤电由主体性电源向提供可靠容量等辅助服务的基础保障性和系统调节性电源转型
2022年3月	《2022年能源工作指导意见》	国家能源局	加强化石能源清洁高效利用，推动煤炭和新能源优化组合，稳步推进能源绿色低碳发展
2022年5月	《财政支持做好碳达峰碳中和工作的意见》	财政部	有序减量替代，推进煤炭消费转型升级。推动构建新能源占比逐渐提高的新型电力系统
2022年5月	《关于促进新时代新能源高质量发展的实施方案》	国家发改委、国家能源局	按照推动煤炭和新能源优化组合的要求，鼓励煤电企业与新能源企业开展实质性联营
2022年8月	《关于进一步提升煤电能效和灵活性标准的通知》	国家能源局、国家发改委、国家市场监督管理总局	重点修订新建机组的设计供电煤耗门槛要求以及现役机组的运行供电煤耗要求等

| 碳中和聚焦1-4 |

港航崛起，向"蓝色"水资源进发

近年来，济宁能源发展集团有限公司（以下简称济宁能源）高质量发展迈出铿锵步伐，战略转型构建出新发展格局，企业经济高质量发展取得新成效。尤其是近年，济宁能源实现了由靠投入、靠产量、"一煤独大"的传统发展路径向靠创新、靠管理、多产业协同发展路径的转变，非煤产业收入占比高达2/3。目前，济宁能源已形成港航物流和煤电为主营业务、高端制造业为增长业务、现代服务业为辅助业务的四大产业布局。从2013年到2022年，济宁能源经济总量和发展质量稳步提升，营收规模连续翻番，集团已跻身至中国煤炭企业50强第32位，中国物流企业50强第32位，朝着"千亿级集团"目标全力奋进。

转向："黑色"的煤炭资源转向了"蓝色"的水资源

济宁因运河而生，因煤炭而兴。但煤炭资源不可再生的特点，决定了煤炭资源必将有枯竭的一天，必须加快转型升级步伐。为此，济宁能源立足煤、延伸煤、超越煤，不断拉长加粗产业链条，将目光从"黑色"的煤炭资源转向了"蓝色"的水资源。

2015年，济宁能源抢占有利区位优势，在瓦日铁路与京杭大运河交会处建设了江北最大的内河港口——梁山港。2020年，以梁山港为龙头，组建济宁港航发展集团，构建了"港贸船产建融"全产业生态链。2021年，在新兖铁路与京杭大运河交会处，超前谋划龙拱港港产融合发展示范区，打造第二个铁水联运港口。此外，济宁能源还统筹规划安居煤矿转型升级和龙拱港"相互打通"，建设港、产、居、游"四位一体"的现代港产城融合片区，构建"以港聚产、以产兴城、以城育港"的港产城融合发展新格局。

同时，济宁能源实施"进江、联海、向陆"战略，沿瓦日铁路、新兖铁路、长江、京杭运河"丰"字形物流大通道，大力发展"钟摆式"运输；拓展汽车、钢材、主焦煤等高附加值货物运输业务；以大物流带动大贸易，开拓上下游长协客户；开展本土制造业企业"敲门行动"，"一企一策"提供物流运输方案，加快区域物流"公转水""散改集"。

截至目前，济宁能源运营山东省境内内河港口4家，吞吐能力3300×10^4 t/a，年内具备20万标箱集装箱吞吐能力。拥有国内首条LNG单燃料内河运输船、内河集装箱运输船舶等2000余艘，整合船舶270万载重吨，开通省内外船舶航线60余条，为上下游客户提供了经济绿色的运输服务。

转型：矿区变园区、传统产业升级现代产业

聚焦济宁制造强市建设，以招商引资盘活闲置资产。济宁能源以新项目赋能老旧矿（园）区，利用关井后的落陵煤矿闲置土地厂房，建成规划面积2000亩的山东盛源精密制造产业园，把资源衰竭的工业老区打造成新旧动能转换的富矿。济宁能源以艾坦姆流体控制阀项目为龙头，向上下游延伸，向左右领域拓展，招引建设了信发液压马达等制造业项目15个，成为百亿元产值的高端精密制造园区，产品远销海内外，实现了由关闭矿区向高端制造园区的全面转型，走出了"矿区变园区、传统产业升级现代产业"的转型路径，为资源型城市及关闭矿井转型提供了一个可借鉴、可复制、可推广的发展模式。

升级：5G助力搭建管控平台

济宁能源发展集团着力加快煤炭产业转型升级，将传统煤炭产业与大数据、云计算、5G等新基建深度融合，走出了一条科技兴安、减员提效的创新智能发展之路。在济宁能源，5G技术已应用于智能化矿山建设中，巡检机器人、单轨吊匹配5G技术后，使"人、机、环、管"更智能，其中单轨吊无人驾驶已率先在义桥、金桥煤矿扎实推进。采煤工作面数据传输"有线"变"无线"，效率明显提升。同时，济宁能源全面建立井下万兆环网，基于5G技术及"私有云"数据中心和多业务综合管控平台，形成了"一网一云一平台"的整体架构和"1+N"的管控模式。

1.3.2 水电行业政策

表1-4总结了近几年我国水电行业相关政策。中共中央、国务院、国务院办公厅、国家发改委、国家能源局、自然资源部、生态环境部、国家林业和草原局等多部委针对推进绿色小水电、统筹水电开发和生态保护，探索建立水能资源开发生态保护补偿机制等颁布了相关政策。

表 1-4　我国水电行业相关政策汇总

时间	政策	发文部门	相关内容
2017 年 6 月	《兴边富民行动"十三五"规划》	国务院办公厅	在保护生态前提下,积极稳妥开发建设水电,支持离网缺电贫困地区小水电开发,研究建立水电开发边民共享利益机制
2018 年 9 月	《乡村振兴战略规划(2018—2022 年)》	中共中央、国务院	大力推进荒漠化、石漠化、水土流失综合治理,实施生态清洁小流域建设,推进绿色小水电改造
2019 年 3 月	《国务院关于落实〈政府工作报告〉重点工作部门分工的意见》	国务院	大力发展可再生能源,加快解决风、光、水电消纳问题
2020 年 5 月	《中共中央 国务院关于新时代推进西部大开发形成新格局的指导意见》	中共中央、国务院	全面推行河长制、湖长制,推进绿色小水电改造
2021 年 7 月	《中共中央 国务院关于新时代推动中部地区高质量发展的意见》	中共中央、国务院	因地制宜发展绿色小水电、分布式光伏发电
2021 年 10 月	《2030 年前碳达峰行动方案》	国务院	因地制宜开发水电。积极推进水电基地建设,推动金沙江上游等已纳入规划、符合生态保护要求的水电项目开工建设。统筹水电开发和生态保护,探索建立水能资源开发生态保护补偿机制
2022 年 3 月	《"十四五"现代能源体系规划》	国家发改委、国家能源局	因地制宜开发水电。坚持生态优先、统筹考虑、适度开发、确保底线,积极推进水电基地建设,推动金沙江上游、雅砻江中游、黄河上游等河段水电项目开工建设

1.3.3　核电行业政策

表 1-5 总结了近几年我国核电行业相关政策。中共中央、国务院、国务院办公厅、国家发改委、国家能源局等多部委针对安全高效发展核电、加强核电工程建设过程质量管理等,向核电行业提出了更高的要求。"双碳"背景下,需在确保安全的前提下积极有序发展核电,推动新的沿海核电项目核准建设,使核电装备满足 7000 万千瓦装机需求,并形成机制改革,推进核电上网电价。

表 1-5　我国核电行业相关政策汇总

时间	政策	发文部门	相关内容
2016 年 12 月	《能源发展"十三五"规划》	国家发改委、国家能源局	安全高效发展核电
2017 年 3 月	《核安全与放射性污染防治"十三五"规划及 2025 年远景目标》	环境保护部(国家核安全局)等五部门	提高运行核电厂安全业绩;确保在建核电厂质量和安全
2019 年 6 月	《国家发展改革委关于全面放开经营性电力用户发用电计划的通知》	国家发改委	切实做好规划内清洁电源的发电保障工作,核电机组发电量纳入优先发电计划
2020 年 12 月	《关于加强核电工程建设质量管理的通知》	国家能源局、生态环境部	明确和落实核电工程建设相关单位质量责任;全面加强核电工程建设过程质量管理
2021 年 3 月	《清洁能源消纳情况综合监管工作方案》	国家能源局	国家鼓励核电发展,对核电实行保障性消纳政策

续表

时间	政策	发文部门	相关内容
2022年3月	《政府工作报告》	国务院	扎实做好碳达峰、碳中和各项工作。在确保安全的前提下积极有序发展核电
2022年3月	《关于2021年国民经济和社会发展计划执行情况与2022年国民经济和社会发展计划草案的报告》	国家发改委	深化重点领域体制改革,推进燃气发电、核电上网电价形成机制改革
2022年3月	《"十四五"现代能源体系规划》	国家发改委、国家能源局	要在确保安全的前提下,积极有序推动沿海核电项目建设,保持平稳建设节奏,合理布局新增沿海核电项目
2022年3月	《2022年能源工作指导意见》	国家能源局	加快能源绿色低碳转型:有序推进水电核电重大工程建设,建成投运福清6号、红沿河6号等核电机组,在确保安全的前提下,积极有序推动新的沿海核电项目核准建设
2022年6月	《支持绿色发展税费优惠政策指引》	国家税务总局	共56项支持绿色发展的税费优惠政策,涉及核电、清洁能源等
2022年8月	《加快电力装备绿色低碳创新发展行动计划》	工信部、财政部等五部门	中国将通过5~8年时间,使得电力装备供给结构显著改善,核电装备满足7000万千瓦装机需求,进一步加快三代核电的批量化

1.3.4 新能源行业政策

表1-6总结了近年我国新能源行业相关政策。中共中央、国务院、国家发改委、国家能源局、工信部等多部委针对太阳能、风能、生物质能行业发展提出了新要求。《"十四五"循环经济发展规划》提出推行热电联产、分布式能源及光伏储能一体化系统应用,完善新能源汽车动力电池回收利用溯源管理体系,推动能源梯级利用。同时,加快构建清洁低碳安全高效能源体系,推动新型数据中心高效利用清洁能源和可再生能源、优化用能结构、完善生物质发电开发建设管理,全面推进风电、太阳能发电大规模开发和高质量发展,加快建设风电和光伏发电基地,建设以大型风光基地为基础的新能源供给消纳体系。《"十四五"可再生能源发展规划》明确目标,到2025年,可再生能源年发电量达到3.3万亿千瓦时左右,风电和太阳能发电量实现翻倍。通过5~8年时间,电力装备供给结构显著改善,可再生能源发电装备供给能力不断提高,风电和太阳能发电装备满足12亿千瓦以上装机需求。

表1-6 我国新能源行业相关政策汇总

时间	政策	发文部门	相关内容
2021年7月	《"十四五"循环经济发展规划》	国家发展改革委	推行热电联产、分布式能源及光伏储能一体化系统应用,完善新能源汽车动力电池回收利用溯源管理体系,推动能源梯级利用
2021年7月	《新型数据中心发展三年行动计划(2021—2023年)》	工信部	引导新型数据中心向新能源发电侧建设,就地消纳新能源,推动新型数据中心高效利用清洁能源和可再生能源、优化用能结构
2021年8月	《2021年生物质发电项目建设工作方案》	国家发展改革委、财政部等三部门	提出按照"以收定补、央地分担、分类管理、平稳发展"的思路,进一步完善生物质发电开发建设管理,合理安排2021年中央新增生物质发电补贴资金

续表

时间	政策	发文部门	相关内容
2021年10月	《中共中央 国务院关于完整准确全面贯彻新发展理念做好碳达峰碳中和工作的意见》	中共中央、国务院	明确了碳达峰碳中和工作重点任务,包括加快构建清洁低碳安全高效能源体系
2021年10月	《2030年前碳达峰行动方案》	国务院	全面推进风电、太阳能发电大规模开发和高质量发展,加快建设风电和光伏发电基地,加快智能光伏产业创新升级和特色应用
2022年3月	《"十四五"东西部科技合作实施方案》	科技部、教育部等九部门	发挥多部门、多地区协同攻关优势,支持新疆实施能源清洁利用与开展煤炭清洁利用、智能化风力发电机组等先进能源技术研发示范应用
2022年3月	《2022年能源工作指导意见》	国家能源局	加大力度规划建设以大型风光基地为基础的新能源供给消纳体系
2022年5月	《关于促进新时代新能源高质量发展的实施方案》	国家发改委、国家能源局	重点解决新能源"立"的问题。更好发挥新能源在能源保供增供方面的作用
2022年6月	《"十四五"可再生能源发展规划》	国家发展改革委、国家能源局等九部门	到2025年,可再生能源年发电量达到3.3万亿千瓦时左右,风电和太阳能发电量实现翻倍
2022年8月	《加快电力装备绿色低碳创新发展行动计划》	工信部等五部门	通过5~8年时间,电力装备供给结构显著改善,可再生能源发电装备供给能力不断提高,风电和太阳能发电装备满足12亿千瓦以上装机需求

| 碳中和聚焦 1-5 |

2016年,《山西省光伏扶贫项目管理暂行办法(试行)》出台,帮助全省各市在推进产业发展的过程中协调解决所遇到的各种难题,保障光伏帮扶政策的落地和实施。从2015年到2020年,作为光伏扶贫的首批试点省份,山西将省内的资源优势充分开发出来,重点发展光伏帮扶产业,并将其纳入到脱贫攻坚八大工程二十项专项行动之中,让山西的光伏产业实现了从无到有、从有到优、从优到精的转变。

截至2021年年底,山西已实现光伏帮扶电站向省内11个市、58个脱贫县覆盖,其中,村级(联村)电站共有5479座,为山西解决帮扶难题提供了强有力的支撑。如今,漫山遍野的光伏发电板将取之不尽的阳光转化为电能,再通过电网传输到各家各户。充沛的电力除了能保障各个乡镇的使用外,还能够出售给国家电网,提升全县经济收入。

2021年全年,山西省村级电站规模总量居全国第三,年度发电收益19.57亿元,居全国第一,这些村级发电站也通过持续发力成为了山西省目前众多村镇进一步发展集体经济、巩固脱贫成果、全面推进乡村振兴的源头活水。截至2021年年底,全省在光伏帮扶项目上累计收入56.16亿元,惠及9554个村72万脱贫人口,脱贫村年均增收20万元,帮扶辐射带动周边效应全面显现。

2021年12月底,太原杏花岭区中涧河镇丈子头村村道旁设置的1659盏路灯全部亮起。

随着山西省在新能源发展上持续发力,光伏产业也将在多方面惠及居民。根据《山西省扎实推进稳住经济一揽子政策措施行动计划》,山西将加快推进光伏发电并网,整县推进屋顶分布式光伏开发。除此之外,山西省还将探索"光伏+"模式,推动建筑、交通、农业等产业与分布式光伏协同发展,让光伏产业为全省经济发展带来绿色好"光"景。

1.3.5 氢能行业政策

氢能是一种来源广泛、清洁无碳、灵活高效、应用场景丰富的二次能源,是推动传统化石能源清洁高效利用和支撑可再生能源大规模发展的理想互联媒介。"十三五"至"十四五"期间,国家政策有序加码,明确其发展目标、重点任务以及保障措施等,积极引导氢能产业的健康发展。顶层设计层面,国家对氢能产业给予高度重视,并积极引导、支持其发展。2020年氢能被列为能源范畴,2021年明确将氢能列为前沿科技和产业变革重要领域,谋划布局出了一批重要产业。表1-7总结了近年我国氢能行业的相关政策。中共中央、国务院、国家发改委、国家能源局、生态环境部等多部门针对推动燃料电池电动汽车、加氢站建设、氢能"制储输用"全链条发展、推动可再生能源发电制氢产业互补发展、建设油气电氢一体化综合交通能源服务站出台了一系列文件。

自2020年以来,已有北京、上海、广东、浙江等16个省市先后制定了氢燃料电池汽车产业相关政策和规划,对加氢站的规划建设、氢燃料电池汽车的推广应用、核心产业链的配置等都进行了详细布局。

表1-7 我国氢能行业相关政策汇总

时间	政策	发文部门	相关内容
2020年4月	《中华人民共和国能源法(征求意见稿)》	国家能源局	氢能被列为能源范畴
2021年3月	《中华人民共和国国民经济和社会发展第十四个五年规划和2035年远景目标纲要》	国务院	明确将氢能列为前沿科技和产业变革重要领域,谋划布局一批重要产业
2021年6月	《关于组织开展"十四五"第一批国家能源研发创新平台认定工作的通知》	国家能源局	围绕氢能与燃料电池等重点领域,开展国家能源研发创新平台(包括国家能源研发中心和国家能源重点实验室)的认定工作
2021年6月	《2021年汽车标准化工作要点》	工信部	推动燃料电池电动汽车能耗及续驶里程、车载氢系统、加氢枪等标准制修订
2021年10月	《关于完整准确全面贯彻新发展理念做好碳达峰碳中和工作的意见》	中共中央、国务院	统筹推进氢能"制储输用"全链条发展。构建以新能源为主体的新型电力系统,提高电网对高比例可再生能源的消纳和调控能力
2021年11月	《"十四五"工业绿色发展规划》	工信部	推进工业终端用能电气化,鼓励氢能等替代能源在钢铁、水泥、化工等行业的应用
2021年12月	《"十四五"原材料工业发展规划》	工信部、科技部、自然资源部	突破储氢材料等一批关键材料,推动可再生能源发电制氢产业互补发展。组织研发富氢碳循环高炉氢船窑炉、氢基直接还原技术攻关
2022年1月	《关于完善能源绿色低碳转型体制机制和政策措施的意见》	国家发改委、国家能源局	推行氢船、天然气等清洁能源交通工具,完善充换电、加氢、加气(LNG)站点布局及服务设施。探索输气管道掺氢输送等高效输氢方式。鼓励传统加油站、加气站建设油气电氢一体化综合交通能源服务站

续表

时间	政策	发文部门	相关内容
2022年1月	《"十四五"新型储能发展实施方案》	国家发改委、国家能源局	拓展氢(氨)储能、热(冷)储能等应用领域,开展依托可再生能源制氢(氨)的氢(氨)储能、利用废弃矿坑储能等试点示范
2022年3月	《氢能产业发展中长期规划(2021—2035年)》	国家发改委、国家能源局	明确了氢的能源属性,是未来国家能源体系的组成部分。同时明确氢能是战略性新兴产业的重点方向,是构建绿色低碳产业体系、打造产业转型升级的新增长点
2022年3月	《2022年能源工作指导意见》	国家能源局	因地制宜开展可再生能源制氢示范,探索氢船技术发展路线和商业化应用路径。加快新型储能、氢能等低碳零碳负碳重大关键技术研究
2022年6月	《城乡建设领域碳达峰实施方案》	住房和城乡建设部、国家发改委	根据既有能源基础设施和经济承受能力,探索氢燃料电池分布式热电联供
2022年8月	《工业领域碳达峰实施方案》	工信部、国家发改委、生态环境部	推进氢能制输运销用全链条发展;鼓励有条件的地区利用可再生能源制氢
2022年10月	《能源碳达峰碳中和标准化提升行动计划》	国家能源局	进一步推动氢能产业发展标准化管理,加快完善氢能标准顶层设计和标准体系。开展氢制备、氢储存、氢输运、氢加注、氢能多元化应用等技术标准研制,支撑氢能"制储输用"全产业链发展

1.4 能源电力企业碳中和管理的展望

1.4.1 能源电力企业碳中和技术的发展

1.4.1.1 燃煤发电

(1) 已快速实现电力二氧化碳排放强度下降。党的十八大以来,电力生产、消费、技术、体制机制等方面低碳转型已取得积极成效,实现了碳排放强度持续下降,碳削减效能不断提高。截至2021年年底,全国全口径非化石能源发电装机容量、发电量分别为11.2亿千瓦、2.6万亿千瓦时,比重分别为47.0%和34.5%,较2011年分别提高19.3个百分点、17.0个百分点;达到超低排放的煤电机组超过10亿千瓦,已建成世界上最大的清洁煤电体系;全国6000千瓦及以上火电厂供电标准煤耗达到301.5g/(kW·h),比2011年下降27.6g/(kW·h);全国单位火电发电量、单位发电量二氧化碳排放强度由2011年的900g/(kW·h)、742g/(kW·h)分别下降到2021年的828g/(kW·h)、558g/(kW·h)。

在世界最大装机、最大发电量、最大电网规模、最大煤电规模等等高难度条件下,快速实现电力二氧化碳排放强度下降,通过结构调整、节能降耗大幅减少二氧化碳排放,成效来之不易,电力行业付出了很大努力。

(2) 未来电力行业要支撑工业、建筑、交通等相关领域的碳减排任务。目前,我国已进入新发展阶段,推进"双碳"工作是破解资源环境约束突出问题、实现可持续发展的迫切需要,是顺应技术进步趋势、推动经济结构转型升级的迫切需要,是满足人民群众日益增长的优美生态环境需求、促进人与自然和谐共生的迫切需要,是主动担当大国责任、推动构建人类命运共同体的迫切需要。

因此，能源生产的电能化和能源消费的电气化，是全面建成社会主义现代化强国，增强经济实力、科技实力、综合国力的重要支撑，未来电力行业不仅要承担自身碳减排责任，还要支撑工业、建筑、交通等相关领域碳减排任务，责任重大而艰巨。

（3）继续加快推动能源结构调整优化。下一步，电力行业要继续加快推动能源结构调整优化，在电力系统呈现高比例可再生能源、高比例电力电子设备的"双高"特征下，努力克服保障电力供应和大电网安全的压力，持续推进煤电清洁高效灵活发展，推动煤电向基础保障性和系统调节性电源并重转型；始终把发展非化石能源放在突出位置，加快发展有规模效益的风能、太阳能、生物质能等新能源，统筹水电开发和生态保护，积极安全有序发展核电；推动源网荷储一体化发展，促进可再生能源高比例开发和大规模消纳，通过创新驱动，加快构建新型电力系统。预计2035年电力装机结构将明显绿色低碳化，非化石能源发电装机将达到67%左右。

1.4.1.2 水电

展望未来，中国水电必将在推进实现"双碳"目标中继续担当重任。预计至2025年，中国水电（含抽水蓄能）装机总规模将达到4.4亿千瓦左右；至2035年，装机总规模可以达到8亿千瓦；展望2060年前后，水电总装机容量可以达到10亿千瓦，年发电量超过2万亿千瓦时，带动超过20亿千瓦的新能源开发。

水电对电力系统的支撑作用将进一步发挥。水电具有启停迅速、运行灵活的特点，可以提供电力系统惯量支撑，承担调频、调峰、调相、备用等任务，调度灵活、所带负荷可进行大范围调节、负荷变动不受时间限制，动态性能十分理想。在新型电力系统中，水电发展的功能定位将从电量为主逐渐转变为容量支撑。同时，新建水电工程可以提供大量的清洁零碳电力，对于减少二氧化碳排放意义重大。

可再生能源一体化基地建设将加快推动。水、风、光等可再生能源具有较好的出力互补特性。"十四五"期间，抓住风、光等新能源即将全面进入平价、低价的历史机遇，在川、滇、藏等可再生能源资源丰富的地方，大力推动水风光一体化发展已经成为未来可再生能源发展的重点方向之一。通过常规水电扩机增容、储能改造或者利用已经形成的调节能力，配合风光电间歇性电源运行，统筹本地消纳和外送，规划、布局、建设一批水风光一体化可再生能源综合开发基地，对加快风光等新能源发展、促进水电可持续发展、提升水电开发经济性、提高外送通道利用率等方面都具有十分重要的意义。

抽水蓄能电站将迎来亿千瓦级高质量发展。大规模发展新能源需要提升电力系统调节能力，抽水蓄能是系统内主要的清洁绿色优质灵活调节手段，已成为推动全球能源转型、保障能源安全、带动经济发展的重要力量。同时，抽水蓄能项目投资规模大、产业链条长、带动作用强，经济、生态和社会等综合效益显著。预计到2025年我国抽水蓄能电站装机容量可达到6200万千瓦。大型抽水蓄能机组运行稳定性和可靠性分析研究、抽水蓄能电站输水系统过渡过程分析研究、变速抽水蓄能机组工程应用研究等关键技术问题有望得到解决。

| 碳中和聚焦 1-6 |

抽水蓄能电站

抽水蓄能电站有"超级充电宝"之称，对于推动构建清洁低碳、安全高效的能源体系具有重要意义。2022年，山东沂蒙、吉林敦化、黑龙江荒沟抽水蓄能电站竣工投产，浙江泰顺、江西奉新、湖南安化、吉林蛟河、辽宁庄河抽水蓄能电站陆续开工，安徽金寨、河北易县抽水蓄能电站加快推进……推动能源绿色低碳转型，是实现'双碳'目标和经济社会高质量发展的关键举措。

1.4.1.3 核电

中国核电发电量逐年增加，2019年增长了18.2%，2020年占全国累计发电量的4.94%。中国拥有72个在运和在建机组，总装机容量为7700万千瓦。中国核电发电量排名全球第二，但在中国电力结构中的占比仅为5%，全球32个有核电的国家中排名第27位。要实现"碳达峰"和"碳中和"重大战略决策的目标，核能作为清洁能源和低碳电力的重要来源，是我国能源和电力统筹发展的战略性保障。伴随着核电安全性、铀资源可持续性、乏燃料处理等重大技术方面的突破，核能行业正处于并将长期处于发展的重要战略机遇期。

相较于其他能源，核电能够显著减少二氧化碳、二氧化硫等大气污染物的排放，未来在全球能源结构低碳化转型中将发挥不可替代的作用。此外，核电具有运行稳定、可靠、换料周期长等显著特征，适用于我国大型电网的基负荷及必要的电网调峰，因此核电必将是我国大型电网基负荷能源的重要选项。以低碳清洁能源为主的新能源体系建设过程中，核电的占比越高，越有利于我国电网的安全运行，越有利于风电、光电等清洁能源并入电网，从而提高风电、光电的利用效率。因此，发展核电是推动中国能源结构低碳化转型的重要措施和必然选择。

我国在实施"双碳"目标、构建低碳化能源体系总体要求下，预计到2030年核电装机容量将占总发电量的10%以上，到2060年将达到20%以上，面向国家重大需求，急需加快我国核电技术发展及建设规模，提高核电占比。通过提高大型压水堆核电厂的安全性指标、降低核电厂建设成本提高经济性、优化堆芯设计及系统改进、加快开发更先进的四代核电技术及核燃料循环策略等优化措施，新一代核电技术在安全性、经济性、可持续性等方面都将有显著进步，可进一步满足我国内陆核电厂的更高建设要求，全力突破铀资源供应可持续性、乏燃料后处理及高放废物处置等重大问题挑战。

1.4.1.4 新能源（太阳能、风能、生物质能）

（1）太阳能。光伏是太阳能光伏发电系统的简称，是一种利用太阳电池半导体材料的光伏效应，将太阳光辐射能直接转换为电能的新型发电系统，有独立运行和并网运行两种方式。近年来，全球碳中和目标明确，光伏有望引领可再生能源快速发展。在应对能源危机和加强环境保护的双重驱动下，光伏产业受到世界各国的大力扶持，整体呈现快速发展的态势。

① 光伏发电装机容量。在国家政策支持及行业技术水平提高的驱动下，我国逐步发展成为全球最重要的太阳能光伏应用市场之一。太阳能作为可再生能源的重要组成部分，拥有诸多优势，是我国未来新能源发展的主要趋势，我国太阳能光伏市场未来发展空间广阔。数据显示，中国光伏发电装机容量由2016年的7742万千瓦增长至2021年的30656万千瓦，年均复合增长率为34%。2022年上半年，我国太阳能发电装机容量33677万千瓦，同比增长25.8%。2021年，我国光伏发电新增装机容量达5493万千瓦，同比增长14%；2022年上半年，全国光伏发电新增装机3088万千瓦，同比增加1787万千瓦，其中光伏电站1123万千瓦、分布式光伏1965万千瓦。

② 光伏装机类型。2022年上半年，我国光伏装机类型主要包括工商业、集中式和户

用,其中用于工商业的光伏装机容量占比最大,达47.8%,集中式光伏装机容量占比为32.9%,户用光伏装机容量占比19.3%。

③ 光伏发电量。随着光伏发电不断普及,装机量持续提高,光伏发电量也在不断增长。2021年,全国光伏发电量3259亿千瓦时,同比增长25.1%;2022年第一季度,全国光伏发电量841亿千瓦时,同比增长22.2%。

④ 光伏细分产品产能占比情况。凭借晶硅技术及成本控制优势,我国光伏产业各环节的产能、产量在全球范围内占比均实现不同程度的增长,全球光伏产业重心进一步向我国转移。光伏产业已经成为我国达到国际领先水平的战略性新兴产业。全球光伏产品产能、产量及中国产品在全球的占比情况如表1-8所示。

表1-8 2020年中国光伏行业细分产品产能情况

项目	多晶硅料	硅片	电池片	组件
全球产能	77.4万吨	415.1HW	423.5GW	465.2GW
中国产能在全球占比	80.50%	98.10%	85.10%	77.20%
全球产量	64.2万吨	232.9GW	223.9GW	220.8GW
中国产量在全球占比	78.80%	97.30%	88.40%	82.30%

数据来源:CPIA、中商产业研究院。

⑤ 行业竞争格局。中国光伏行业市场参与者众多,市场竞争格局较为集中。根据2021年营业收情况,隆基股份、通威股份、天合光能、晶澳科技、TCL中环为光伏行业前五名参与者,2021年营业收入合计达2713亿元。

光伏产业是当前国际能源竞争的重要领域。近几年来,光伏发电技术持续进步,迭代速度加快,已由常规铝背场(BSF)太阳电池技术转向背钝化(PERC)太阳电池技术、由砂浆切割技术转向金刚线切割技术、由多晶硅太阳电池转向单晶硅太阳电池,每一轮技术变革都会使跟不上技术变革步伐、应对不力的光伏企业面临被淘汰出局的境地。因此,科学判断下一阶段光伏发电技术的发展趋势,分析光伏发电技术的产业化走向,对光伏企业乃至光伏产业的发展至关重要。

(2) 风能。全国风电新增装机容量主要分布在西北、华北、华东和中南地区,2021年,西北、华北、华东和中南地区的新增装机容量占比为16.2%、18.4%、23.9%和25.8%,其中中南、华东、东北地区的风电装机容量比重有所加大。中南地区主要集中在河南、广东等地;华东地区主要集中在山东、江苏等地;东北地区主要集中在辽宁。

2021年内蒙古的风电装机量位于全国榜首,为3996万千瓦。内蒙古地域辽阔,地广人稀,处于温带季风气候区,风能资源丰富,适合发展陆上风力发电。其次是河北、新疆、江苏,分别为2546万千瓦、2408万千瓦、2234万千瓦,河北地区为了做好大气防治工作,加快了风电的发展。风电主要集中在华北、西北、华东地区。

2021年,中国新增装机主要分布在金风科技、远景能源、明阳智能、运达股份,四家企业新增装机量为全国装机量的59%,其中金风科技占比为20%。未来风电行业的发展趋势有望向更为集中化的方向发展,风力发电成本将全面下降,低速风电场将迎来快速发展,海上风电将盛行。

① 风力发电成本将全面下降。风电发展早期,行业各项技术均不够成熟,制造成本高,再加上盲目扩产造成弃风率高,因此风电成本一度远高于火电。但这种情况如今发生了彻底

改变。从 2010 年到 2022 年，风电的成本逐渐下降，主要是因为风电发电机相关技术取得巨大进步，发电机组机其他电气设备价格下降。在技术层面，轮毂高度在不断增加、叶轮直径也在不断增大，这些因素使得风机的可利用率在逐年提升。

② 未来将大力发展低速风电场。由于土地资源有限，随着陆上风资源较好的土地开发殆尽，未来风场建设将向低风速方向发展。我国中东南部陆上风相较于"三北地区"就存在着地区风速低、风力资源分散、人口稠密等问题，因此需要不断提高低风速风电技术水平，提高风资源利用率，目前，我国有意提高低风速风电在整体风电开发布局中的比重，2022年 3 月国家发展改革委、国家能源局发布的《"十四五"现代能源体系规划》中强调要推广应用低风速风电技术，鼓励建设海上风电基地。

③ 海上风电将盛行。我国拥有超过 1.8 万公里的海岸线，海上风能资源丰富，海上风电潜力巨大，可开发容量达到 30 亿千瓦；沿海省份高度重视海上风电发展，我国风电行业呈现风电设备大型化、生产基地向沿海转移的趋势。从世界海上风电建设与规划来看，离岸距离大于 100km、水深超过 50m 的深海区风能资源更加丰富，海上风电未来将呈现规模化、集群化、深远海化的特点。海上风电场建设的核心设备之一是风电机组，主要包括有双馈、直驱、半直驱、半直驱（集成化），其中半直驱、直驱的比重将不断扩大。

④ 风电进入平价时代。2022 年起，国家对于风电行业的补贴全面退出，风电价格逐渐下降，这象征着风电平价时代的到来。风电价格的下降，带给了风电行业更为广阔的竞争空间，风电也将更容易进入人们的日常生活。同时，风电价格的下降也能促使风电行业的技术革新，降低相关成本的付出，以扩大风电的利润空间。

(3) 生物质能。碳达峰碳中和目标是我国经济进入高质量发展的内在要求和必然趋势，电力系统建设也在发生结构性转变。生物质发电技术是目前生物质能应用方式中最普遍、最有效的方法之一，在碳中和背景下生物质发电具有很好的发展前景。

数据显示，2021 年，生物质发电新增装机 808 万千瓦，累计装机达 3798 万千瓦，生物质发电量 1637 亿千瓦时。预计到 2030 年，我国生物质发电总装机容量将达到 4200 万千瓦，提供的清洁电力超过 2500 亿千瓦时，碳减排量约 1.9 亿吨。到 2060 年，我国生物质发电总装机容量将达到 7000 万千瓦，提供的清洁电力超过 4200 亿千瓦时，碳减排量超过 3 亿吨。

中国生物质能源产业现状与中国拥有的巨大生物质能源潜力非常不匹配，中国每年可能源化的农林废弃物超过 9 亿吨，相当于近 4 亿吨的标准煤，如果都用来焚烧发电，可投建 3000 多座生物质电厂。

我国作为农业大国，生物质资源丰富，每年可产生农林生物质资源约 39.79 亿吨。在逐步改善技术、降低收集和储运成本的条件下，有望从国家核证自愿减排量（CCER）中获益。中研产业研究院公布的《2021—2026 年中国生物质能发电行业市场前瞻与未来投资战略分析报告》显示，我国每年可产生农业生物质资源约 35.39 亿吨，林业生物质资源约 1.95 亿吨，城市生物质资源约 2.45 亿吨，总计 39.79 亿吨。其中可能源化利用部分达 3.26 亿吨，占比约 8.2%。

我国广大农村地区和林区是开发生物质能发电的重点地区，但由于我国农业生产以家庭承包为主，秸秆等农林废弃物分散，储运困难且成本高，较难实现规模化，这是当前国内在生物质能发电发展中面临的主要问题之一。

国家对利用农林业废弃物直燃式发电项目附加电价补贴政策的调整，直接驱动了创新发展。特别是行业开拓者限时三年左右必须采用新技术、新标准、新模式、新业态，改造升级，提升管理，继而带动全行业转型升级，打造竞争优势。

我国生物质资源丰富，具备较大开发潜力。预计未来生物质发电将形成与煤炭的优化组合模式，用于农林生物质发电项目的生物质资源将逐步转向农林生物质与燃煤耦合发电；随着经济增长和城镇化率提升，垃圾发电将呈持续稳步增长态势，在垃圾分类政策的不断推进下，可回收垃圾的精准利用也有利于沼气发电的进一步发展。

当前我国农林废弃物能源化率非常低，因此未来我国生物质发电的建设空间还非常大。据预测，到2030年，生物质能利用在我国可再生能源消费占比将提升至8%左右，碳中和目标带来的市场估值也会一部分倾斜至生物质能领域，未来生物质能产业规模将有望达到5000亿元。

1.4.1.5 氢能

2020年，我国氢气需求量约3342万吨，在2030年碳达峰情景下，我国氢气的年需求量将提高到3715万吨，在终端能源消费中占比约5%；到2060年我国氢气的年需求量将增至约13030万吨，在终端能源消费中占比约20%。

煤制氢是当前我国大规模稳定制氢的主要途径，传统煤制氢采用固定床、流化床、气流床等工艺，合成气中CO_2、CO等体积分数高达45%~70%，碳排放高，且含有硫化物等腐蚀性气体，不满足低碳化的制氢路径。电解槽是绿氢制备的关键设备，从电解水制氢成本构成来看，电费成本占比85.3%，固定成本占比7.8%，设备维护成本占比4.1%，税费成本占比2.8%。

我国氢气来源仍以化石能源制氢为主，以工业副产氢作为补充，可再生能源制氢的占比将逐年升高。到2050年，约70%的氢由可再生能源制取，20%由化石能源制取，10%由生物制氢等其他技术供给。

加氢站作为向氢能燃料电池汽车提供氢气的基础设施，是联系产业链上游制氢和下游应用的重要枢纽，是燃料电池汽车产业中十分关键的、不可或缺的重要环节。加氢站主要由制氢系统、压缩系统、储存系统、加注系统和控制系统等组成。从成本结构来看，压缩机成本和土地购置费的成本占比最高，分别为34%和27%；储氢罐成本占比11.7%；加氢机成本占比9.2%。2021年，国内已建成加氢站218座，较上年增加100座。

在"双碳"目标下，为建设绿色经济高效便捷的氢能供应体系，中国将在氢的制储运和各环节逐渐突破。氢气的终端价格能否下降，取决于产业链上制氢、储运、加氢各环节的整合。寻找更绿色经济的氢气来源、采用更高效的氢气制取方式和更安全的氢气储运输渠道是必然趋势。从长远看，随着用氢需求的扩大，结合可再生能源的分布式制氢加氢一体站，经济高效的集中式制氢、液氢等多种储运路径并行的方案将会是主要的发展方向。同时随着新能源电站的增加以及工业领域绿氢需求的增加，储能需求或催生部分绿氢制取项目，氢能冶金、天然气掺混氢气发电，也有望催生新的赛道，绿氢的推广将更加深入。

1.4.2 数字化碳中和路径

数字经济与绿色经济是引领中国经济实现结构转型的两大重要方向，也将成为推动我国经济高质量、可持续发展的主要动力，《中华人民共和国国民经济和社会发展第十四个五年规划和2035年远景目标纲要》指出，要推动数字经济和实体经济深度融合。进入数字化时代，随着新兴技术的不断涌现，各种新技术也在不同的机制下对商业模式创新产生影响。在大数据时代，商业模式的创新与变革成为必然，数字化商业模式创新成为企业竞争的利器。大数据通过精准分析用户的需求提高企业与消费者的"共情"能力,从而通过影响用户模块来影响商业模式创新。数字化时代的商业模式创新最终需要获得所有利益相关者的比较价值认同。国内的相关学者也对新经济时代商业模式创新进行了大量研究。大数据能力是驱动商业模式创新的关键条件,用户体验是驱动商业模式创新的关键环节。数字化转型企业商业模式创新演化过程可以分为探索期、发展期与扩展期三个阶段,数字化环境和数字化动态能力在各阶段都发挥了关键的驱动作用,因此,数字化转型企业应该时刻关注外部环境变化,洞悉企业在不同阶段的数字化技术手段,充分发挥数字化环境对数字化商业模式创新的推动作用,才能找到与当前阶段匹配的发展战略。

从消极认知的角度来看,创新者心理契约违背与商业模式创新之间也存在一定的关系,心理契约违背通过自我实现破坏这一中介条件间接对商业模式创新产生负面影响,并且职场排斥会强化自我实现破坏与商业模式创新的负向关系。互联网信息技术的发展推动了产业的融合,模糊了产业之间的边界,日益成为商业模式创新的基本时代背景,数字技术背景下商业模式创新是产业颠覆性创新核心要素。随着数字化涉及的范围不断扩展,新创企业的发展已经不再局限于组织规模的扩张,而是注重商业生态系统的塑造,数字经济商业模式的发展将逐步走向生态圈模式,互联、共享、共赢将会成为时代潮流,也是商业模式创新的又一方向。另外,高管团队异质性与数字商业模式创新之间也呈现正向关系,并且制度环境会加强这种关系,政治关联则会削弱这种关系,对于非国企、成熟企业来说,高管团队的异质性和企业数字商业模式创新之间的关系更为显著。

随着互联网和信息技术的发展,越来越多的学者开始关注数字化以及数字技术的影响,在商业模式领域,关于数字商业模式有许多学者开展了相关研究,并给企业在数字化背景下的发展提出了相关建议,也有学者关注到了数字商业模式背后的逻辑动因并展开了研究。但是相关研究涉及的行业还不够全面,并且在数字化大背景下,不同企业在数字化背景下所面对的问题和拥有的优势都不相同,不同企业在这种环境下应该采取何种商业模式以适应企业的发展要求还值得深入研究。

| 碳中和聚焦 1-7 |

国家电网以数字技术为电网赋能,在电力系统广泛应用"大云物移智链"等现代数字技术,推动电网向能源互联网转型升级。目前,国家电网已建成全球规模最大的新能源云平台,为新能源规划建设、并网消纳、交易结算等提供一站式服务;依托"网上国网"、新能源云等线上平台,打造户用光伏建站并网结算全流程一站式服务,构建分布式光伏服务生态圈。

在数字化转型和能源变革的大背景下,由国网天津综合能源服务有限公司投资建设的京津高村清数科技园数据中心余热利用供能项目近日启动建设,项目建成后每年可为数据中心节约电量约 109 万千瓦时;国网江苏电力为镇江市行政服务中心实施了中央空调系统、燃气锅炉等用能系统绿色建筑节能改造,实现水、电、气、热多种资源可视可控,平均节能率 18.9%;国网福建泉州供电公司联合国网综合能源服务集团有限公司为泉州市滨海医院建设楼宇信息物理系统,使医院中央空调机房整体节能率达 43.67%;上海浦东供电公司以张江科学城为试点区域,自主研发智慧能源"双碳"云平台,围绕政府、能源企业、能源客户、能源服务市场开展能源监控、分析、管理、服务、交易、应用;宁夏中欣晶圆半导体科技有限公司有了"低碳账本",根据实际情况错峰生产,加紧生产工艺环节的节能改造,降低用能成本;上海自由贸易试验区临港新片区的"零碳"梦想不再遥不可及,国网上海电力构建了"能源+双碳"应用场景,实现了对临港新片区能耗、能效、碳排放的实时感知和精细化管控。

能源服务的新模式涌现。能源服务的新模式为促进能源消费侧清洁低碳转型注入了新动力。国家电网打造省级智慧能源服务平台,聚焦工业企业、公共建筑等,持续推进"供电+能效服务",为客户提供用能分析、能效对标、节能提效方案推介等服务;承建全国碳排放监测服务平台,聚焦碳排放、碳足迹等重点领域,形成浙江"双碳数智监测"等30多个应用,支撑精准测碳、合理控碳。

智慧能源"双碳"云平台通过构建能源碳排监测算法,可直观反映区域碳排情况,还能以区域生产总值、用电量、清洁能源占比等数据为基础,为政府决策提供数据支撑,为城市的节能减排做出贡献。

1.4.3 碳中和管理的重要意义

中国承担了全球30%的制造业,在保护生态环境的全球共识下达成碳达峰碳中和的目标要承担更大的压力,需要更快的速度。受我国能源资源禀赋约束,以煤为主的能源结构和煤电为主的电源结构客观存在。能源电力作为现代社会重要的基础产业和公共事业,既是碳排放的重要行业,又是碳减排的重要领域,能源电力绿色低碳转型是支撑全社会实现"双碳"目标的关键。能源电力企业碳中和管理的重要意义主要体现在以下几个方面。

① 顺应能源发展大势:随着绿色发展步伐的不断加快,发展清洁能源、降低碳排放,促进经济社会发展全面绿色转型,已经成为国际社会的普遍共识。能源电力企业加强碳中和管理,是顺应这一趋势的重要举措。

② 提升企业竞争力:通过碳中和管理,能源电力企业可以优化能源结构,提高清洁能源比重,降低碳排放强度,从而提升企业的绿色竞争力。这对于提升企业在国内外市场的形象和声誉也有着积极的推动作用。

③ 促进可持续发展:通过推进碳达峰碳中和,能源电力企业将极大促进绿色低碳循环发展的产业体系和清洁低碳安全高效的能源体系建设,大幅提升能源利用效率,推动绿色低碳技术研发和推广应用,从而实现更高质量、更有效率、更可持续、更为安全的发展。

④ 保障国家能源安全:能源安全是关系国家经济社会发展的全局性、战略性问题,对国家繁荣发展、人民生活改善、社会长治久安至关重要。通过碳中和管理,能源电力企业可以积极应对能源供需格局新变化、国际能源发展新趋势,从而保障国家的能源安全。

⑤ 推动经济社会高质量发展:碳中和管理有助于减少环境污染,提高生态环境质量,增强人民群众的幸福感和获得感,从而推动经济社会高质量发展。

总之,加强碳中和管理对能源电力企业具有重大的现实意义和深远的历史意义。

本章小结

(1) 本章从碳中和的背景出发,介绍了企业社会责任以及电力企业碳中和管理的相关政策、重要意义和未来发展趋势。

(2) 碳中和理论是指将全球气温稳定在一个给定的水平,意味着全球"净"温室气体排放需要大致下降到零,即在进入大气的温室气体排放和吸收的汇之间达到平衡。这一平衡通常被称为中和（neutrality）或净零排放（net-zero emissions）。

（3）数字经济与绿色经济是引领中国经济实现结构转型的两大重要方向，也将成为推动我国经济高质量、可持续发展的主要动力。

（4）在中国、欧盟等规划的减排路线图中，各行业减排指标中电力行业的减排要求最高。降低电力碳排放不等于减少电力能源使用，而是要推动清洁能源发电，改善发电结构。

关键术语

碳中和（carbon neutrality）
企业社会责任（corporate social responsibility）
清洁发展机制（clean development mechanism，CDM）
气候中和（climate neutrality）
净零碳排放（net-zero carbon emissions）
净零排放（net-zero emissions）

复习思考题

（1）为何各国对碳中和目标的表述及其定义不尽相同？

（2）企业生态环境治理激励性政策应从哪些方面入手，推动企业参与实现碳中和目标进程？

（3）数字化以及数字技术在商业模式领域将以何种方式影响企业实现碳中和目标？

2 能源电力企业碳中和战略制定及路线

❖ 学习目标

(1) 了解我国能源战略,理解我国能源体系实现碳中和的合理路径。
(2) 了解我国企业碳中和路线九大重点。
(3) 掌握碳市场的相关背景、重点环节和发展现状。
(4) 理解能源电力行业如何通过碳市场进行节能减排工作。

❖ 开篇案例

能源问题带来的巨大挑战

能源是目前世界上资源竞争最激烈的领域之一,世界各国不断调整能源发展战略,改善能源安全条件,以应对环境变化带来的挑战。据国际能源署(International Energy Agency, IEA)估算,到 2030 年为止,亚洲将超过经济合作与发展组织(OECD)成为第一大能源消费地区;到 2050 年亚洲能源消费占世界能源消费比重将达到 40%。届时,这会引发全球能源资源配置、进口依赖诉求、能源供给安全等各类问题,另一不可忽视的问题是,碳排放量的高度增长。

2.1 国家能源战略与实现碳中和的途径

2.1.1 国家能源战略

能源与我国民生和长治久安息息相关。我国应该怎样确保能源的可持续发展,又该如何形成有保障的能源供给?这就需要明确我国能源体系的战略思路与目标。

国家能源战略是筹划、指导国家能源可持续发展、保障能源安全的总体方略。我国能源战略的演化经历了从"实现自给自足"到"引进来",再从"走出去"到"多元化",再到"节约优先、立足国内、多元发展、保护环境"的过程。我国在 2030 年前的能源战略可概括为:节能、绿色、结构、安全与改革。

2.1.1.1 节能战略

我国是全球最大的煤炭消费国,但近年来,我国煤炭消费量占能源消费总量的比重持续下降。2021 年中国煤炭消费量占能源消费总量的 56.0%,同比上年下降 0.9%。降低煤炭消耗比重是实现"双碳"目标的必经之路。与此同时,中国节能服务行业的总产值也在不断攀升,截至 2021 年已超过 6000 亿元,较 2020 年增长 4.17%。

其实,早在20世纪80年代,我国就提出"节约与开发并重,把节约放在优先地位"的能源发展总方针,节约能源也被专家视为与煤炭、石油、天然气和电力同等重要的"第五能源"。在节能战略定位下,能源强度与消费总量的双控至关重要,但更要重视构建节能型的生产消费体系,推进工业节能、建筑节能、交通节能,推动结构节能、技术节能、管理节能、改革节能、法治节能、全民节能,从而构建节能型国家与节约型社会。

2.1.1.2 绿色战略

绿色战略不仅指开发包括绿色能源在内的新能源,即太阳能、风能和生物能源等可再生能源,还包括传统能源的绿色化。事实上,后者占据了更大比重。能源绿色战略可以理解为生产和消费过程中的清洁、低碳和可持续。这不仅包括太阳能和风能等新能源煤炭的开发,还包括石油和天然气等传统能源的绿色化。其核心思想是,人类不应通过减少绿色获得能源,而应通过增加绿色获得能源;主要包括四个方面:绿色能源生产、绿色能源技术、绿色能源消费与绿色能源战略实施主体。

2.1.1.3 结构战略

结构战略旨在解决能源发展的优先性及战略布局。调整能源结构是能源发展战略的重要组成部分,是改变我国经济生产和增长方式的重要措施。结构战略主要包括以下两方面。

一方面是能源结构多样化。碳中和的提出促使全球能源格局的重塑。能源系统正以分散化、去中心化的趋势特征加速变革。我国也步入能源结构转型的重要窗口期,我国"十四五"能源现代化体系建设目标见表2-1。传统能源领域强调能源安全,保障国内化石能源供给。到2025年,国内能源年综合生产能力达到46亿吨标准煤以上。同时持续推进能源低碳转型,提升能源系统效率。在能源结构转型窗口期,加强风光水核等新能源在重点工业领域的应用,大力发展"风""光""锂""氢""气"。

表2-1 我国"十四五"能源现代体系建设主要目标

能源	目标
水电	到2025年,常规水电装机容量达到3.8亿千瓦左右
核电	到2025年,核电运行装机容量达到7000万千瓦左右
风能、太阳能	全面推进风电和太阳能发电大规模开发和高质量发展,优先就地就近开发利用,加快负荷中心及周边地区分散式风电和分布式光伏建设,推广应用低风速风电技术
地热能、生物质能	加强太阳能、地热能、生物质能等可再生能源在重点工业领域的应用

另一方面是能源的地区发展和生产与消费的合理化。全球能源供需版图的调整,推动了消费重心东倾、生产重心西移的态势。近十年来亚太地区能源消费占全球的比重不断提高,北美地区原油、天然气生产增量分别达到全球增量的80%和30%以上。

2.1.1.4 安全战略

在能源转型过程中,我国高度重视能源供应安全。2021年12月,中央经济工作会议指出,逐步淘汰传统能源应以安全可靠的新能源替代为基础。要根据煤炭的基本国情,提高煤炭的清洁高效利用,扩大新能源和可再生能源的利用,促进煤炭与新能源的优化组合。为确保能源供应,大型企业,特别是国有企业,必须带头确保价格稳定,深化能源革命,加快能源强国建设。

我国能源安全需要明确两大要点:

第一,能源供应稳定可靠。从能源供应的稳定性来看,新能源在短期内不太可能完全取代煤炭电力。光伏和风力发电是不稳定、随机和不规则的，仍然需要煤炭发挥能源的主要供应和系统调节作用。

第二，减少对进口的依赖。除煤炭外，我国还严重依赖包括石油和天然气在内的两种主要化石燃料的进口，对原料的需求很紧张，在中短期内两者都是不可或缺的。天然气作为低热值的化石燃料，必然会扩大需求空间。因此，必须增加油气产量，提高能源自给率；同时寻找可替代来源。

2.1.1.5 改革战略

"改革"不仅指竞争性市场本身，还指政府职能的有效运作。经过多年的改革，我国的能源体系已经脱离"国有企业联合、高度集中"的直接运行模式，形成了"国有企业与商业企业分离、主体多元化、国有企业主导"的能源行业组织结构。但总体上，行政分离尚未完全实现；市场结构还可进一步提高合理性；定价机制仍有待完善。此外，能源价格机制没有充分反映资源的稀缺性、供求关系和环境成本。

能源的改革应分阶段实施，重点是促进市场营销改革。例如，石油行业是一个复杂的市场结构，垄断和竞争交织在一起。因此，必须有法律依据、合法理由和具体的规则。竞争的各个环节也应保障充分竞争，为市场上的平等竞争创造条件，并提供法律保护。国家应保留现有的大型国有能源企业，更加明确界定其权利和义务，明确政府与资源央企的关系。

总之，到2030年，我国应建立控制能源消费过度增长的机制，尽快实现节能优先机制，力争到2030年实现我国温室气体排放最高水平。要建设安全可靠、节能、绿色、环保、多元化、互补的能源消费和供应体系。2030年至2050年，我国能源需求将基本符合科学保障、满足合理需求的新模式。2050年后，我国将进入以相对自由为特征的能源可持续发展阶段。

2.1.2 中国能源体系实现碳中和的途径

我国能源体系实现2060年前碳中和目标的途径，主要包含两类不确定因素：创新和新技术进入市场并普及的速度，这也是我国实现能源战略转型的关键驱动力。

我国在能源和气候技术创新方面的持续推进体现在五年规划中，如表2-2所示，并得到了"中国制造2025"和"中国标准2035"等的支持。与以前的规划相比，"十四五"规划更加强调通过能源技术创新来支持脱碳工作。这些规划共同决定了我国以何种方式促进清洁能源和相关领域的创新。

表2-2 我国近几期五年规划中的技术发展和关键能源创新重点

项目	"十一五"规划 （2006~2010）	"十二五"规划 （2011~2015）	"十三五"规划 （2016~2020）	"十四五"规划 （2021~2025）
一般创新方式	加大技术制造力度,促进出口	重视国内市场和制造业创新	在优先技术领域寻求创新	保持制造业优势,重视突破性创新
能源创新的关键重点领域	核能、煤炭、汽车以及新材料	太阳能、风能、电动车以及充电	下一代可再生能源、储能、新能源汽车和电池、智能电网以及建筑能效	下一代电池和新能源汽车、氢能和燃料电池、先进生物燃料、CCUS以及智能数字系统

下文将在承诺目标情景（APS）与既定政策情景（STEPS）下展示我国能源体系实现碳中和的合理路径。

承诺目标情景的依据是我国2020年宣布的《巴黎协定》国家自主贡献（NDC）强化目标以及碳中和目标。宣布强化目标之后，我国政府表示2060年的碳中和目标可能涵盖所有的温室气体排放，而不仅仅是能源体系的二氧化碳排放。我们假定这也是能源体系二氧化碳排放的目标年，主要理由是能源体系排放占我国温室气体排放总量的绝大部分（近90%）。承诺目标情景旨在评估需要怎样做才能以现实且成本效益高的方式实现这些目标。政策引导是我国实现碳中和的多种途径之一，但并不是唯一的途径。要实现碳中和，除了政策行动的力度之外，很大程度上还取决于世界新兴技术的创新速度、人民对未来生活方式的选择、有多少可用的可持续生物能源，以及国际合作的范围和有效性。

承诺目标情景假定所有已宣布的净零排放承诺都将全面按时实现，无论这些承诺目前是否有具体政策支持；而既定政策情景只考虑已经到位或政府已经宣布的具体政策。两者建立的基础原则是相同的：所有可用技术和减排方案的采用情况都取决于成本、技术成熟度、政策和社会偏好、市场条件和国情。此外，还假设能源转型有序进行，从而确保燃料和电力供应安全，尽可能减少资产搁浅，并力求避免能源市场波动。

既定政策情景是承诺目标情景预测的基准。既定政策情景中，我们假定政府能源和环境方面已经采纳的政策和措施（包括国家自主贡献承诺）得到落实，并在这一假设前提下评估能源系统的演进。本情景假设现有政策和措施在未来不会有任何改变，但有考虑到现有政策对清洁能源技术长期演进的影响。既定政策情景不考虑2060年碳中和目标，因为实现这一目标所需的政策尚未得到采纳。既定政策情景下关于经济增长和人口的基本假设与承诺目标情景相同。

需要注意的是，承诺目标情景和既定政策情景都不应被视为预测，而是评估；评估的是不同政策方法对技术选择的影响，以及技术选择对能源和排放趋势的影响。它们提供了一个量化框架，旨在为能源体系的决策和政策制定提供支持，并帮助人们更好地理解能源供应和能源使用中对技术创新的需求。

既定政策情景与承诺目标情景相比，能源体系二氧化碳排放量存在巨大的差距，尤其是在2030年之后；这表明，在加速部署清洁能源技术以实现碳中和方面，我国面临相当大的挑战。既定政策情景下，排放增速2020年放缓，但之后将继续上升并于2026～2030年间进入平台期，即2030年前达峰，然后开始平缓下降，直至2060年。在承诺目标情景中，排放量在2030年之前的路径与以上类似，但此后的下降速度快得多，将于2060年实现净零。2021～2060年，既定政策情景下的累计排放量约为400亿吨，比承诺目标情景高出大约80%。

承诺目标情景展现了我国能源体系实现碳中和的途径：二氧化碳排放在2030年前达峰，到2060年降至净零，与既定目标一致。余下的6.1亿吨排放主要来自重工业和长途交通运输（公路货运、航运和航空），将完全由负排放抵消，负排放的来源包括生物能源、碳捕集、利用与封存（CCUS），以及直接空气捕集二氧化碳并封存。

2.2 企业碳中和路线的制定

各行业的龙头企业已采取切实可行的措施缓解气候变化。在这些领军企业的带领下，更多企业将坚定地走在节能减排的道路上。企业碳中和路线九大重点包括目标规划、内部运营和价值链合作三大部分，见表2-3。各行业企业可以在此基础上制定更具体的碳中和路线。

表 2-3 企业碳中和路线九大重点

目标规划	内部运营	价值链合作
① 盘查并设定碳中和目标	② 优化运营能效	⑥ 助力供应链脱碳
	③ 增加业务运营中可再生能源的使用	⑦ 设计可持续产品
	④ 打造绿色建筑	⑧ 采用下游绿色物流服务
	⑤ 倡导绿色工作方式	⑨ 推出助力其他行业脱碳的产品及服务

① 盘查并设定碳中和目标 碳盘查有助于企业把握整体碳排放情况，甄别碳减排机会点；设置短期和长期的科学减排目标同样至关重要，能够确保所采取行动切中要害且行之有效。

② 优化运营能效 用电是企业的一大碳排放源，企业可以从业务运营流程入手，提升能源利用效率。例如，升级现代化工具和设备，优化工作流程与方法，部署电力监测及管理系统，开发废弃物循环利用机制。

③ 增加业务运营中可再生能源的使用 采用可再生能源供电已成为企业普遍认可的减排方式，能够有效降低运营活动中的碳排放。企业应积极部署屋顶光伏发电系统等自有可再生能源系统，或从外部电厂直购绿电。

④ 打造绿色建筑 推动工厂、中心、分支机构和办公楼日常运营减排是企业碳减排的另一有力抓手，部署电力管理系统、传感器和 LED 系统是其中关键的第一步。与此同时，企业可采用能效更高的供暖供冷系统，进一步降低建筑用电。

⑤ 倡导绿色工作方式 企业可以鼓励员工践行绿色工作方式，促进业务碳减排，引导员工节约用电、减少不必要的差旅等。

⑥ 助力供应链脱碳 上游供应链方面，企业必须认识到，选择可持续的供应商，即采用可持续材料、流程和物流的供应商，是构建可持续价值链的要点。

⑦ 设计可持续产品 企业应当履行自身义务，协助下游利益相关方实现碳中和目标，而设计更具可持续性的产品是企业的重要着力点。绿色设计有助于减少产品使用阶段的碳排放，还可以通过可持续运营推动生产流程减排。

⑧ 采用下游绿色物流服务 下游物流是企业削减下游碳排放的另一重要考量因素。通过车辆电气化、使用可持续燃料、提升能效等手段促进自有车辆脱碳，或与环保型飞机、船舶和车队供应商合作，都是值得企业借鉴推广的举措。

⑨ 推出助力其他行业脱碳的产品及服务 除推动自身产品节能减排外，企业还可以推出产品及服务，帮助价值链其他利益相关方脱碳，诸如生产电动汽车或光伏逆变器、提供绿色贷款和绿色债券等措施，都将极大地促进下游价值链碳减排。

其中，①属于目标规划方面；②③④⑤属于内部运营方面；⑥⑦⑧⑨属于价值链合作方面。

工业制造、交通运输、农业食品和建筑业是四大高排放基础设施行业，数字信息和金融服务行业在人类生产生活中不可或缺，也在推动其他行业实现碳中和转型中扮演重要角色。在制定细化碳中和路线时，企业应根据所处行业灵活设计，可以参考六大行业的企业碳中和路线建议，如图 2-1 所示。

	短期	中期	长期
各行业通用行动	① 完成碳盘查并设定碳中和目标 ② 设计详细的碳中和路线图 ⑤ 倡导节能行为，减少不必要的差旅或纸质材料的使用 ④ 利用能源管理系统和照明改造系统，对建筑进行节能升级	③ 通过部署场内光伏系统或直购绿电等方式，采用可再生能源 ④ 设计和选择新建筑时采用绿色建筑标准 ⑥⑧ 制定培训和激励计划，推动供应链和下游物流节能减碳	⑥ 制定供应链碳绩效评估标准并应用于各业务部门 ⑧ 针对下游物流制定并实施新的评估标准，重点关注碳表现
交通运输业		⑨ 开发可回收包装，增加可持续包材的使用 ③ 自有车辆使用绿色能源 ② 制定并部署运输路线和车队规模优化方案 ② 为车队及其他车辆部署IT系统以提升调配效率 ② 对老旧车型进行现代化改造以提高能效 ② 筛选潜在技术，针对车辆效率提升予以研发和其他投入	③ 推动第三方车辆采用清洁能源 ③ 在生物燃料等能源领域取得关键性突破 ⑨ 显著提升低排放或零排放物流服务占比
农业食品业		② 进行甲烷再利用研发以提高能效 ② 配置设备，从粪便中提取和再利用甲烷 ⑨ 减少包装复杂性，改用可回收材料	② 制定科学的方法来跟踪和提高动物生产力，并通过科学使用肥料来减少每千克活重的甲烷排放量 ② 在控制生殖系统疾病方面取得关键突破，以提高动物生产力
工业制造业	⑦ 对售出产品的碳排放进行生命周期评估 ② 应用系统化方法从废弃物中回收能源	② 识别并应用新的工艺和流程管理工具，提高制造流程效率	⑨ 显著提升电动汽车、电池等低碳产品和可再生能源产品的份额
建筑业		② 在建筑工程中增加预制材料的使用 ② 甄别效率改进项目并应用于施工现场 ⑦ 加强内部绿色建筑设计能力，或借力外部合作伙伴	⑨ 显著提升可再生能源相关项目的占比，包括可再生能源工厂或相关建筑及基础设施
数字信息产业	② 筛选节能技术以优化数据中心的PUE值 ② 识别提高制造流程能降的关键技术	⑦ 对售出产品生命周期的碳足迹做出评估，筛选并应用于节能设计	⑨ 利用人工智能、数据分析等先进技术，助力下游客户实现业务碳中和
金融服务业	⑦ 推行网上银行服务 ② 筛选节能技术以优化数据中心的PUE值 ⑨ 将碳影响纳入现有的融资和投资审批标准	⑨ 开发全套的绿色金融产品组合，推动碳中和	⑨ 制定系统化方法来跟随和评估被投项目 ⑧ 必要时提供技术支持，降低被投项目的碳排放

图 2-1　六大行业企业碳中和路线建议

（序号与正文序号对应）

2.3　碳排放权交易市场

2.3.1　碳排放权交易的经济学背景

当一种资源具有稀缺性时，才具有交换价值，才能进入经济学的视野。过去由于人口、经济、技术等发展因素使得人类碳排放量较小，不存在环境容量有限的问题。但随着人口增加和经济快速增长，大量的碳排放给人类的生存和发展带来了巨大的压力，因此大气中的温室气体排放容量空间的有限性开始体现，在环境允许的空间范围内进行碳排放，这意味着碳排放容量成为一种稀缺性资源，碳中和经济学就是从配置碳排放容量这一稀缺资源入手的。

|碳中和聚焦 2-1|

碳中和的经济分析

如何在一般均衡框架中纳入碳排放，既是一个重要的经济学理论问题，也有深刻的政策含义。经典的一般均衡模型不考虑因外部性造成的市场失灵,认为自由竞争市场通过价格的充分调整,能实现一般均衡状态和最优资源配置。但碳排放造成的全球变暖是人类社会面临的最大负外部性,碳减排是人类历史上最大规模的市场干预活动,将对经济增长、产品价格、投融资、消费和国际贸易等产生深远影响。

2.3.1.1 外部影响

外部影响又称外部性、外部经济,指的是某一经济主体的经济活动对另一个人或一群人产生有利或不利的影响,但不承担成本与后果。外部影响会造成私人成本和社会成本、私人利益和社会利益的不一致,因此某个生产者或者消费者的经济行为使其他人受益,但他自己没有得到补偿,也就是说他在此经济行为中获得的私人利益小于该行为带来的社会利益(包括这个人和其他人所获得的所有利益),这种外部影响被称为"正外部性"。某个生产者或者消费者的经济行为使其他人受损,但他自己不为此花费代价,也就是说他在此经济行为中付出的私人成本小于该行为所需要付出的社会成本(包括这个人和其他人所付出的全部成本),这种外部影响被称为"负外部性"。正外部性能够为社会和其他个人带来收益或能使社会和个人降低成本支出,是一种有利的外部性,而负外部性会引起社会和其他个人成本增加或导致收益减少,是一种不利的外部性。正外部性和负外部性可以根据不同的经济活动主题继续细分为生产的正外部性和消费的正外部性、生产的负外部性和消费的负外部性。

(1) 生产的正外部性。某一个生产者的经济行为对社会上其他人产生了良好的影响,但自己没有从中获得报酬,这就是生产的正外部性。例如:一个养蜂场的蜜蜂,帮助邻近的果园传播花粉,使得果园丰收,但养蜂场不能向果园索取报酬;一个公园的建立,给周围的商户带来了生意,但公园不能向商户索取报酬。也就是说养蜂场和公园从经济活动中获得的私人利益小于该活动的社会利益,对其他人和社会是有利的。

(2) 消费的正外部性。某一个消费者的经济行为对社会的其他人产生了良好的影响,但自己没有从中获得补偿,这就是消费的正外部性。例如:一个人接种疫苗,不仅自己可以避免得病,还可以减少他人被传染疾病,但不能从其他人中获得补偿;一个人接受教育,从而提高素质,降低犯罪率,使整个社会得到进步,但不能从社会中获得补偿。也就是说接种疫苗和接受教育从经济活动中获得的私人利益小于该活动的社会利益,对其他人和社会是有利的。

(3) 生产的负外部性。某一个生产者的经济行为对社会的其他人产生了不好的影响,但自己没有为此付出代价,这就是生产者的负外部性。例如:一个工厂因为生产所排放的污染物对空气环境以及其他人的健康造成了危害,政府需要花费财力、物力、人力治理污染,但工厂没有为此付出成本;装修人在装修房子时,给其他的住户邻居带来了噪声,但没有给他们补偿。也就是说工厂和制造噪声的人在经济活动中所付出的私人成本小于该活动的社会成本,对其他人和社会是不利的。

(4) 消费的负外部性。某一个消费者的经济行为对社会其他人产生了不好的影响,但自己没有为此付出代价,这就是消费者的负外部性。例如:人们在开车出行时,车辆所排放的尾气对空气造成了污染,但人们并没有为此付出成本;吸烟的人危害了周围人的健康,但没有给其他人补偿。也就是说,开车和吸烟的人在经济活动中所付出的私人成本小于该活动的社会成本,对其他人和社会是不利的。

| 碳中和聚焦 2-2 |

纽芬兰渔场的兴衰

纽芬兰渔场，位于纽芬兰岛沿岸，曾是世界四大渔场之一。1534 年，由欧洲航海家约翰·卡波特在寻找西北航道时意外发现，当时他被眼前密集的鳕鱼群所震惊，其数量多得连渔网都不需要，直接将篮子放水里，很快就能装满一篮子鱼。由于拉布拉多寒流和墨西哥湾暖流在纽芬兰岛附近海域交汇，这种交汇成为鳕、鲽、鲱、鲑等鱼类大量生长繁殖的最佳位置，因此纽芬兰渔场也一度被认为有着取之不尽、用之不竭的鱼类储备，特别是鳕鱼为之最，从而有着"踩着鳕鱼群的脊背就可以上岸"的美誉。鳕鱼个大肉美，几乎全身都是宝，可生产出鱼肝油以及多种水产品，在 15 世纪成为欧洲社会的主流食用鱼，在食用鱼中的出场率高达 60%，最普通的鳕鱼干在当时还被视为最理想的航海食品。庞大的需求带来了庞大的市场和丰厚的利润，欧洲各国纷纷派人前来抢夺资源，而纽芬兰附近也建立了众多渔村，捕捉经济价值高的鳕鱼。随着科技的发展，一些工业集团在政府的支持下采用高科技例如电子声呐技术来获取更多的利润，这些渔轮的捕鱼量远远超过传统的渔船，并且昼夜不停地作业，甚至在繁殖季节也持续地进行捕捞，这种过度捕捞严重破坏了鱼类的生长规律，到 20 世纪 90 年代，鳕鱼数量急速下降，只剩不到 20 年前的 2%。加拿大政府意识到问题的严重性后开始采取措施来控制过度捕杀，1992 年被迫下达了纽芬兰渔场的禁渔令，捕鱼业的破产导致纽芬兰岛近四万人失业，地区经济衰落，岛上的人口在不到 10 年的时间里流失了 10%。然而直到禁令实施 11 年后也就是 2003 年，生态环境的破坏使得纽芬兰水域还是一片死寂，鳕鱼的生长和繁殖方式发生了根本的变化，纽芬兰渔场再也没有往日的辉煌。

海洋作为典型的公共物品具有公有性和非排他性，同时资源并不是无限充足的，由于人类往往被利益所驱，渔业资源的共享性和稀缺性就导致了外部性的结果，渔民相互竞争捕捞，公海的捕鱼量成倍增加，造成生态环境恶性循环。对于捕捞企业和个人来说，他们不必或极少承担社会成本，他们为实现其最优水平必然要牺牲社会纯收益，对一些经济效益高的渔业资源进行滥捕，这种过度捕捞使得海洋生物加速灭绝，海洋资源逐渐匮乏。

2.3.1.2 外部性理论的发展

马歇尔是英国"剑桥学派"的创始人，是新古典经济学派的代表，他在 1890 年发表的《经济学原理》中首次提出了"外部经济"的概念。在马歇尔看来，除了土地、劳动、资本这三种生产要素外，还有第四种要素就是"工业组织"，马歇尔用"外部经济"和"内部经济"来说明第四种生产要素的变化如何能导致产量的增加。外部经济就是指企业外部的各种因素所导致单位成本的降低，而内部经济是指企业内部的各种因素所导致单位成本的降低，马歇尔的理论为分析外部性问题奠定了基础。

随后，马歇尔的学生庇古在他 1920 年发表的《福利经济学》一书中进一步对外部性问题进行了分析，他提出了"社会净边际产品"和"私人净边际产品"这两个概念，将社会净边际产品定义为"任何用途和地方的资源边际增量带来的有形物品或客观服务的净产品总和，而不管这种产品的每一部分被谁获得"，私人净边际产品被定义为"任何用途或地方的资源边际增量带来的有形物品或客观服务的净产品总和中的这样一部分，该部分首先（即出售以前）由资源的投资人所获得，这有时等于、有时大于、有时小于社会净边际产品"。庇古首次用现代经济学的方法系统地研究了外部性问题，在马歇尔"外部经济"概念的基础上补充了"外部不经济"的内容。对资源开发的环境影响研究也始于庇古，他将经济活动对环境的不利影响视为一种负外部性,从而提出政府可以通过征税和补贴来弥补排污者私人成本和社会成本之间的差距,控制环境污染,这种方法就是庇古税。

1960年科斯在《社会成本问题》一文中提出了著名的"科斯定理"。科斯认为外部性问题产生的根源在于权利没有得到明确的界定,因此得到"在交易成本为零且产权界定明晰的情况下,外部性不会影响资源的不当配置,可以通过市场交易和私人协商达到资源的最优配置"。也就是说如果交易费用为零或者足够小,只要在法律上规定外部性问题中双方的权利,那么双方可以通过自主交易重新调整最初的权利安排,从而解决外部性问题。科斯强化了"市场是美好的"的经济理念,让市场自行解决问题,而不是政府出面征税。

2.3.1.3 外部性的消除

(1) 解决外部性的基本思路:外部性会造成资源配置不当,造成市场失灵,不利于经济的可持续发展。而外部性的实质就是私人收益或私人成本与社会收益或社会成本不一致,解决外部性的基本思路就是调整私人收益或私人成本,使得经济主体进行经济活动时能够考虑所产生的外部影响,也就是实际的社会收益或社会成本,让外部性内部化。实际来说,就是将没有受到补偿或没有付出代价的一部分进行补偿或付费,将技术上的外部性转化为金钱上的外部性。

(2) 解决外部性的三种方法:根据解决外部性问题的基本思路,西方微观经济学理论提出使外部性内部化有三种方法。

第一是征税与补贴。当某一经济主体的经济活动对外部产生有利或不利的影响时,对有利的这一部分进行补贴,对不利的部分进行征税,使得该经济活动的私人成本或私人收益与对应的社会成本或社会收益相一致。例如,庇古税就是控制环境污染这种负外部性行为的一种经济手段,政府根据污染的严重程度对排污企业进行征税,税收等于该企业所造成的外部损害,从而调整企业的私人成本使其与社会成本相等。反之,政府也可以对正外部性行为给予补贴,从而调整企业的私人收益使其与社会收益相等。但这种方法最大的问题就是,政府需要完全的信息来了解企业的私人成本和社会成本、私人收益和社会收益分别是多少,因此难以制定出科学的税收或补贴标准。

第二是企业合并。例如,当某一个企业的经济活动对其他企业产生了有利的影响时,该企业的私人收益小于社会收益,反之,当某一个企业的经济活动对其他企业产生了不利的影响时,该企业的私人成本小于社会成本,而当政府将该企业与受到影响的企业进行合并后,合并企业的私人收益等于社会收益、私人成本等于社会成本,因此外部影响得以内部化。合并企业的方法也存在一些问题,一是外部影响的范围不好确定,二是合并企业的难度较大。

第三是科斯所提出的规定产权。科斯认为外部性问题产生的根源在于权利没有得到明确的界定,如果能够对产权进行明确的界定,那么外部影响就可能不会产生了。例如,吸烟者在吸烟时会危害其他人的健康,如果不吸烟者被赋予权利,在被动吸烟时有权索取赔偿,而吸烟者就不得不将外部影响视为一种成本,决定是否要多付出成本来购买这一个权利。对于企业排放污染的问题也可以通过界定权利来避免外部影响,根据总的排污标准政府部门拍卖或发放污染许可证,企业可以付出成本购买从而获得排放污染的权利,企业为其经济活动的外部影响付出了代价,使私人成本与社会成本达到一致。此方法存在的问题是,某些自然资源很难界定产权,比如很难测量或者检测,如果交易成本过高,市场将无法运行。

(3) 解决碳排放负外部性的典型办法:二氧化碳等温室气体的增加对地球的气候和生态系统产生了显著的影响,人类的经济活动所导致的碳排放将给全球带来各种各样的灾难性后果，危害公众健康与人类福祉。碳排放作为典型的负外部性问题，解决的思路也是将外部性内部化，常用的主要方法有两种，一是基于庇古税演化而来的碳税，二是基于科斯定理演化而来的碳排放权交易市场（李赶顺等，2013）。

国内外对碳税的研究起源于庇古的《福利经济学》，碳税被定义为以减少二氧化碳为目的，针对二氧化碳排放所征收的税。政府通过税收将企业因二氧化碳产生的环境成本转化为生产经营成本，由于碳税为碳排放确定了价格，对于企业来说在提高能源效率和寻找替代能源上的投资将得到回报。以芬兰、丹麦为首的北欧发达国家面对不断加剧的温室效应最早开始实施碳税制度，据世界银行统计，截至2021年5月已有超过64个国家和地区实施了碳税政策，覆盖了全球碳排放量的21.5%，这些国家或地区主要分布在亚洲、北美洲等。从长期来看，碳税作为一种经济政策工具，能有效减少二氧化碳的排放，改变能源结构，倒逼企业绿色转型，但碳税在不同国家不同地区处于不同发展阶段，实施起来有较大的差异，对于仍然以传统化石燃料为主的国家来说，化石燃料的需求是刚性的，增加成本的方式不仅不能达成减少排放的目标反而会导致能源价格上涨，抬高物价，影响企业的竞争力，阻碍经济发展。

碳排放权的概念最早源于1968年美国经济学家戴维斯在其著作《污染、财富和价值》中提出的排污权，排污权被界定为权利人在符合法律规定的条件下向环境排放污染物的权利，主要是用于解决在经济发展中造成的污染物排放负外部性问题。排污权交易的做法是：国家先确定总排放额度，通过分配、招标、拍卖等方式向排污权主体分配排污权额度，排污权主体有权对排污权额度进行买卖获得收益。1997年《京都议定书》正式提出"碳排放权交易"的概念，即将碳排放权视为商品并开展交易。也就是说权利主体为了满足生存和发展所取得的可以向大气排放温室气体的权利，在碳市场交易环境下，企业所取得的碳排放权具有可转让的性质。碳排放权交易借鉴了排污权交易的模式：政府作为碳排放权的初始所有者，设定碳排放总量，再将碳排放额度分配给各个企业，使其拥有合法的碳排放权利，同时企业可以根据自身的需求在交易市场上出售或者购买这种权利，确保实际碳排放总量不超过限定的碳排放总量。举例来说，某个企业一段时期的碳排放额度为10万吨，如果在这段时期内该企业通过绿色技术、绿色管理等方法减少污染排放，实际碳排放量为9万吨，那么剩下的1万吨可以在交易市场上出售从而获得收益，而如果企业因为扩大生产等实际碳排放量为12万吨，超过额度的2万吨就需要在交易市场上购买。这样不仅能控制住总的碳排放量，还能鼓励企业节能减排、绿色发展。随着2005年《京都议定书》的正式生效，碳排放权成为国际商品，国际碳排放权交易进入高速发展阶段。根据世界银行数据显示，2016~2021碳排放交易税收入占比波动上升，2021年占比达到67%，首次超过征收碳税营收占比（33%），这也意味着碳排放权交易逐渐占据主流。

总的来说，碳税和碳排放权交易都能有效地发挥碳减排作用，碳税价格稳定、便于管理、运行成本低，但对碳排放总量控制较弱，灵活性差；碳排放权交易能够有效约束碳排放总量、灵活性强、能够吸引多方主体参与其中，但运行成本较高且价格不稳定（王京安等，2013）。

| 碳中和聚焦 2-3 |

碳中和的经济理论基础

碳中和的经济理论基础以外部性治理为核心，具体包括庇古税与碳税、科斯定理与碳排放权交易以及诺德豪斯包含碳约束的一般均衡模型。庇古在马歇尔的理论基础上对外部经济、外部性概念进行正、负外部性的划分，并由此提出"对外部性进行征税和补贴"的理念，被后人称为"庇古税"，成为碳税的理论基础；科斯则通过提出交易成本理论，在一个产权界定明晰、交易成本近乎为零的市场中负外部性会得到行为体的自动治理，对污染的治理应当建立一个尽可能降低交易成本的市场，对污染指标进行买卖、转让，进而成为碳排放权交易的理论基础；诺德豪斯提出了碳约束经济分析的理论模型，使经济学的理论和实证研究得以真正纳入碳约束因素，他率先提出了气候变化综合评估模型（IAM）且不断推陈出新，先后提出 DICE 模型和 RICE 模型等，使得碳中和、碳达峰等碳约束的成本-收益式经济分析具有可操作性。

2.3.2 碳排放权交易的历史演变

2.3.2.1 1979 年第一届全球气候大会

1979 年 2 月由世界气象组织牵头的第一届世界气候变化大会在瑞士日内瓦开幕，会议对二氧化碳排放导致的全球变暖展开了科学讨论，这是最初的几次关于气候变化的国际会议之一。随后美国国家科学院发表了由 Jule Charney 领衔的科学报告《二氧化碳和气候》，肯定了人为 CO_2 排放将导致全球升温，这份包括附录在内只有 22 页的报告开创了气候评估先河。

2.3.2.2 1988 年政府间气候变化专门委员会成立

气候变化成为了全世界共同关注的问题。1988 年由世界气象组织、联合国环境署合作成立政府间气候变化专门委员会（Intergovernmental Panel on Climate Change，IPCC，又译为政府间气候变化专业委员会、跨政府气候变化委员会等），它的作用是在全面、客观、公开和透明的基础上，评估与理解人为引起的气候变化以及这种变化的潜在影响，并评估适应和减缓气候变化方面的科技和社会经济信息。联合国政府间气候变化专门委员会（IPCC）与美国前副总统阿尔·戈尔（Al Gore）分享 2007 年诺贝尔和平奖，该奖项奖励他们在传播关于气候变化相关知识所付出的努力及在寻找抵御气候变化所必须采取的措施方面所作出的贡献。

2.3.2.3 1994 年《联合国气候变化框架公约》

1990 年政府间气候变化专门委员会和第二届世界气候大会呼吁缔结一个关于气候变化问题的全球条约。1992 年 5 月 9 日《联合国气候变化框架公约》（UNFCCC）正式通过，1994 年 3 月 21 日公约正式生效，由 150 多个国家以及欧洲经济共同体共同签署。公约的终极目标是将大气温室气体浓度维持在一个稳定的水平，在该水平上人类活动对气候系统的危险干扰不会发生。为了实现该目标，公约确定了五个基本原则，但没有对个别缔约方规定具体需承担的义务，也未规定实施机制，缺少法律上的约束力。在公约的框架下，缔约方之间在后续的谈判中达成了许多条约和共识。

| 碳中和聚焦 2-4 |

《联合国气候变化框架公约》

《联合国气候变化框架公约》（以下简称《公约》）核心内容：

(1) 确立应对气候变化的最终目标。《公约》第 2 条规定："本公约以及缔约方会议可能通过的任何法律文书的最终目标是：将大气温室气体的浓度稳定在防止气候系统受到危险的人为干扰的水平上。这一水平应当在足以使生态系统能够可持续进行的时间范围内实现"。

(2) 确立国际合作应对气候变化的基本原则，主要包括"共同但有区别的责任"原则、公平原则、各自能力原则和可持续发展原则等。

(3) 明确发达国家应承担率先减排和向发展中国家提供资金技术支持的义务。《公约》附件一国家缔约方（发达国家和经济转型国家）应率先减排。附件二国家（发达国家）应向发展中国家提供资金和技术，帮助发展中国家应对气候变化。

(4) 承认发展中国家有消除贫困、发展经济的优先需要。《公约》承认发展中国家的人均排放仍相对较低，因此在全球排放中所占的份额将增加，经济和社会发展以及消除贫困是发展中国家首要和压倒一切的优先任务。

2.3.2.4 1997年《京都议定书》

1997年12月，《联合国气候变化框架公约》第三次缔约方大会在日本京都召开，149个国家和地区的代表通过了旨在限制发达国家温室气体排放量以抑制全球变暖的《京都议定书》，对达成《联合国气候变化框架公约》的温室气体减排义务制定了具体实施规则，并建立了实现减排目标的三种灵活合作机制：国际排放贸易机制（international emissions trading，IET）、联合履行机制（joint implementation，JI）和清洁发展机制（clean development mechanism，CDM）。其核心是将温室气体排放量或减排量进行量化，允许进行市场交易和买卖，把属于公共资源的环境问题用市场手段解决。2005年2月16日，《京都议定书》正式生效，这是人类历史上首次以法规的形式限制温室气体排放。

| 碳中和聚焦 2-5 |

《京都议定书》三种合作机制

清洁发展机制：《京都议定书》第十二条规范的"清洁发展机制"是针对附件一国家（发达国家和经济转型国家）与非附件一国家之间在清洁发展机制登记处（CDM Registry）的减排单位转让。旨在使非附件一国家在可持续发展的前提下进行减排，并从中获益；同时协助附件一国家通过清洁发展机制项目活动获得"排放减量权证"（certified emissions reduction，CER，专用于清洁发展机制），以降低履行《联合国气候变化框架公约》承诺的成本。

联合履行机制：《京都议定书》第六条规范的"联合履行"，系附件一国家之间在"监督委员会"（Supervisory Committee）监督下，进行减排单位核证与转让或获取，所使用的减排单位为"排放减量单位"（emission reduction unit，ERU）。

国际排放贸易机制：《京都议定书》第十七条规范的"排放交易"，则是在附件一国家的国家登记处（National Registry）之间，进行包括"排放减量单位""排放减量权证""分配数量单位"（assigned amount unit，AAU）"清除单位"（removal unit，RMU）等减排单位核证的转让或获取。

2.3.3 我国碳排放权交易体系

《京都议定书》规定了"温室气体"包括二氧化碳（CO_2）、甲烷（CH_4）、氧化亚氮（N_2O）等，其中二氧化碳是人为活动产生温室气体中占比最大的，约占能源排放量的90%，主要来源于化石能源（煤炭、石油、天然气）的消耗，而《中国能源大数据报告》显示我国一次能源消费中煤炭和石油占比约80%。随着我国科学技术和经济的迅速发展，二氧化碳的排放量日益增加。我国展现了大国担当，积极应对全球气候变化这一严峻问题，提出了2030年实现碳达峰、2060年实现碳中和的战略目标。在《京都议定书》的框架下，碳排放权交易市场成为各个国家进行碳减排的主要途径，我国也选择了基于市场的政策和手段，寻求以低成本和可持续性强的措施来助力企业实现低碳转型。2011年底《国务院关于印发"十二五"控制温室气体排放工作方案的通知》的发布预示着我国碳交易市场的正式启动，随后我国先后在八个地区开启了碳排放权交易试点，共同探索碳交易市场的发展机制，在 2021 年 7 月底我国启动了全国统一的碳排放交易市场，标志着我国碳排放交易体系的总体设计基本完成，如图 2-2。

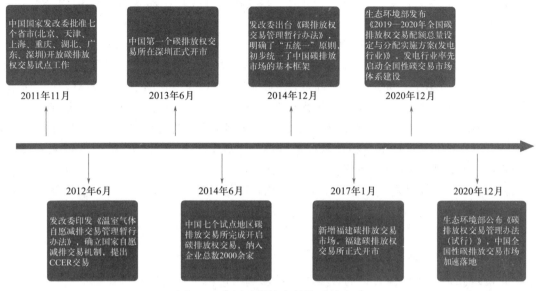

图 2-2 中国碳排放交易体系的发展

2.3.3.1 碳交易市场的运行机制

根据我国目前碳排放权交易市场的设计，碳交易市场从性质上可以分为一级市场和二级市场（康子冉和丁韦娜，2022）。

（1）一级市场：进行总量的设定、碳配额的分配以及核证减排量的备案。一级市场是由相关国家主管部门和委托机构管理的发行市场，参与主体主要是控排企业，国家根据政策要求确定年度排放总量的上限，给控排企业分配碳排放权配额，其中碳配额的产生主要通过免费分配和有偿分配两种途径，有偿分配能够进一步激励企业进行减排，而拍卖作为透明度好、效率高的分配方式，已经成为常见的有偿分配手段，有偿分配将随着碳市场的成熟而逐渐成为主流。项目减排量的产生则需根据国家主管部门颁布的相应方法完成项目审定、监测核证、项目备案和减排量签发等一系列复杂的程序，当碳配额或项目减排量完成在注册登记簿（国家登记簿）的注册程序后，就变成了其持有机构能交易、履约和使用的碳资产。

（2）二级市场：进行碳配额和核证减排量的交易。二级市场是碳资产现货和碳金融衍生产品交易流转的市场，用来交易富余的碳配额，参与主体是控排企业和自愿性减排企业。二级市场可以分为场内交易市场和场外交易市场两部分，场内交易是指在经认可备案的交易所或电子交易平台进行的碳资产交易，其交易时间、地点和交易规则都是公开透明的，是一种标准规范化的交易，通过竞价的方式来确定价格；场外交易市场（over-the-counter markets，OTC）又称为柜台交易，是通过交易双方协商定价，在交易地点之外进行的一系列碳资产交易方式。通过场内或场外的交易，能够汇聚相关市场主体和各类资产，从而发现交易对方、发现价格，以及完成货银的交付清算等。

交易的品种主要有两大类：碳配额及其衍生品、核证减排量。碳配额是二级市场的主要交易品种，是国家为了达到控制排放目的而采取的一项政策措施，即在一定的空间和时间内，将该控排目标转化为碳排放配额并分配给下级政府和企业，若企业实际碳排放量小于政府分配的配额，则企业可以通过交易多余碳配额，来实现碳配额在不同企业的合理分配，最终以相对较低的成本实现控排目标。作为配额市场的补充，我国引入了自愿减排市场交易即CCER交易，国家核证自愿减排量（CCER）是我国基于CDM模式延伸的中国特色产物，在很大程度上与CDM项目相似。CCER是根据发改委发布的《温室气体自愿减排交易管理暂行办法》的规定，经备案并在国家注册登记系统中登记的温室气体自愿减排量。如果企业实际排放量超过政府分配的额度，就可以通过在碳交易市场上购买CCER抵消超额的部分。碳市场按照1:1的比例给予CCER替代碳排放配额，即1个CCER等同于1个配额，可以抵消1吨二氧化碳当量的排放。《碳排放权交易管理办法（试行）》规定重点排放单位每年可以使用国家核证自愿减排量抵消碳排放配额的清缴，抵消比例不得超过应清缴碳排放配额的5%。通过对中国自愿减排交易信息平台相关数据进行统计，截至2020年10月30日，国家发改委公示CCER项目累计达2856个，备案项目1047个，主要包含风电、光伏、甲烷回收、水电、生物质能利用、垃圾焚烧等领域，合计备案二氧化碳减排量为5294万吨。由于温室气体自愿减排交易量小、个别项目不够规范等问题，CCER项目申请审定、核证于2017年暂缓，2018年5月CCER交易平台恢复运行，重启后为后续全国碳交易市场提供有效补充。

2.3.3.2 碳交易市场运行的重要环节

（1）设定总量：碳配额总量的多少将直接影响碳价格，进而影响碳市场的稳定性，科学设定全国碳配额总量是碳交易市场运行的首要环节。理论上来看，设定碳配额总量有两种方法，第一种方法是自上而下设定碳配额总量，根据国家碳排放总量的测算设定全国某一周期的碳配额总量，再将其分解到各个城市各个行业的企业，这种方法需要大量的历史排放数据，并且随着经济的不断发展对碳排放增长的预测也具有不确定性，再加上各个地区的覆盖范围标准不一致，给实践增加了不小的难度；第二种方法是先分配后定总量，是自下而上确定碳配额总量的方法，各个地区各个行业核查控排企业的配额数量，再上报给国家，经过汇总后确定国家某个时期的碳配额总量，这种方法已被欧盟在其碳市场交易体系的发展中证实是可行的。我国根据自身的特点在全国碳市场建设初期也采用了先分配后定总量的方法，根据《碳排放权交易管理办法（试行）》的规定，国务院碳交易主管部门制定国家配额分配方案，明确各省、自治区、直辖市免费分配的排放配额数量、国家预留的排放配额数量等。各省、自治区和直辖市的排放配额总量中，扣除向本行政区域内重点排放单位免费分配的配额量后剩余的配额，由省级碳交易主管部门用于有偿分配。

| 碳中和聚焦 2-6 |

发电行业配额预分配工作

省级生态环境主管部门根据本行政区域内重点排放单位2019～2020年的实际产出量以及确定的配额分配方法及碳排放基准值，核定各重点排放单位的配额数量；将核定后的本行政区域内各重点排放单位配额数量进行加总，形成省级行政区域配额总量。将各省级行政区域配额总量加总，最终确定全国配额总量。

（2）碳配额分配：碳配额的分配会直接影响碳交易的效率和企业之间的公平性，选择合理的分配方式是建设碳排放权交易市场的重要环节。碳配额分配有两种基本分配方法，一是政府向参与者或有关主体免费发放，二是政府可选择通过拍卖有偿出售碳配额。其中免费配额可以通过两种主要方法进行分配，分别是历史法（历史总量法和历史强度法）和基准线法。国际上各个国家或地区在建设碳市场的初期都采取了免费发放和有偿发放的混合机制，虽然在分配的具体方法和比例上略有不同，但主要的趋势都是由免费发放向有偿发放过渡。

免费分配是指政府根据政策要求和标准将碳配额免费发放给控排企业，控排企业不需要付出成本，如果企业在承诺期内实际排放量少于碳配额，还能在碳市场出售超额的部分从而获得利润。免费分配既可以达到减排的目标，对于现有的控排企业在早期也较容易被接受，因此免费分配成为碳市场构建初期出于推行便利度考虑所采用的主要分配方式。但同时也具有一定的局限性，免费发放很容易造成配额数量过多、交易价格过低的情形，使得碳市场的价格信号失真，难以发挥有效配置减排资源的作用，有悖于污染者付费的基本原则，不利于资源流向低碳产业，也不利于低排放技术的研发和推广。

① 历史法（历史总量法和历史强度法）。历史法也称祖父法，指根据控排企业的历史碳排放量（一般是企业近几年的平均值）确定其在总碳排放权分配中的份额，是一种基于企业自身历史排放状况的"纵（前）向比较"方法，适用于生产工艺产品特征复杂的行业。历史总量法参照企业历史排放总量制定履约年度碳配额总量，而历史强度法参照企业历史碳排放强度和上一年度实际产量确定碳配额总量。历史法的优势在于推行简单、对数据和计算的要求较低、便于管理。但也存在一定的不合理性，一是企业的突然增产或减产都会影响其历史排放数据，特别是从长期来看历史数据会使企业获得的碳配额与实际产能不符；二是历史排放量越高则获取的配额越多，这对于前期已经进行节能减排工作并取得一定成就的企业来说不公平，粗放型企业反而获得了更多的配额，与减排的初衷相违背；三是对于新进入的企业或特殊的企业来说缺乏历史数据作为参考。

② 基准线法。基准线法指按照行业总体，或一定比例的减排效率最高企业的平均效率作为基准，乘以相应行业中各企业的历史产出及调整系数，来确定企业实际能分配到的免费配额，与企业自身的历史排放状况无关，是一种基于行业排放水平的"横向比较"方法，适用于生产流程及产品样式规模标准化的行业。基准线法的优势在于分配的方法更加统一，有利于推进统一碳市场的建立，并且相较历史法更能持续激励企业提升减排效率，对企业产能扩张限制较小；劣势在于对数据需求量较大、获取难度较大，基准值的确定较为复杂，推行较为困难（赵永斌和丛建辉，2017）。

有偿分配主要是以拍卖方式出售配额，参与者需要从指定拍卖商处购买配额，拍卖中设定固定拍卖配额数，配额价高者得，有时会有拍卖底价。在理论研究中，大多数学者都倾向于采取拍卖的分配方法，一是拍卖法比较简单、公平，价格透明，具有灵活性；二是可以增加政府收入用来提高能源效率，补贴可再生能源等低碳技术；三是对于企业来说，可增加企业开展节能减排工作的主动性和积极性，从而减少因为购买碳配额产生的成本。拍卖法为碳排放交易机制带来的成本效率是最高的，保证了碳价格完全传递。然而，拍卖法也存在着不可忽视的问题，不同行业和企业之间在碳排放和节能减排上存在着较大的现实差异，如果仅采取拍卖的有偿分配方法，会使得中小企业或弱势行业处于不利地位，还可能产生垄断现象，造成行业之间和企业之间的不公平。

不同的分配方法都有自己的优势和劣势，而多数碳排放权交易体系并未选择以单一形式（拍卖或免费发放）分配所有配额，而是采用混合模式，使得某些行业中的重点排放单位能够获得部分，而非全部免费配额。我国碳配额初始分配方法自2013年以来主要采用免费分配方式下的基准线法，在某些特定的行业采用历史法，电力行业根据《2019—2020年全国碳排放权交易配额总量设定与分配实施方案（发电行业）》采取 2019～2020 年碳排放配额以免费分配为主，根据国家有关要求适时引入有偿分配的方式。

（3）开展交易：规范交易规则、建立独立的碳排放权交易系统能够保护全国碳排放权交易市场各参与方的合法权益。2021 年 5 月出台的《碳排放权登记管理规则（试行）》《碳排放权交易管理规则（试行）》《碳排放权结算管理规则（试行）》进一步规范了全国碳排放权登记、交易和结算的相关规则，明确在全国碳排放权交易机构成立前，由上海环境能源交易所股份有限公司承担全国碳排放权交易系统账户开立和运行维护工作，在全国碳排放权登记机构成立前，由湖北碳排放权交易中心有限公司承担全国碳排放权注册登记系统账户开立和运行维护。登记系统和交易系统相互配合、互通消息，共同维护碳排放市场的平稳运行。

碳排放权注册登记系统是指为各类市场主体提供碳排放配额法定确权登记、结算和注销服务，实现配额分配、清缴及履约等业务管理的电子系统。注册登记系统是统一存放全国碳市场中碳资产和资金的"仓库"，通过制定注册登记相关制度及其配套业务管理细则，对注册登记系统及其管理机构实施监管。注册登记系统主要包括两类用户：市场参与主体和主管部门。

对于市场参与主体来说，注册登记系统为其提供以下功能：一是账户管理功能，系统依申请为登记主体建立登记账户、交易账户和结算账户，提供查询、信息修改、注销等管理账户的功能；二是碳资产管理功能，市场参与主体可以在注册登记系统中查询配额发放记录、碳资产持有量、碳资产历史变动情况等相关信息，还可以使用碳资产进行交易划转、履约、注销等功能；三是资金管理功能，市场参与主体可以在注册登记系统中查询银行卡信息、资金出入信息、账户余额等资金相关信息；四是业务管理功能，市场参与主体可通过注册登记系统开展碳资产托管、质押等碳金融业务；五是持仓划转功能，市场参与主体可以将需要交易的配额由注册登记系统划转到交易系统中，还可以查询历史划转记录。

对于主管部门来说，注册登记系统为其提供以下功能：一是用户管理功能，国家主管部门可以为省级主管部门、地方服务机构、控排企业等其他市场参与主体开立账户，同时设置各类账户的功能权限，审核会员信息的修改申请等；二是业务管理功能，主管部门可以通过注册登记系统进行配额的分配、收缴、注销、拍卖划转、清缴履约等工作；三是监督管理功能，主管部门可以通过注册登记系统查询用户持仓、划转、履约、清缴等各类信息，监管用户信息、业务信息、资金信息、交易行情、交易流水等信息，同时注册登记系统还为主管部门提供统计分析、阈值预警、日志查询等监管手段，协助各级生态环境主管部门对登记和交易行为进行监管。

交易系统是支撑整个碳排放权交易的网上开户、客户管理、交易管理、挂单申报、撮合成交、行情发布、风险控制、市场监管等综合功能的电子系统，目标是高效、安全、便捷地实现碳排放权交易。交易系统主要提供以下功能：一是用户交易功能，参与者在交易系统上填报相关信息，在交易系统审核后开设交易账户，交易账户和登记账户、资金结算账户一一对应，用户通过交易账户开展各项交易。用户可采取的交易模式包括协议转让、单向竞价或者其他符合规定的方式，协议转让是指交易双方协商达成一致意见并确认成交的交易方式，包括挂牌协议交易及大宗协议交易。其中，挂牌协议交易是指交易主体通过交易系统提交卖出或者买入挂牌申报，意向受让方或者出让方对挂牌申报进行协商并确认成交的交易方式，同一价位有多个挂牌申报的，交易主体可以选择任意对手方完成交易。大宗协议交易是指交易双方通过交易系统进行报价、询价并确认成交的交易方式。单向竞价是指交易主体向交易机构提出卖出或买入申请，交易机构发布竞价公告，多个意向受让方或者出让方按照规定报价，在约定时间内通过交易系统成交的交易方式。二是风险控制，交易系统对不同的交易模式实行不同的涨跌幅限制制度、配额最大持有量限制制度、大户报告制度和风险警示制度。三是信息公开，交易系统发布交易市场的即时行情，包括配额代码、前收盘价、实时的最新成交价格、当日最高成交价格、当日最低成交价格、当日累计成交量、当日累计成交金额、涨跌幅等信息。

（4）监管处罚：真实、准确、有效的碳排放数据，是碳排放配额分配的重要依据，也是启动碳交易、保障碳市场有效运行的基础（王科和李思阳，2022）。MRV（monitoring-reporting-verification）体系的建立是为了能够确保排放单位的实际排放量与根据标准确认排放的是一致的，并且提高政府监管的效率。科学完善的 MRV 体系在碳交易市场上占据非常重要的地位。

MRV 指碳排放的量化与数据质量保证的过程，包括监测（monitoring）、报告（reporting）、核查（verification）。监测（M）——标准化的指南及核算方法学，排放单位需根据自身水平制定监测计划并通过主管部门的审批，根据审批通过的监测方法统计并核算温室气体排放数据，保证温室气体排放数据的准确性和科学性，并尝试以规范的方式进行周期性的核算，监测是支撑整个碳市场的基本起点；报告（R）——报告规则及数据的公开，在保证温室气体排放数据准确性和科学性的前提下，设置一套温室气体报告规则，要求排放单位在报告中提供年度排放额等相关信息；核查（V）——第三方核查机制，由独立的第三方核查机构对排放单位温室气体排放数据进行周期性的核查，帮助监管部门最大程度地把控数据的准确性和可靠性，提升温室气体排放整体报告结果的可信度。

欧盟、美国和日本等国家和地区碳市场运行较早，拥有相对完善的 MRV 体制，国外的经验表明要保证 MRV 机制的正常运行，首先需要一套完整的体系设计方案，包括出台相关机构的职责和分工、技术细则标准和监督管理规程等一系列管理文件方案。当前我国碳交易市场 MRV 对碳排放数据上报、数据核实、碳排放数据计算等方面进行约定的相关文件有：发改委分批公布的 24 个行业的企业碳排放核算与报告指南以及《全国碳排放权交易第三方核查参考指南》、国家标准委发布的《工业企业温室气体排放核算和报告通则》、生态环境部发布的《碳排放权交易管理办法（试行）》《企业温室气体排放报告核查指南（试行）》《企业温室气体排放核算方法与报告指南　发电设施》等，如表 2-4 所示。主要核查方式包括自我认证报告、市场管理方审查、第三方核查。自 2011 年以来，我国先后设立了 8 个省（市）碳排放权交易试点地区，经过几年的探索，各试点区域已形成相对完善的 MRV 体系，积累了一套可复制可推广的实践经验，有利于更高效地建设与实施全国统一碳市场。

表 2-4　相关政策文件

政策名称	颁布日期	主要内容
《工业企业温室气体排放核算和报告通则》	2015 年 11 月	规定了工业企业温室气体排放核算与报告的术语和定义、基本原则、工作流程等内容
《全国碳排放权交易第三方核查参考指南》	2016 年 1 月	用于指导第三方核查机构对纳入全国碳排放权交易的重点排放单位提交的 2013 至 2015 年度温室气体排放报告及补充数据实施核查工作
《碳排放权交易管理办法（试行）》	2020 年 12 月	明确了有关中国碳市场的各项定义，对重点排放单位纳入标准，配额总量设定分配等方面进行了规定
《企业温室气体排放报告核查指南（试行）》	2021 年 3 月	规定了重点排放单位温室气体排放报告的核查原则和依据、核查程序和要点、核查复核以及信息公开等内容
《企业温室气体排放核算方法与报告指南　发电设施》	2022 年 12 月	规定了发电设施的温室气体排放核算边界和排放源、化石燃料燃烧排放核算要求、购入电力排放核算要求等内容

我国《碳排放权交易管理办法（试行）》给出了行政处罚的规定：

核查机构对重点排放单位上一年度的温室气体排放报告进行核查并出具核查报告，在规定时间内向所在省、自治区、直辖市的省级生态环境主管部门提交排放报告和核查报告，而且每年应向所在省、自治区、直辖市的省级生态环境主管部门提交不少于其上年度经确认排放量的排放配额，履行上年度的配额清缴义务。

重点排放单位如果存在虚报、瞒报或者拒绝履行排放报告义务以及不按规定提交核查报告的行为，由所在省、自治区、直辖市的省级生态环境主管部门责令限期改正，未按时履行配额清缴义务的，由所在省、自治区、直辖市的省级生态环境主管部门责令其履行配额清缴义务。逾期仍不履行配额清缴义务的，由所在省、自治区、直辖市的省级生态环境主管部门依法给予行政处罚。

除此之外，国务院生态环境主管部门和省级生态环境主管部门建立重点排放单位、核查机构、交易机构和其他从业单位和人员参加碳排放交易的相关行为信用记录，并纳入相关的信用管理体系。对于严重违法失信的碳排放权交易的参与机构和人员，国务院生态环境主管部门建立"黑名单"并依法予以曝光。

| 碳中和聚焦 2-7 |

《碳排放权交易管理办法（试行）》

《碳排放权交易管理办法（试行）》第三十九条：重点排放单位虚报、瞒报温室气体排放报告，或者拒绝履行温室气体排放报告义务的，由其生产经营场所所在地设区的市级以上地方生态环境主管部门责令限期改正，处一万元以上三万元以下的罚款。逾期未改正的，由重点排放单位生产经营场所所在地的省级生态环境主管部门测算其温室气体实际排放量，并将该排放量作为碳排放配额清缴的依据；对虚报、瞒报部分，等量核减其下一年度碳排放配额。

第四十条：重点排放单位未按时足额清缴碳排放配额的，由其生产经营场所所在地设区的市级以上地方生态环境主管部门责令限期改正，处二万元以上三万元以下的罚款；逾期未改正的，对欠缴部分，由重点排放单位生产经营场所所在地的省级生态环境主管部门等量核减其下一年度碳排放配额。

2.3.4　能源电力企业碳市场的运行管理

我国面临着国际上巨大的碳减排压力，而主动提出计划在 2030 年前实现碳达峰、2060 年前实现碳中和的目标，其中碳市场将充分发挥市场的作用实现资源的有效配置，推动企业碳减排行动的实施，是实现碳中和目标的重要抓手。碳市场将碳排放权当成一种商品，高能耗、高污染、高排放的企业需要购买温室气体减排额度从而获得碳排放权，一方面增加了企业减碳的成本，另一方面企业也可以通过这种交易机制获得收益，因此对于企业来说碳市场既是巨大的挑战也是新的机遇。我国是世界第一大工业国，对能源的需求量极大，其中电力行业一直是我国基本的能源产业，但电力能源结构还是以煤炭为主，2020 年煤炭发电的比例达到了百分之六十以上，而煤炭燃烧排放了大量的二氧化碳及其他温室气体，是碳减排工作的重点，与此同时，电力行业的碳排放源较为集中且温室气体排放检测数据较为成熟，因此发电行业成为全国统一碳市场建立初期首批被纳入的控排企业。对于发电企业来说，在低碳经济的背景下树立低碳意识主动参与碳交易，建立完整的碳排放管理体系，以低成本的方式进行节能减排工作，从而提高竞争力是未来很长一段时间内的重点任务。

2.3.4.1 相关政策文件

(1)《2019—2020年全国碳排放权交易配额总量设定与分配实施方案(发电行业)》。

① 纳入配额管理的重点排放单位名单以及纳入配额管理的机组类别判定如图2-3。发电行业(含其他行业自备电厂)2013~2019年间任一年碳排放量大于等于2.6万吨的企业进入重点排放单位名单,并实行名录管理,碳排放配额是指重点排放单位拥有的发电机组产生的二氧化碳排放限额,包括化石燃料消费产生的直接二氧化碳排放和净购入电力所产生的间接二氧化碳排放。不同类别机组所规定的单位供电(热)量的碳排放限值称为碳排放基准值。其中纳入配额管理的机组包括300MW等级以上常规燃煤机组,300MW等级及以下常规燃煤机组,燃煤矸石、煤泥、水煤浆等非常规燃煤机组(含燃煤循环流化床机组)和燃气机组四个类别。不同类别的机组设定相应碳排放基准值,按机组类别进行配额分配。

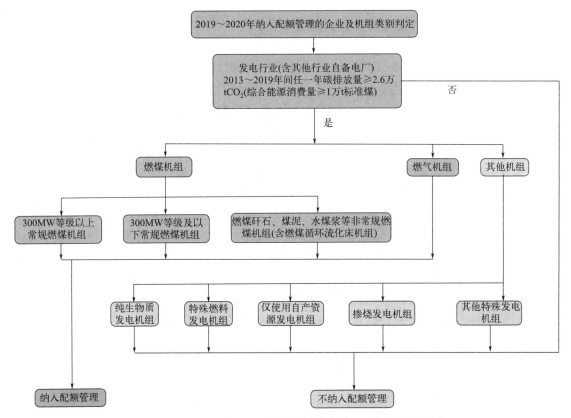

图2-3 纳入配额管理的重点排放单位名单以及机组类别判定

② 配额分配方法。对2019~2020年配额实行全部免费分配,并采用基准法核算重点排放单位所拥有机组的配额量。重点排放单位的配额量为其所拥有各类机组配额量的总和。

基准法核算机组配额总量的公式见式(2-1):

机组配额总量=供电基准值×实际供电量×修正系数+供热基准值×实际供热量 (2-1)

燃煤机组的CO_2排放额计算公式见式(2-2):

$$A = A_e + A_h \tag{2-2}$$

式中,A为机组CO_2配额总量,单位为t;A_e为机组供电CO_2配额量,单位为t;A_h

为机组供热 CO_2 配额量,单位为 t。

其中,机组供电 CO_2 配额计算方法见式(2-3):

$$A_e = Q_e B_e F_l F_r F_f \qquad (2\text{-}3)$$

式中,Q_e 为机组供电量,单位为 $MW \cdot h$;B_e 为机组所属类别的供电基准值,单位为 $t/(MW \cdot h)$;F_l 为机组冷却方式修正系数,如果凝汽器的冷却方式是水冷,则机组冷却方式修正系数为 1,如果凝汽器的冷却方式是空冷,则机组冷却方式修正系数为 1.05;F_r 为机组供热量修正系数,燃煤机组供热量修正系数为 $1-0.22 \times$ 供热比;F_f 为机组负荷(出力)系数修正系数。

燃气机组的 CO_2 排放配额计算公式见式(2-4):

$$A = A_e + A_h \qquad (2\text{-}4)$$

式中,A 为机组 CO_2 配额总量,单位为 t;A_e 为机组供电 CO_2 配额量,单位为 t;A_h 为机组供热 CO_2 配额量,单位为 t。

其中,机组供电 CO_2 配额计算方法见式(2-5):

$$A_e = Q_e B_e F_r \qquad (2\text{-}5)$$

式中,Q_e 为机组供电量,单位为 $MW \cdot h$;B_e 为机组所属类别的供电基准值,单位为 $t/(MW \cdot h)$;F_r 为机组供热量修正系数,燃气机组供热量修正系数为 $1-0.6 \times$ 供热比。

③ 配额核定及发放。各省级生态环境主管部门按照配额分配方式,对重点排放单位 2018 年的机组配额进行核算;将 2018 年配额总量的 70%(2018 年计算配额的 70%)用作 2019~2020 年的预分配额;各省生态环境主管部门根据 2019 年、2020 年的实际供电量、供热量、机组相关参数重新核定配额;根据核准的配额和预配额进行比较,以核定配额为准,通过系统进行多退少补。

(2)《企业温室气体排放核算方法与报告指南 发电设施》。本指南适用于使用燃煤、燃油、燃气等化石燃料以及掺烧化石燃料的纯凝发电机组和热电联产机组等发电设施,不适用于单一使用非化石燃料发电设施的温室气体排放核算。进行温室气体排放核算的九个工作程序和工作内容如图 2-4 所示。

① 排放边界为发电设施,包括燃烧装置、汽水装置、电气装置、控制装置和脱硫脱硝等装置集合。排放源包括化石燃料燃烧排放以及购入使用电力的排放。

② 编制数据质量控制计划。

③ 化石燃料燃烧排放量:统计期内发电设施各种化石燃料燃烧产生的二氧化碳排放量的加总。

计算公式见式(2-6):

$$E_{燃烧} = \sum_{i=1}^{n}(AD_i \times EF_i) \qquad (2\text{-}6)$$

式中,$E_{燃烧}$ 为化石燃料燃烧的 CO_2 排放量,t;AD_i 为第 i 种化石燃料的活动数据,吉焦(GJ);EF_i 为第 i 种化石燃料的二氧化碳排放因子,t/GJ;i 为化石燃料类型代号。

其中,

$$AD_i = FC_i \times NCV_i$$

$$EF_i = CC_i \times OF_i \times \frac{44}{12}$$

式中,FC_i 为第 i 种化石燃料的消耗量,对固体或液体燃料的单位为 t,对气体燃料的

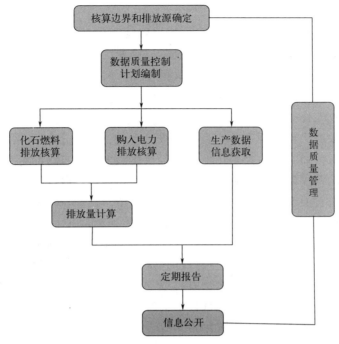

图 2-4 温室气体排放核算的九个工作程序和工作内容

单位为 $10^4 m^3$；NCV_i 为第 i 种化石燃料的低位发热量，对固体或液体燃料，单位为 GJ/t，对气体燃料，单位为 $GJ/10^4 m^3$；CC_i 为第 i 种化石燃料的单位热值含碳量，单位为 t/GJ；OF_i 为第 i 种化石燃料的碳氧化率，%；44/12 为二氧化碳与碳的摩尔质量之比。

燃煤单位热值含碳量：

$$CC_煤 = \frac{C_煤}{NCV_煤}$$

式中，$CC_煤$ 为燃煤的单位热值含碳量，t/GJ；$NCV_煤$ 为燃煤的收到基低位发热量，GJ/t；$C_煤$ 为燃煤的元素碳含量，t/t。

④ 购入电力排放核算：

$$E_电 = AD_电 \times EF_电$$

式中，$E_电$ 为购入使用电力产生的 CO_2 排放量，t；$AD_电$ 为购入使用电量，MW·h；$EF_电$ 为电网排放因子，采用 0.6101t/(MW·h) 或生态环境部发布的最新数值。

⑤ 排放量计算：$E = E_{燃烧} + E_电$。

⑥ 生产数据信息获取：包括发电量、供电量、供热量、供热比、供电煤（气）耗，供电碳排放强度、供热碳排放强度，运行小时和负荷（出力）系数等。

⑦ 数据质量管理：包括建立核算和报告的规章制度，计量器具、检测设备和检测仪表定期维护，数据监测和获取的精度不得比上一年度降低等。

⑧ 定期报告要求：重点排放单位应该在每个月结束之后的 40 个自然日内，按生态环境部要求报告该月的活动数据、排放因子、生产相关信息和必要的支撑材料，并于每年 3 月 31 日前编制提交上一年度的排放报告。

⑨ 信息公开要求：定期公开接受社会的监督，公开包括单位基本信息、机组及生产设施信息、低位发热量和单位热值含碳量的确定方式、排放量信息和生产经营变化情况。

2.3.4.2 企业排放现状

更好地了解企业自身的排放现状是后续开展碳管理的基础，因此开展碳盘查是首要环节。碳盘查又称作编制温室气体排放清单，是指以企业为单位计算其在社会和生产活动各环节中直接或者间接排放的温室气体，或在定义的空间和时间边界内对碳足迹进行量化。开展企业碳盘查是一项考验技术的工作，企业可以自己进行内部盘查，也可以聘请第三方机构进行外部盘查。碳盘查工作主要包括以下内容。

第一确定碳排放的边界，一个企业可以有很多个子公司、分公司、工厂等设施，企业需要决定究竟是基于对公司活动的控制比例还是股权比例来确定自己的组织边界。控制比例即对企业拥有财务或运营控制权的设施进行温室气体排放计算；股权比例即基于企业对各个设施的所有权比例来进行温室气体排放计算。

第二确定碳排放的来源范围，《温室气体核算体系》（GHG Protocol）将温室气体排放分为了三种类型，即范围1、范围2、范围3。其中范围1是直接排放，范围2和范围3是间接排放。ISO 14064是由国际标准化组织ISO制定的一套国际通用的温室气体核查标准，将温室气体排放分为了六种，其中类别1是直接温室气体排放，类别2到类别5将间温室气体排放的类别细化为五个。企业可以根据以上的标准确定由公司活动以及该活动耗能所产生的直接排放、间接排放和其他间接排放。

|碳中和聚焦 2-8|

温室气体排放类型

范围1：在企业实体控制范围之内，直接控制或拥有的排放源所产生的直接排放，包括静止燃烧、移动燃烧、化学或生产过程，或无组织逸散。

范围2：企业自用的外购电力所产生的间接排放，包括蒸汽、加热、冷气等。

范围3：企业在范围2以外的间接排放，包括企业供应链/价值链上下游可能产生的所有排放，比如原材料的采掘、生产和运输，消费者使用产品和服务等等。

第三选择合适的计算方法，确定好碳排放的数据源后，企业需要结合碳排放的指导文件采用科学合理的方法进行计算，主要有直接监测法、质量平衡法和排放系数法等。不同计算方法的精度、所需成本与运作难度不同，可根据企业自身情况与实际需求选择。

第四审核并完成盘查报告书的制作，将所有的碳排放数据累加得到企业完整的碳排放数据，并由公司进行审核，审核完成后编制碳盘查报告书，详细描述数据梳理过程及选择这些数据的原因，必要时做一些数据优化建议。

2.3.4.3 设立碳管理部门

根据碳盘查的数据，企业可以从中识别出重要的环节和减排路径，从而制定出碳减排战略和碳减排规划，根据战略规划和定位确定企业的碳管理架构、组织机构和人员配备计划，形成专业的碳管理部门。碳管理部门有几个主要的任务：一是积极了解碳交易相关政策法规、排放情况和区域减排政策，研究区域及企业配额分配方案，关注碳市场的最新动向；二是统筹碳资产开发和购销，管理企业分配的配额，管理碳排放数据，做好核算、统计、报告、核查、分析等工作；三是根据企业排放现状，制定出详细的碳减排计划，通过配额分解科学设定不同部门的碳排放目标，制定企业内部相关的管理制度和工作标准；四是做好过程监督和考核工作，正确设定不同部门、不同岗位的碳排放绩效考核，并按照规章制度实施奖励和惩罚。

2.3.4.4 建立碳资产管理体系

碳资产可以分为配额碳资产和减排碳资产,配额碳资产是指通过政府分配或拍卖获得的碳资产,减排碳资产是指可以通过自身主动进行温室气体减排行动,得到政府认可的碳资产。为了在碳交易中获得竞争优势,企业需要建立碳资产管理体系,主要包括以下内容:

(1) 配额申请,提交设施配额申请所需材料,监测跟踪企业的数据核算全年碳排放量,分析配额盈缺量;

(2) 开立并设置登记账户、碳排放权交易相关账户管理权限,对账户进行管理,在国家规定时间内完成交易和履约;

(3) 建立温室气体报送系统,通过这个系统可以对各个企业专业部门上报的所有生产活动数据进行查询,并对有关的生产活动和管理交流中出现的问题进行记录,在完整输出企业碳盘查报告结果的同时,使碳资产管理流程的每一个环节都可跟踪、可查询,实现全流程管理;

(4) 开发自愿减排项目,结合自身资源特点投资开发不同类型的 CCER 项目,同时建立自愿减排量内部调剂系统,通过区域范围内优化资源配置,完成温室气体控排目标,降低减排成本;

(5) 开展交易和履约,明确配额和 CCER 交易程序与交易规则,基于企业配额盈缺分析及碳排放权交易市场分析制定交易方案,计算履约成本,制定财务预算,通过碳监测,企业根据持有配额和产生的排放量进行碳交易,进而完成履约任务,同时提高碳资产价值获得收益。

| 碳中和聚焦 2-9 |

中国华能集团的碳资产管理

中国华能集团有限公司(以下简称"华能")是第一家"中国一流电力公司",截至 2016 年底,华能境内外全资及控股电厂装机容量达到 1.65 亿千瓦,位居全球第一。2018 年《财富》世界 500 强排行榜发布,华能位列 289 位。华能作为集团企业,其经营特色是"一元多极","一元"是以华能的主业为核心的电力;"多极"是指以煤炭、金融、交通运输等为主要支柱的一系列相关产业。华能是我国电力工业的一面旗帜,其为能源保供做出的重大贡献得到了国家和政府的高度评价。

实施超低排放改造工作,是发电企业义不容辞的责任,华能于 2010 年率先提出了"绿色发展行动",旨在转变发展方式,发展清洁能源,提升能源效率,加大清洁能源比重,减少污染排放。与此同时,华能部署设立了专业化低碳资源综合服务平台:华能碳资产经营有限公司。公司主要经营业务包括碳资产综合管理、节能减排开发与投资、低碳能源与技术贸易、低碳相关金融服务、售电公司绿色交易等。作为国内碳资产经营行业的龙头企业,华能统一制定了温室气体减排、自愿减排项目开发、排放配额交易等大纲文件,以指导文件为主进行一系列碳排放权交易的工作。第一,温室气体排放核算,公司通过在内部建立信息管理系统,在 2014 年前完成了试点地区和非试点地区电厂的碳盘查工作,为后续的交易奠定了基础。第二,公司设立了自愿减排项目开发的专项资金,截至 2017 年 3 月就已累计开发完成 212 个自愿减排项目。第三,公司专门制定了整个华能系统内和系统外的碳交易策略,交易的碳指标占整个市场比例 15%~20%。第四,2014 年至 2016 年公司受托管理华能集团 12 家试点地区排放企业碳配额账户,完成履约工作,累计为排放企业节省超 2000 万元履约成本。第五,在碳金融方面,公司发起了国内首支经证监会备案并成功运营终止的碳基金,实现了年收益率 16.1% 的好成绩。

华能凭借品牌资源和丰富的经验在碳资产管理方面取得了一系列的突破，积极参与应对气候变化国家战略的实施，为保障国家能源安全、促进经济社会可持续发展做出新的贡献（黄锦鹏，2019）。

本章小结

（1）本章从我国能源战略出发，介绍了我国电力企业碳中和战略和路线，以及如何参与碳交易市场开展节能减排工作。

（2）企业碳中和路线九大重点包括目标规划、内部运营和价值链合作三大部分。

（3）碳排放作为典型的负外部性问题，常用的解决方法主要有两种，一是基于庇古税演化而来的碳税，二是基于科斯定理演化而来的碳排放权交易市场。

（4）中国碳交易市场从性质上可以分为进行总量的设定、碳配额的分配以及核证减排量备案的一级市场和进行碳配额和核证减排量交易的二级市场。

（5）中国碳交易市场的重要环节有设定总量、碳配额分配、开展交易以及监管处罚，目前我国统一碳交易市场的建设还处在起步阶段。

（6）发电行业作为全国统一碳市场建立初期首批被纳入的控排企业，需要了解相关政策文件，通过碳盘查理清企业排放现状，设立碳管理部门、建立完善的碳资产管理体系，积极主动参与碳市场。

关键术语

承诺目标情景（announced pledges scenario，APS）
既定政策情景（stated policies scenario，STEPS）
外部影响（external influences）
碳排放权交易（carbon emissions trading）
碳排放配额（carbon emission allowances）
国家核证自愿减排量（Chinese certified emission reduction）
碳盘查（greenhouse gas inventory）
碳资产管理（carbon asset management）

复习思考题

（1）中国能源体系的战略思路与目标有哪些？
（2）企业碳中和路线九大重点是什么？
（3）什么是外部影响？
（4）解决碳排放负外部性的典型方法有哪些？
（5）什么是国家核证自愿减排量（CCER）？
（6）我国碳交易市场运行的重要环节有哪些？
（7）如何进行企业碳资产管理？

3 能源电力企业发电技术的转型

❖ 学习目标

（1）掌握目前我国能源碳排放和发电技术的发展现状。
（2）从电力需求的角度出发，了解我国低碳电力转型的有效措施。
（3）理解技术发展与能源供给矛盾、储能技术与新能源矛盾、核能挑战、氢能挑战难题。
（4）了解能源电力企业低碳转型技术。

❖ 开篇案例

欧洲能源危机的产生

2022 年，受多重因素冲击，欧洲大陆面临有史以来最为严重的能源危机。20 世纪 70 年代，石油危机曾是欧洲大陆此前面临的最重大的能源危机，但此次危机不仅涉及石油行业，还涵盖了石油、天然气、煤炭、电力等整个能源部门。其产生原因包含以下几个方面：

第一，疫情持续扰乱欧洲能源市场。在 2020 年和 2021 年，由于封锁期间全球能源需求暴跌，石油和天然气投资下降，进而导致石油和天然气产量减少，供需严重失衡。相应地，一旦全球经济重新开放，能源需求必会反弹。如今石油、天然气的高需求超过了当前的供应量，全球燃料市场价格飞涨。缺乏闲置产能使欧洲能源市场对需求变化格外敏感。

第二，来自俄罗斯的冲击。俄乌冲突发生，整个欧洲大陆的天然气价格上涨了 60%，天然气价格上涨与经济复苏相碰撞，导致电力成本上升，推高了通货膨胀，侵蚀了家庭购买力和企业竞争力。俄乌冲突使能源成为俄欧双方地缘政治博弈的手段之一，俄罗斯减少欧洲能源供应，以作为西方对俄金融制裁的反制。

第三，传统石化能源过早退出，清洁能源供给不稳定。在欧洲各国激进的低碳环保目标引导下，虽然欧洲的经济发展领先全球，但其能源对外依存度始终保持高位水平。例如，欧洲天然气对外依存度高达 90%。

第四，全球气候变化等意外因素持续恶化欧洲本已紧张的能源形势。严重干旱使欧洲的河流和湖泊蓄水量极低，不仅影响了水力发电，还损害了火力发电厂所需的冷却资源，依靠水路输送煤炭的燃煤发电厂也受到了影响。2022 年 7 月，欧洲经历了历史性的高温，干旱加剧，南欧的能源需求持续增加。

3.1 我国发电技术现状

全球能源燃烧和工业过程所产生的二氧化碳排放量于 2021 年出现反弹，并达到了历年来的最高年度水平。瑞士《时报》2022年3月8日报道，根据国际能源署发布的报告，2021年全球人类活动共排放363亿吨二氧化碳，为历史最高水平。将所有温室气体（甲烷、一氧化二氮等）计算在内，排放量达408亿吨。报道称，"2021年SUV汽车销量的增长，抹杀了2020年电动汽车销量的增长"。

2020年，全球能源需求下降5.1%。2021年，尽管可再生能源增长率创新高，但经济的反弹导致对煤炭的需求也相应增加，仅煤炭就占上一年二氧化碳总排放量的40%。我国连续两年减少了煤炭消耗量，但电力需求仍然增长了10%。

2021年，与天然气燃烧有关的排放也超过了2019年前的水平。仅石油领域温室气体排放未达到2019年前水平，主要是由于货运及航空等恢复缓慢。

国际能源署在报告中表示，煤炭使用量增长主要是因为天然气价格居高不下。"在2021年大部分时间里，美国及许多欧洲国家的燃煤电厂运营成本明显低于燃气电厂。"可再生能源及核能发电总量超过了燃煤发电。

报告称，2021年的经济复苏并未遵循国际能源署倡导的可持续发展愿景。目前，中国每位居民每年二氧化碳排放量为8.4吨，而工业化国家平均为8.2吨。美国为14吨，欧洲为6吨，但这些国家从中国进口了大量商品，相关的二氧化碳排放量却并未归咎于它们。

2020年的全球能源需求量出现了极大的变化。此外，同比上一年的二氧化碳排放量，2020年的排放量减少了5.1%。然而，自那时以来，在前所未有的财政以及货币刺激下，随着疫苗的推出，世界经历了极其迅速的经济复苏。2021年的极端天气和能源市场形势愈加促进了国际能源需求量的增长，即使上一年可再生能源发电量增长已再创新高，全球燃煤量依然稳步增加。

与2020年相比，2021年二氧化碳排放量增加了超过20亿吨。这使得2021年超过2010年，成为能源相关二氧化碳排放绝对值有史以来最大的同比增幅年，如图3-1所示。2021年的二氧化碳排放量相较2019年前的水平增加了约1.8亿吨。

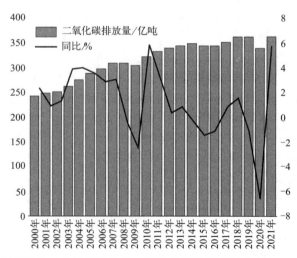

图3-1　能源燃烧和工业过程产生的二氧化碳排放量及同比变化（2000～2021）

2021年二氧化碳排放量同比增加6%，与全球经济产出增长5.9%相一致，这标志着自2010年以来，二氧化碳排放与国内生产总值（GDP）增长之间的最强耦合。2010年，随着全球摆脱全球金融危机，全球排放量反弹了6.2%，而经济产出增长了5.1%。

中国的单位 GDP 二氧化碳排放量如图 3-2 所示。根据世界资源研究所的统计，中国碳排放主要来源于电力、建筑、工业生产、交通运输、农业等领域（傅翠晓等，2021）。我国单位 GDP 的碳排放在主要经济体中处在排放较高的状态。

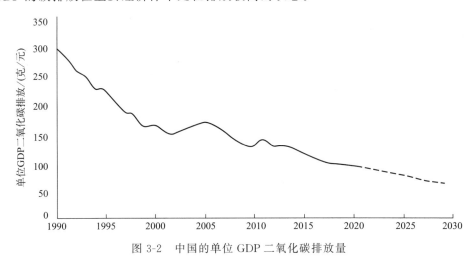

图 3-2　中国的单位 GDP 二氧化碳排放量

3.1.1　燃煤发电

2021 年是碳排放量的新高年，更是煤炭排放量再创历史新极值的一年。煤、油、天然气是温室气体产生的主要来源，表现在行业上即煤电、交通运输和工业。各个行业之中又以煤电带来的温室气体量最大。因此，《巴黎协定》要求 2030 年实现煤电行业的净零排放，而碳定价也多是从煤电行业下手。

据国际能源署（IEA）发布的《全球能源回顾：2021 年二氧化碳排放》，2021 年 20 亿吨排放量中，全球范围内煤炭领域的二氧化碳排放量就达到 15.3 亿吨。

我国能源结构一直以来都是"富煤少气贫油"，这也注定了我国煤电在保电供电方面将持续性地发挥其不可或缺的作用。在一段时间内，煤炭的主体能源地位不会动摇，在保障我国能源安全方面还将发挥基础和兜底作用，在一定时期内煤电在我国电力结构中的基础性地位仍将保持。因此煤电的清洁高效利用非常重要。

未来煤电将由电量主体电源向支撑性、调节性电源转型。一是大力推进煤电转型升级。推进煤电机组节煤降耗改造、供热改造和灵活性改造，全面提升煤电灵活调节能力，降低煤耗水平。二是稳妥有序推动煤电行业碳达峰。统筹低碳转型与能源安全，严格控制煤电新增规模，合理控制煤电发电量增长，大力推动现役机组改造升级和规范运行，加大力度推进煤电行业碳捕集、利用与封存，探索实施煤电行业碳排放权交易，大力推进煤电行业的碳达峰。

《"十四五"现代能源体系规划》对煤电的火电灵活性改造、"三改联动"也提出了具体目标：

① 力争到 2025 年，煤电机组灵活性改造规模累计超过 2 亿千瓦；

② 着重对 30 万千瓦及以下煤电机组进行灵活性改造，对于调峰困难地区进一步研究推动 60 万千瓦亚临界煤电机组灵活性改造；

③ 有序淘汰煤电落后产能，"十四五"期间淘汰（含到期退役机组）3000 万千瓦。

3.1.2 水电

水电是绿色的可再生能源，积极开发水电资源符合"碳中和、碳达峰"目标下的能源发展规划要求。而我国水电的开发程度大约为30%，仍存在很大的开发潜力。考虑化石能源的资源储量有限以及化石能源生产过程的排放会对地球的气候变化带来不利的影响，积极发展水电是人类社会绿色、减排、可持续发展的必经之路。为了配合电力系统对新能源发电（风力发电和太阳能发电等）的消纳，我国需要装备大量的抽水蓄能发电电动机组，来对电力系统的有功功率和无功功率进行调节。抽水蓄能发电电动机组是目前最经济、最高效的电力调节设备，广泛应用于各国的电力系统中。水电机组是水力发电与储能调节的主力设备。我国水力发电设备走过了从葛洲坝、三峡到白鹤滩等电站里程碑式的辉煌历程。图3-3展现了我国水电设备近年来装机容量快速发展的足迹。尽管目前我国水电设备装机容量已经达到世界最高，但水力发电占全国电力比重仅为17%，远低于巴西的64%、加拿大的60%。可见，今后较长一段时间内，开发水电，推动水力发电设备的技术进步仍是一项重要任务。

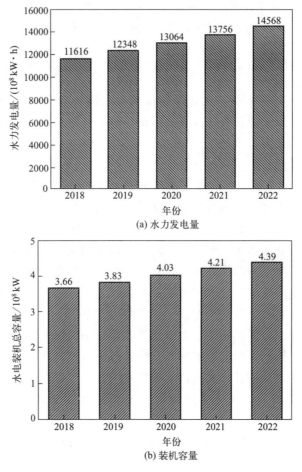

图3-3 中国2018—2022年水力发电量及装机总容量

3.1.3 核电

开发和应用技术的成熟，使我国核能发展迅速，已经在全球范围内的核电建设规模处于领先位置。例如,2017年,我国核电发电总量较2016年增长17%,超过以往平均增速的15%,全部核能发电占总发电量11%左右,占全球核能总发电量的4%。从未来发展趋势来看,我国核能发电还有较大发展空间,是推动我国绿色发展,治理环境污染的有效手段。与此同时,核能发电的安全性问题是制约我国核电规模化的主要因素。

从实际情况来看,核能产业中装机总数的提高,进一步促进了我国新能源产业的发展。然而,从整体上来看,我国核能产业的发电机组利用率并不高。统计数据显示,2013年,核能产业的每小时利用率开始下降。到2014年,全国核能产业的发电设备利用率仅有83.3%,而到2016年,降至79.55%。其原因主要是我国发电具有季节性,这导致前期核能产业的发电机组无法有效利用。此外,由于核电产业的安全性问题,需要定时维护核电机组,这就导致核电机组的实际利用率较低。在这种情况下,我国调整相应政策,到2020年,我国核能产业的发电利用时间达到8937.2小时,平均利用率达到85.32%。2015年至2030年我国核电装机及增速预测、核电发电量及占比预测如图3-4所示。

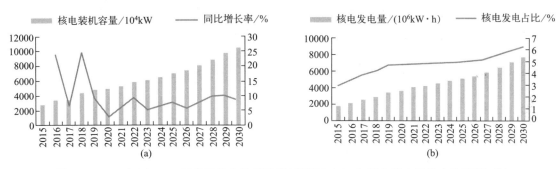

图3-4 2015年至2030年我国核电装机及增速预测(a)和核电发电量及占比预测(b)

3.1.4 太阳能

太阳能是一种优质的新型能源,具有庞大的供给量,在传统能源日渐枯竭的情况下,太阳辐射还可稳定存在几十亿甚至上百亿年;同时还具有空间分布范围广、获取时间短等优势。合理利用太阳能对于缓解能源枯竭以及遏制环境恶化等问题有着重大的意义。因此太阳能被认为传统能源的最佳替代能源之一。光伏发电是指将太阳能辐射通过电池板等组件转化为可以利用的电能,相较于日渐成熟的风力发电和水力发电技术,太阳能发电是具有潜力实现规模化发展和应用的可再生能源发电技术,有着广阔的市场需求和良好的发展前景。

从实际情况来看,我国光伏发电量逐年提高。2016年的统计数据显示,我国2016年的光伏发电总额超过3153亿元。此后的2017年,该金额突破3500亿元。此外,从太阳能发电规模来分析,仅2017年我国共计有5306千瓦的新增装机和1.3亿千瓦的累计发电量。除此之外,我国太阳能发电覆盖范围逐年提高,光伏发电企业每年能够产生1182千瓦时的电量以及78.5%的增加幅度。可以发现,我国太阳能产业发展迅速,并且具有较大发展潜力。截至2021年12月底,全国太阳能发电装机容量约3.1亿千瓦,同比增长20.9%。2021年全年,我国规模以上太阳能发电量达到1837亿千瓦时,增长率达14.1%,增速较上年增加了5.6%。

3.1.5 风能

我国是风能大国,风能储量巨大,随着近些年我国政府和社会强化了对风力发电的扶持力度，我国风力发电获得快速增长。从风力发电在我国的重要程度来看，风能产业是我国调整能源消费结构，发展低碳经济，形成低碳产业的压舱石。例如，在《风电发展"十三五"规划》中，就明确指出要在"十三五"期间，继续优化我国的风力发电布局，强化我国中部和东南部区域的风能开发力度，加强海上风力发电基础设施建设。从风力发电的成本来看，未来随着技术进步，风力发电的成本优势将日渐显现，在我国新能源产业发展中具有广阔的发展前景，是我国未来清洁能源的主要供应来源。从实际情况分析来看，当下低风速与大容量仍然是我国风能产业发电的主要方式。随着我国风力发电技术的成熟，风能企业和产业增加了大容量发电机组数量。例如，从2011年开始，大容量风电机组开始加入到风能源产业发电布局规划中去，2011年的2500~3000千瓦的大容量发电机组的数量占比仅不到4%，而3000千瓦以上的发电机组总数占比更是低于3%；此后，根据2017年的统计，2500~3000千瓦的大容量发电机组的数量占比超过14%，同时，3000千瓦以上的发电机组总数占比达到8%。在风力发电机组生产方面，我国成为全球最大的风力发电机组生产基地。2021年12月，我国规模以上风电发电量为571亿千瓦时，同比增长30.1%，环比11月份增速提升2.4个百分点。且在2021年，风电发电量整体达到了5667亿千瓦时，同比增长29.8%，增速较上年大幅提升。截至2020年底，全球90%的风力发电机组整机由TOP15的生产厂家提供，值得一提的是，其中有8家企业是来自中国的企业。

3.1.6 生物质能

我国是农业大国，农作物秸秆及农产品加工剩余物、林业剩余物和能源作物、生活垃圾等生物质资源丰富。数据显示，我国生物质资源量能源化利用量约4.61亿吨，共实现碳减排量约2.18亿吨，生物质碳减排潜力巨大。生物质发电技术是目前生物质能应用方式中最普遍、最有效的方法之一，生物质发电技术的推广应用对于推动我国生物质资源规模化和高效清洁利用具有重大的作用，是实现"双碳"目标的有效途径，已然成为了"碳中和"的重要发力点。

近几年我国生物质发电装机容量快速增长。图3-5显示，2020年，全国生物质发电装机达到2952万千瓦，同比增长31.0%。截至2021年年底，我国生物质发电装机容量达3798万千瓦，同比增长28.7%，占全国总发电装机容量的1.6%（陈柳钦，2012）。

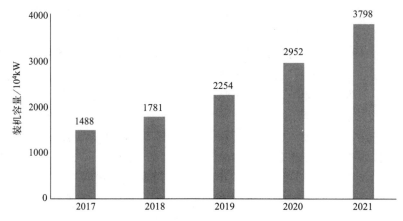

图3-5 2017~2021年中国生物质发电装机容量统计情况

2017～2021年中国生物质发电新增装机容量统计情况如图3-6所示，截至2021年年底，我国可再生能源新增装机1.34亿千瓦，占全国新增发电装机的76.1%，其中，生物质发电新增装机808万千瓦，占全国新增装机的4.6%。

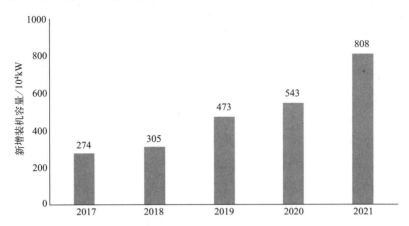

图3-6　2017～2021年中国生物质发电新增装机容量统计情况

近年来，我国生物质发电量稳步增长，2017年至2021年中国生物质发电量统计情况如图3-7所示。截至2021年年底，我国生物质发电量1637亿千瓦时，占全社会用电量的2%。

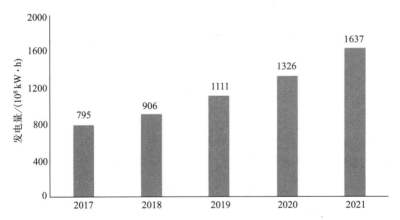

图3-7　2017～2021年中国生物质发电量统计情况

按发电结构来看，我国生物质发电主要包括垃圾焚烧发电、农林生物质发电和沼气发电三大类。其中，垃圾焚烧发电占比最大，占总生物质发电量的61.2%。其次是农林生物质发电量，占比为35.5%；沼气发电占比最小，仅占总生物质发电量的3.3%。

目前碳中和背景下生物质发电行业前景良好，原因如下：

（1）"双碳"愿景下生物质发电空间巨大。基于"双碳"目标和我国长期"缺油少气"的能源结构下，我国生物质发电空间巨大，可有力缓解我国用电压力。同时，得益于生物质能-碳捕集与封存（BECCS）技术，负碳排放极有希望被创造，这将使生物质能源极有希望在各项产业中为节能减排和碳中和作出突出贡献。

（2）生物质资源丰富，生物质能发电产业大有可为。目前，我国可利用的生物质资源主要为有机废弃物，包括农作物秸秆、畜禽粪便、农产品加工废弃物、林产加工废弃物、生活垃圾、有机污水等,资源丰富,为我国发展生物质能发电产业提供了有力支撑。未来,在碳中和背景下,生物质能将朝绿色、低碳、循环、可持续方向发展,生物质能发电产业大有可为。

(3) 生物质发电投资规模稳健增长,促进行业发展。在我国大力扶持发展绿色可再生能源的形势下,生物质能发电被广泛看好,投资热情高涨,投资额也迅速上升。此外,多项农林废弃物如秸秆、畜禽粪便、农产品加工废弃物的发电项目也逐一启动开始建设,我国生物质发电的装机容量和发电量稳步增长。如图3-8所示,我国生物质能发电投资规模由2017年的1268亿元快速增长至2021年的1780亿元,年均复合增长率12%。而2022年我国生物质能发电投资580亿元,相比前几年有所下降。主要原因有三方面:一是项目建设规模下降;二是钢材、有色金属、水泥等主要工业生产资料价格同比有所回落;三是企业更加重视风险管控,对工程造价成本控制严格。

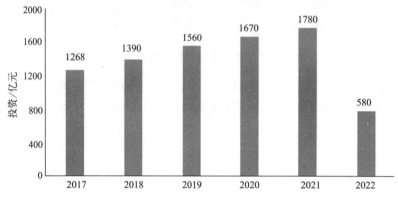

图 3-8　2017～2022年中国生物质发电投资规模统计

3.1.7　未来氢能

氢能作为一种清洁低碳、热值高、来源多样、储运灵活的绿色能源,被誉为21世纪的"终极能源",氢的物理性质如表3-1所示。

表 3-1　氢的物理性质

物理性质	氢	对比其他化石能源
密度(气态)	$0.089kg/m^3$(0℃,0.1MPa)	天然气的十分之一
密度(液态)	$70.79kg/m^3$(−253℃,0.1MPa)	天然气的六分之一
沸点	−252.75℃(0.1MPa)	比液化天然气低90℃
单位质量所含能量	120.1MJ/kg	汽油的三倍
自燃温度	585℃	比汽油高158℃

(1) 清洁低碳。氢与传统的化石燃料不同,通过燃烧,氢气和氧气可以通过化学反应释放热能,此外两者还能进一步组成燃料电池从而产生电能;而在氢转化成电和热的过程中,只产生水,并不产生温室气体或细粉尘。

(2) 热值高。热值可达到120.1MJ/kg,是同质量化石燃料的3倍。

| 碳中和聚焦 3-1 |

热值的定义

在燃料化学中,热值是表示燃料质量的一种重要指标,指单位质量(或体积)的燃料完全燃烧时所放出的热量。通常用热量计(卡计)测定或由燃料分析结果算出。常规热值可分为有高热值和低热值两种。前者是燃料的燃烧热和水蒸气冷凝热的总和,即燃料完全燃烧时所放出的总热量。后者仅是燃料的燃烧热,即由总热量减去冷凝热。常用的热值单位为 J/kg(固体燃料和液体燃料)或 J/m³(气体燃料)。

(3)来源多样。氢可以通过化石燃料、电解水、核能、光催化等多种方式制取。

(4)储运灵活。氢可以以气态、液态和固态的金属氢化物等形态出现,能适应不同场景的要求。

根据氢能生产来源和生产过程中的碳排放情况,可将氢分为灰氢、蓝氢和绿氢(表 3-2)。灰氢是指通过化石燃料燃烧产生的氢气。蓝氢是指在制氢过程中增加碳捕集、利用与封存技术(CCUS,carbon capture,utilization and storage)产生的氢气。

| 碳中和聚焦 3-2 |

碳捕集与碳封存

碳捕集与碳封存:碳捕集与封存技术是指将 CO_2 从工业过程或相关排放源中分离出来,输送到封存地点,并长期与大气隔绝的过程。这种技术被认为是未来大规模减少温室气体排放、减缓全球变暖最经济、可行的方法(陈锋,2011)。

绿氢是利用风电、水电、太阳能、核电等可再生能源制备出的氢气,制氢过程完全没有碳排放。

根据 2020 年中国氢能联盟发布的《低碳氢、清洁氢与可再生氢标准与评价》,制取氢气的温室气体排放量(以 CO_2 当量计)低于 14.51kg/kg 的氢气为低碳氢,制取氢气的温室气体排放量低于 4.9kg/kg 的氢气为清洁氢,可再生氢在温室气体排放量低于 4.9kg/kg 的基础上同时要求制氢能源必须为可再生能源。换句话说,可再生氢、清洁氢与通俗意义上的"绿氢"相当,而低碳氢与"蓝氢"相当(刘玮等,2022)。

表 3-2 氢气的分类与特点

类别	时期	特点
灰氢	早期阶段(2020~2030)	碳基能源制取,可近似理解为工业副产氢,单个装置规模难以实现较为经济的碳捕集、利用与封存
蓝氢	中期过渡阶段(2025~2035)	碳基能源制取,通过大规模煤炭、天然气制氢,可以较为经济地实现 CCUS
绿氢	最终目标(2030~2050)	可再生能源、核能电解水制取,实现全过程 100% 绿色,为终端部门深度脱碳奠定基础

中国要实现"双碳"目标,发展氢能及其相关产业是一个避不开的话题,而我国对长久发展氢能的规划持坚定不移的态度。自 2021 年以来,我国对氢能及其相关产业出台了大量政策,氢能行业有望迎来光明的前景,未来可期。根据预测,在 2050 年时我国氢能的市场规模将能够超过 13000 亿元,而上游制氢市场规模非常庞大,这也意味着在未来氢能产业即将迎来蓬勃发展。

据预测,在2030年我国碳达峰时,每年的全国氢气所需供给量将超过3700万吨,约占整体能源消费需求量的5%,到2050年氢气所需供给量将达到9690万吨,2030~2050年均复合增长率为4.9%。在2060年我国达到碳中和时,每年的全国氢气所需供给量将进一步增加到1.3亿吨,约占终端能源消费所需供给量的20%,2030~2060氢气需求量年均复合增长率为4.3%。

短期内由于绿氢、蓝氢的占比提升,制氢成本在2020~2030年有一定程度上的增长,但随着可再生能源制氢的发展,到2050年我国平均制氢成本有望达到12.37元/kg,氢能供应端市场规模达到13027亿元,制氢端市场规模可观,2020~2050年均复合增长率为3.9%(表3-3)。

表3-3 我国氢能供应端市场规模测算

项目		2020年	2030年	2050年
各类制氢成本	煤制氢/(元/kg)	9.46	13.97	12.78
	天然气制氢/(元/kg)	15.90	18.28	17.65
	工业副产氢/(元/kg)	12.10	12.10	12.10
	可再生能源制氢/(元/kg)	27.00	15.40	12.00
	生物制氢等其他技术/(元/kg)	—	—	—
供给结构预测	化石能源制氢/%	78	60	20
	工业副产氢/%	21	23	—
	可再生能源制氢/%	1	15	70
	生物制氢等其他技术/%	—	2	10
平均氢气成本预测(加权成本)/(元/kg)		11.17	14.22	12.37
利润率/%		10	15	8
平均氢气售价/(元/kg)		12.41	16.73	13.44
氢气需求量/10^4t		3342	3715	9690
氢气供应端市场规模/亿元		4147	6216	13027

注:各类制氢成本为《中国氢能产业发展报告2020》制氢成本取中值计算;测算供应端市场规模未考虑生物制氢等其他技术。

| 碳中和聚焦 3-3 |

各个国家的氢能战略

美国能源部发布了《氢能项目计划》,为其氢气研究、开发和示范活动提供了一个战略框架。2021年7月,美国能源部宣布投入5250万美元资助31个氢能项目,旨在推进下一代清洁氢能技术,该项目是美国能源部"氢能攻关计划"的一部分。这31个项目包括改进并简化电解水制氢设备,生物制氢研究,电化学制氢研究,燃料电池系统设计,电力行业脱碳、碳捕集、利用与封存系统设计,氢气和天然气混合燃气机设计,氧化物电池设计以及美国氢供应链研究等方面。8月,美国能源部推出"能源地球"计划,以加速氢能创新,增加清洁氢能需求,并计划将清洁氢能的成本降低80%,至1美元/kg。美国希望不断完善其氢能的生产、运输、封存和利用各个环节,稳固氢能领先地位。

欧盟委员会通过的《欧盟氢能战略》中提出,到2024年将安装600万千瓦的电解设施以具备100万吨绿氢制备能力,到2030年将安装4000万千瓦的电解设施,以具备1000万吨绿氢制备能力，到 2050 年制备的氢均为绿氢，并将 25% 的可再生能源用于电解制氢。考虑到目前欧洲电解设施生产能力远低于 1×10^6 kW/a，要达成该目标需要大幅提升其生产能力或加大进口。《欧盟氢能战略》中预计到 2030 年将需要投入 240 亿~420 亿欧元，到 21 世纪中叶将需要投入 1800 亿~4700 亿欧元。

2021 年 8 月，英国商务能源与产业战略部（BEIS）发布《国家氢能战略》，该战略详细说明了如何促进氢能经济增长、支持创新、刺激投资以发展所需的供应链和技术，并为英国创造就业和出口的经济效益。战略指出，英国将支持基于天然气的蓝氢与由可再生能源提供电力的绿氢双轨发展方向，并在 2030 年前大力支持技术创新。到 2030 年，氢将在英国化工、炼油厂、电力和重型运输（如航运、重型货车和火车）等高污染、能源密集型行业脱碳方面发挥重要作用，氢能经济产值将达 9 亿英镑，创造超 9000 个高质量的工作岗位，释放 40 亿英镑的私人投资；到 2050 年，英国 20% 至 35% 的能源消耗将以氢为基础，氢能经济产值将达到 130 亿英镑，并有望增加 10 万个工作岗位。英国还推出"英国氢能网络"计划，拟建成全球首个纯氢气供应管道网络。英国核工业委员会也发布了氢能路线图，计划利用核能大规模生产绿氢。

德国通过的《德国国家氢能战略》指出，氢能，特别是可再生能源产生的绿氢，将是支持德国 2050 年实现碳中和的必要条件。2021 年 7 月，德国国家氢能委员会发布《2021—2025 年氢能行动计划》。计划分析了到 2030 年的氢经济增长预期，并为有效实施国家氢战略提出了包括绿氢获取在内的 80 项措施。该计划或将成为下一任联邦政府有关氢主题的政府计划蓝图。2021 年以来，德国围绕氢的研发和应用推出了一系列举措，政府资助总额超过 87 亿欧元，有力支持了德国在整个价值链上实现氢市场的增长。德国还计划在汉堡市建设拥有 100 兆瓦容量电解槽的欧洲最大的绿氢工厂。

西班牙政府批准了《氢能路线图：对可再生氢的承诺》（Hydrogen Roadmap: a Commitment to Renewable Hydrogen）。该路线图指出，绿氢将是西班牙实现气候中和以及于 2050 年之前实现全国 100% 可再生电力系统的关键。为此，西班牙拟在 2024 年前使电解槽装机容量达到 300~600MW；到 2030 年，使电解槽装机量容量达到 4GW，并有 25% 的工业用氢来自可再生能源。

加拿大政府发布了《加拿大氢能战略》（Hydrogen Strategy for Canada），旨在支持 2050 年前实现净零碳排放的计划，并将"巩固加拿大作为清洁可再生燃料全球工业领导者的地位"，以此作为其经济复苏后工作的一部分。

意大利公布《国家氢能战略指南》草案，计划到 2030 年使氢气占本国能源需求的 2%，到 2050 年升至 20%。

韩国 SK 集团计划投资 18.5 万亿韩元（约合 160 亿美元），在仁川市建设年产 3 万吨液化氢的全球最大的液化氢工厂，并健全氢生产、分配、消费生态系统。

日本政府从其绿色创新基金中拨款 3700 亿日元（约合 34 亿美元），开发可再生能源制氢系统并建立完整的氢气供应链。

受"富煤贫油少气"的资源限制，我国 2020 年石油和天然气的对外依存度分别为 73% 和 43%，而我国是世界第一产氢（灰氢）大国，具备成熟的制氢工业基础，发展氢能有助于优化能源消费结构，保障我国能源安全，同时也有助于实现我国"碳达峰、碳中和"目标。2019 年，氢能首次写入政府工作报告，提出"推动充电、加氢等设施建设"。2020 年 4 月发布的《中华人民共和国能源法（征求意见稿）》中，将氢能纳入能源范畴；同年 9 月，国家五部委发布《关于开展燃料电池汽车示范应用的通知》，表示国家将采取"以奖代补"

的形式鼓励符合条件的地区开展燃料电池汽车示范。2021年9月《中共中央 国务院关于完整准确全面贯彻新发展理念做好碳达峰碳中和工作的意见》里提出，要统筹推进氢能"制储输用"全链条发展，推进可再生能源制氢，加强氢能生产、储运、应用关键技术研发、示范和规模化应用。目前，我国已公开宣布53个氢能项目，其中50%与交通应用相关。已宣布项目中包括中国石化将在未来5年内建设1000个加氢站，以及宁夏地区投产200兆瓦并网光伏制氢工厂。

3.2 能源电力行业碳中和

当前，全球多数国家已就21世纪中叶实现碳中和达成共识。增加低碳能源的利用率，以电气衡量能源消费，进一步创建以绿色低碳能源为基础的新型电力系统，已成为诸多国家的重要能源战略。目前，电力行业是我国煤炭消耗和碳排放最大的单一行业。不同于其他能源系统，电力系统具有严格的"发电-用电"实时平衡特性，电网连接源侧和终端，一边是电力的生产系统，另一边是电力的消费用户，因此，电网是一个至关重要的能源连接平台，同时也是促进电力行业碳减排和碳中和的关键核心。电网要同时保障绿色低碳能源大型开发利用的高效性以满足经济社会运行及生产的用电需求。以上这些要求注定了全国整体电力系统的"减碳"绝不仅仅是源侧的任务，而是需要"源-网-荷"全链协同配合。实时、准确、全面的计量电力碳排放是掌握电力行业碳排放现状与趋势、挖掘电力碳减排潜力、引导电力用户互动减碳、促进电力经济低碳转型的基础与前提，也是支撑碳市场健康发展的基础保障。如图3-9所示，从"碳视角"厘清电力系统碳排放的产生、计量、转移等全环节的排放特性与减排机理，建立电力系统全环节碳排放计量与分析的基础理论与方法是建设新型电力系统的创新探索。

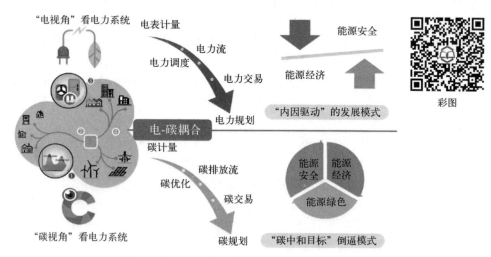

图3-9 碳视角下的电力能源系统计量、分析与优化

3.2.1 碳中和下的电力需求

电力行业是碳减排的关键所在。无论是需求端的改变，生活供电和供能方式的革新，还是碳管理行业的发展，都与电力行业息息相关。基于测算，为达成1.5℃控温目标，全

球电力行业需要在2050年前减少99%以上的碳排放，这意味着电力行业几乎要达到"净零排放"。这一目标虽富于挑战，但仍可实现。

电力总需求是碳中和的重要话题。除经济发展带来的需求增长外，在减碳目标下，各行业大规模电气化以及电解制氢的普及，将推动电力需求的进一步提升。长期来看，中国电力需求将以年均约2%的速度增长，2050年的电力总需求将是2020年的2倍左右。直接电力需求将在2030年前稳步增长，主要受三大动因驱动：工业生产活动增加、建筑楼宇电气化、电动汽车的推广。而在2030~2050年间，工业用电和建筑楼宇用电需求的增速将放缓，交通运输业的用电需求则因电动车的加速推广将呈现更快的增长态势（见图3-10）。

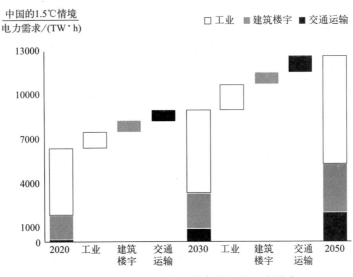

图3-10　2020~2050年中国各行业的电力需求

基于电力总需求的预测，麦肯锡全球能源洞见电力模型测算了1.5℃情境下，2030年和2050年应用碳捕集与封存技术的电力结构。电力总装机容量将从2020年的约2000GW增加到2050年的约8700GW，其中约71%将由可再生的光伏和风电贡献，而基于CCS技术的煤电，则可能在2030~2050年间降至总发电容量的6%（见图3-11）。同时，水电、核电、燃气轮机和电力储存装机将承担基荷，并保证电力系统的灵活性。此外，2050年各区域的电力结构也将更多样化，西北、东北以及华北等区域的电力装机将明显集中于光伏（40%以上为光伏装机量），而华东则更加倾向于风电（61%为风电装机量）。

风电和光伏的发电比例，将在2030年和2050年分别达到62%和83%（见图3-12）。在应用碳捕集与封存技术情境下的测算表明，从以不可再生的能源如煤炭为核心的现代电力系统逐渐向以风、光等低碳清洁能源为核心的绿色产电模式转型，对于中国的碳中和探索之路而言至关重要。

3.2.2　我国电力市场的建设

在电力市场主体结构方面，我国市场供给侧始终保持了以发电、电网等国有企业为主的市场主体结构。在历次自然灾害中，国有企业充分发挥了"大国顶梁柱"作用，通过团结协作，共同确保了电力安全可靠供应和事故快速恢复。在电力调度管理体制方面，我国电力系统长期以来实行统一调度、分级管理的调度管理体制，具有运作高效、反应快速的特点，保

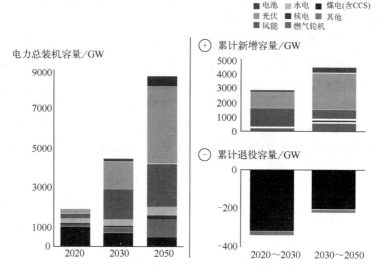

图 3-11 2020~2050 年中国发电容量结构以及新增和退役情况

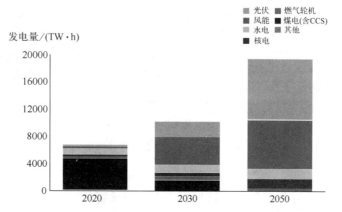

图 3-12 2020~2050 年 1.5℃情境下中国的发电量结构
（其他包括油、煤与生物质混合发电，以及生物质、垃圾和地热发电；煤电包括褐煤发电，如适用）

障了电力系统的应急能力。如在 2020 年底以来的多轮寒潮天气中，我国各调度机构和交易机构共统筹组织应急交易 1000 余次，应急调用 10 余次，通过跨区支援最大减少供电缺口 1200 万千瓦，充分证明了当前我国的电力市场主体结构和调度管理体制能够有效应对极端情况。

近三十年来，世界各国电力市场化改革总体朝着"打破垄断、引入竞争"的方向发展，建立竞争性的电能量市场、辅助服务市场。我国按照"先试验、后总结、再推广"的原则，不断探索具有中国特色、符合中国国情的电力市场建设路径。在电力市场体系建设方面，逐步构建起了以中长期交易为"压舱石"、辅助服务市场为"稳定器"、现货试点为"试验田"的电力市场体系。交易规则和监管措施注重市场监测和风险防控机制建设，当出现重大事故、不可抗力时，可对交易价格、交易方式等及时采取必要的市场干预等措施。在电力市场交易模式方面，电力中长期市场和辅助服务市场已于 2020 年在全国范围内全面建成，为电力市场的构建奠定了扎实的基础。尤其是非短期交易为主的交易模式，能很好地起到规避风险、稳定预期、平衡供需的作用，有效保障我国电力安全可靠供应和价格基本稳定。2020

年，我国电力中长期交易达到 2.9 万亿千瓦时，占全社会用电量的 39%，从 2016 年以来累计降低用电成本近 3600 亿元；电力辅助服务市场挖掘系统调峰能力已达 5740 万千瓦，为清洁能源增加发电空间近 1100 亿千瓦时。在市场机制的引导和激励下，我国跨省跨区交易规模和互济能力不断提高，煤电机组调节能力持续增强，清洁能源利用率显著提升，电力系统灵活调节能力和安全裕度有效加强，推动形成了多能协同、互利共赢的良好态势。

在居民用电价格方面，我国在电力市场设计之初，就建立了公益性电价机制和优先购电制度，充分保障民生用电。居民、农业、重要公用事业和公益性服务等用户目前均不进入电力市场进行交易，而是由电网企业保障供应，并通过政府公益性价格调节，确保居民、农业等社会生活和生产用电成本不大幅变化，使所有人有能力得到可靠电、便宜电。从世界范围来看，我国居民电价在可获得电价数据的 36 个经合组织国家（包括美国等世界主要发达国家）中列倒数第二，约为各国平均水平的 40%，彰显了中国特色社会主义制度的优越性。另外，在居民用电服务方面，作为世界上最大的发展中国家，我国坚持以人民为中心的发展思想，践行"人民电业为人民"的服务宗旨，着力提升人民群众办电、用电的获得感和满意度。

| 碳中和聚焦 3-4 |

我国人民用电情况

近年来，我国未发生过大面积停电事故，为提升人民生活水平和社会经济发展提供了坚强的电力保障。2020 年，"三区三州"、抵边村寨农网改造升级按期完成，我国深度贫困地区 210 多个国家级贫困县、1900 多万群众的基本生活用电条件显著改善，为打赢脱贫攻坚战取得全面胜利作出重要贡献。现阶段，我国城市、农村用户平均停电时间已分别从 2006 年的 13.2 小时/户、38.3 小时/户降至 4.5 小时/户、17 小时/户，分别下降 65.9% 和 55.5%，人民用电基本实现"用得上、用得起、用得好"（王怡，2021）。

3.2.3 低碳电力转型的有效措施

在逐渐加强全球气候治理的形势下，人们越来越重视低碳的生活方式，这就需要人们在实际生活中尽量做到节能减排，重视对能源的消耗，树立低碳生活的理念，真正做到保护地球家园。在大力推行低碳生活的背景下，电力行业必须要起到带头作用，自觉参与到节能减排的活动中。革新电力行业的经营模式，严格实施符合现代社会发展的节能减排制度，是现阶段低碳背景下最需要解决的问题（沈晓倩，2022）。低碳经济指在可持续发展观念的前提下，利用技术、制度以及新能源等方面的创新，将高碳能源的消耗控制在最小范围，降低温室气体排放量，实现经济社会和生态环境的共同发展。实际上就是在革新的过程中降低二氧化碳的排放量，建立全新的低碳经济环境。在我国二氧化碳排放量中，电力行业是占比最大的行业，排放量占总排放量的百分之四十左右，因此，要想更好地实现低碳生活，首先就要促进电力行业的革新，降低碳排放量，减少对高碳能源的消耗，不断探索新的发电方式，建立良好的低碳电力环境，为构建低碳生活做出努力。

电力行业主要是靠煤炭运行的，我国大部分的煤炭资源都用在电力行业上，但煤炭对生态环境的污染是非常大的，电力行业每年的排放量占我国总量的百分之三十左右，所以降低电力二氧化碳排放量是我国当前实现低碳经济的重要手段。积极改革电力行业的低碳发展可以有效促进其可持续发展，让发电不再过于依靠煤炭，降低碳排放量，建立全新的低碳电力环境，能够加强电力的输出，有效解决过度消耗能源的问题，促进我国经济水平和生态环境的可持续发展。传统的电力行业运行方式，没有充分考虑到对生态环境的影响，在低碳经济的背景下，电力行业要改变过去的运行模式，在利用新能源的过程中，发展低碳电力，运用智能电网以及特高压开展电力工作，从根本上改善电力行业巨大的碳排放量，还可以利用增加收税的方式处理电力问题。要想促进我国电力行业的可持续发展，就必须要从根本原因着手，减少能源消耗。另外要注意电力行业在实现节能减排的过程中也要满足人们的用电需求。

电力行业发展低碳电力的有效措施如下（王雅楠等，2019）：

（1）研发提高煤炭利用率的技术。要改善现阶段我国电力行业碳排放量过高的情况，首先需要积极引进其他国家的最新发电设备和发电技术，合理地与当前电力企业的发电工作有效结合，充分发挥其作用，切实落实我国电力行业节能减排的目标，提升煤炭能源的利用率。其次，不断探究清洁煤炭燃烧技术，把这项内容作为电力行业的重点工作，通过此技术的研发以及应用，减少发电对能源的消耗，降低电力行业的碳排放量。最后，分析与总结电力企业能源消耗量过高的根本原因，通过管理生产信息、制定节能措施等方式全面优化，确保电力行业可以充分利用煤炭资源。

（2）建立健全节能激励机制体系。要想顺利地开展电力行业节能减排工作，还需要建立有效的节能激励制度，促进相关电力企业积极开展此项工作。首先，根据电力行业的实际发展状况以及节能减排的工作目标，建立相关的节能减排奖励制度，把资金鼓励、政策优惠和行政引导充分体现在其中，构建完整的激励制度。随后建立相关的节能减排优惠政策，激励电力相关的企业积极运用节能技术，引进最新的节能设备，以更好地实现低碳经济环境。此外，根据电力企业在实际节能减排工作的表现，对于表现良好的企业提供更多的优惠政策，促使其他电力企业以其为榜样，积极地参与到节能减排工作中。

（3）健全电力行业节能减排的法律法规。要想建立完整的电力节能减排法规，首先要针对各区域的实际情况建立适合的节能减排法规，对于触碰法律底线的电力企业，要严格处罚。其次是要不断优化电力节能减排法律法规，使其更具备时效性以及合理性。在建立电力节能减排法规的过程中，要充分结合电力行业的实际发展情况，所以相关的法律法规也必须要不断优化、调整，使其更加顺应当代电力行业的发展。

（4）加强对新能源技术的研发和节能减排宣传。真正落实电力节能减排工作可以从以下重点工作开展。首先，增强探究新能源技术，积极寻找可以代替煤炭资源的能源，实现绿色节能的社会环境。在研发新能源技术的过程中，需要建立相关的管理制度，同时不断增加对研发新能源技术的投资力度，更好地保证研发出可替代新能源。其次，应该不断优化企业结构，将过去的企业结构转变为更符合现代社会发展的企业结构，形成环保、科学的电力企业，构建健全的规章制度，推动电力行业的改革，促进电力行业的可持续发展。最后，要加强开展电力减排工作的力度。电力相关企业要大力宣传和推广电力节能减排的重要意义，同时利用相关的行政措施，颁布相应的制度，及时调整电费，监督电力企业与人们的节能减排工作，保证人们深刻认识到节能减排工作的意义，促进电力行业的可持续发展，使电力企业的运行顺应现代低碳经济的要求，真正实现电力行业健康、良好发展。

总的来说，就是要建立完整的低碳电力制度，降低碳排放量，减少能源消耗造成的环境污染，提升能源的利用率，促使电力企业符合当前节能减排的要求。要加大低碳经济的发展力度，研发全新的低碳技术，优化低碳环境。还要加强对低碳工作的宣传，使环保节能意识深刻地落实到每个人心里,从日常生活中做起,做好节约水电、减少碳排放等细节,保证能源的利用率。积极研发新能源技术,建立健全的低碳电力管理制度,以更好地实现节能减排的目标,促进我国经济水平的可持续发展。

3.3 碳中和的挑战与机遇

为达成碳达峰和碳中和的目标,我国正面临着空前未有的难度。第一,我国工业化、城镇化的历史任务尚未完成,既要经济和社会生产双发展又要控制能源需求量和温室气体尤其是二氧化碳的排放;我们不仅要从长远角度看待该目标,也要意识到达成碳中和目标的迫切性。第二,我国二氧化碳排放来源中化石能源占据不小的比例,2019年约占85%,仅煤炭就占57%左右。而我国的能源结构国情注定了直接抛弃煤炭产电产业是不现实的,因此亟须改良和调节能源结构。第三,我国规划实现碳中和的时间短,这也意味着更具有挑战性。从碳达峰到碳中和只有30年,远低于发达国家的过渡期(一般为50~60年)。第四,我国无法照搬发达国家例如美国和欧盟的碳达峰和碳中和模式。虽然新一轮技术革命为我国带来了发展机遇,但目标要求的减排量之大和规划时间之短,使得实现碳达峰和碳中和是非常困难的,因此有必要寻找一条基于中国国情可以实现的碳达峰和碳中和之路从而通过低碳能源可持续产电模式维持经济社会的可持续发展并为其提供保障。

实现碳达峰和碳中和的目标,是全球应对气候变化和保护地球家园的要求。急速开发绿色低碳能源不仅是满足第一、二产业和居民日常生活的需要,也是逐渐消除对石油、天然气等不可再生化石能源依赖的必经之路;发展清洁、高效、节能和环境友好的技术,大幅推动工业产电产业发展,是形成新的增长点和增长动力的要求,也是转变粗放发展方式、增加能源获取和产电的效率、减少二氧化碳排放量和排放时间的有效途径,这些也是完成经济运行和社会生产可持续发展的内在要求。

第四次工业革命为我国创新"双碳"模式提供了有利条件。"十四五"期间,我国作为第二大经济体的大国优势愈加凸显,科技和创新所处的地位愈加提高,这些都为新技术、新行业、新业态、新模式提供了大量便利和资源,也有助于我国把握新一轮科技革命的战略时机。

3.3.1 技术发展与能源供给的矛盾

数据显示,在我国的碳排放中,能源燃烧是主要的二氧化碳排放源,占全部二氧化碳排放的88%左右,而能源燃烧的用途主要是用来发电。能源系统脱碳是实现碳中和目标的关键,而电力行业的脱碳是重中之重。

基于土木钢石的能源经济结构仍将在长时间内维持,而能源的供给要求仍将居高不下,因此经济转变存在不小的困难。可以预见的是,中国能源消费总量在一段时间内仍将持续增长。据估计,到2030年,我国的整体能源消费总量包括经济运行和社会生产将达到60亿吨标准煤。

2020年,中国可再生能源开发利用规模达到6.8亿吨标准煤,相当于近10亿吨代煤,减少二氧化碳、二氧化硫、氮氧化物排放分别约17.9亿吨、86.4万吨、79.8万吨,这些为大气污染防治奠定了扎实基础。

然而,可再生能源,特别是光伏、风电等新能源的大规模并网,给电力系统的稳定运行带来了巨大挑战。2021年9月，由于我国东北多地风电骤减，供电缺口一度扩大至严重程度，电网运行面临事故风险，为保障电网安全运行，采取停电措施。如果不下大力气解决新能源大规模并网安全问题，新能源的脆弱性将加剧能源系统在极端天气下的安全风险，类似的安全事件还会继续发生。

推进新能源加速替代"前进"，必须坚持底线思维，聚焦安全可靠。要大力推动可再生能源规模化、高比重、高质量、市场化发展，着力提升新能源消纳储能能力，积极构建以新能源为主导的新型电力系统。可再生能源的结构属性和政策体系有力促进了可再生能源从辅助能源向基础能源的转变，为构建清洁低碳、安全高效的能源体系提供了有力保障。

推动传统化石能源"退"，不能"一刀切"。我国能源转型的关键是如何对待煤炭。减煤被视为能源绿色低碳转型的主要举措，但煤炭在我国能源安全中扮演着重要角色。如果煤的退出速度过快，作用力过大，会削弱煤在保障能源系统安全运行中的作用。2021年下半年以来，我国多省出现电力供应紧张，采取"有序用电""停电"等应急措施。如果煤电退出过于仓促，未来可能会出现更广泛、更深层次的缺电和电价波动。

3.3.2 储能技术与新能源的矛盾

经济平稳恢复是我国用电需求增长的底层动力，5G等高耗能基础设施的建设进一步拉动电力需求，以风电、光伏为代表的新能源正在成为电力系统中的主力。图3-13显示2010年以来，我国新能源装机容量不断上升，2021年达到63741MW，2010至2021年的复合年均增长率（CAGR）达32.1%。新能源装机容量占全国总装机容量比重逐年稳步上升，2021年达26.7%，《2021中国新能源发电分析报告》预测，2030年该占比将达41%。

图3-13 2010～2021年中国新能源发电累计装机容量及占比

与常规电源相比，新能源发电单机容量小、数量多、布点分散，且受季节、天气等外部环境影响大，有显著的间续性、起伏性、不定性等特征。从产电时间段来看，新能源往往与用电高峰时间段之间存在些许悬殊。举个例子来说，风电通常是在夜间大量产电，然而这时用电需求量通常不大；太阳能发电在中午产电能力超过电力系统需求或消纳能力，而在傍晚快速减小，但此时实际用电负荷正迎来晚高峰。新型储能则可实现能量转移，在电网负荷低时充电并在负荷高峰放电，降低负荷高峰，填补发电低谷，促进可再生能源的消纳，有效降低弃风弃光率。近几年我国平均弃风率与弃光率如图3-14所示。

相较于抽水蓄能，新型储能技术通常建造时长短、选择地点简便灵活、具有较强的调节能力，与新能源发电发展和储存的适配性也更好，拥有显著的优越性。抽水蓄能电站建设时长往往需要6～8年，而新型储能例如电化学储能项目，其建设时长通常为3～6个月，再例

图 3-14 2016～2021 年中国平均弃风率与弃光率

如新型压缩空气储能项目，其建造周期普遍为 1.5～2 年。从储能规模来看，根据其储能原理，抽水蓄能电站建设地点必须在地势落差悬殊的地方。抽水蓄能电站容量往往更大所以储能效率更高，此外，单个抽水蓄能电站的规模也极大，因而更适用于电网侧大范围、大体量、电力系统等大型应用；而新型储能单个储能设施建造的体量可以根据需求规划，并且对建设环境要求低，反应速度快，可以做到毫秒至秒级的响应，能够灵活部署于电源、电网和用户侧等各类应用场景。

| 碳中和聚焦 3-5 |

新型能源技术

近年来，新型储能技术应用示范项目进展不断。在锂离子电池领域，宁德时代投建的基于锂补偿技术的磷酸铁锂储能电池寿命达到 1 万次，在福建省调频调峰应用方面效果良好；蔚来汽车发布的三元正极与磷酸铁锂电芯混合排布的新电池包，可实现低温续航损失比磷酸铁锂电池包降低 25%，有望用于规模储能系统。在压缩空气储能领域，中国科学院在山东肥城建成了国际首套 10MW 盐穴先进压缩空气储能商业示范电站。在飞轮储能领域，华阳集团两套单机 600kW 全磁悬浮飞轮储能系统用于深圳地铁再生制动能量回收（余本善，2017）。

多元技术路线协同发展，先进压缩空气储能技术极具发展潜力。长期来看，低成本、高安全、长寿命是储能技术发展趋势。先进压缩空气储能技术具有储能规模大、初期投入低、生命周期长、绿色无污染、储能时长不被约束、不依靠化石燃料等不可再生能源及对地理情况不做要求等优势，是拥有光明前景的长期储能技术，电力网络也可以据此实现自动调节。压缩空气储能在调峰、调频、调相、旋转备用等场景中得到普遍应用，在提高电力系统效率、安全性和经济性等方面具有较大发展空间和强竞争力。根据光大证券研究所测算数据（图 3-15）显示，在考虑 0.288 元/(kW·h) 充电电价、不考虑充电电价（利用弃风弃光充电）、不考虑充电电价且折现率为零三种情形下，压缩空气储能成本均低于磷酸铁锂电池，且在后两种情形下成本更低。

3.3.3 核能挑战

第一，核能面对的形势严峻，需要同时面临电力市场化以及近来碳交易市场兴起所引起的一系列巨大挑战。这几年，中国能源和电力转型变革发生了巨大变化，全国各地的电力市场一一被创建，同时在电力网络化的帮助下，市场化售电比例得到了大幅增长。据中国电力

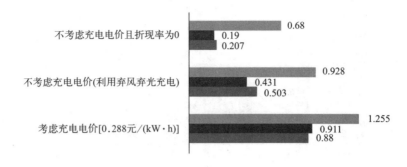

图 3-15 三种储能技术全生命周期度电成本[单位：元/(kW·h)]比较

企业联合会发布信息显示，在我国的电力消费中，市场交易电量所占比例已连续多年实现增长。2020 年全国市场化交易电量占互联网电量的比重超过 40%。2020 年核电上网电力市场化率约为 33%，与 2019 年相比增加了 2 个百分点，与 2018 年和 2017 年相比则依次增长了约 8 个百分点和 15 个百分点。另一方面，随着风电、光伏平价上网业务的深化，随着电力网络化和市场化变革的不断推进，核电需要接受市场竞争的残酷考验，同时需要在降低投入、增加与电力系统的适配性等方面进行更多的探索。在中国碳市场完全创建后，核能行业将迫切需要深入探索如何发扬自身特长，以便更好地面对碳市场创建后所带来的绿色低碳能源的低价考验，同时更好利用能源和电力产业蓬勃发展所带来的优势。

第二，核能从业人员应对发展面临的重大转变，需要突破思维，继续新的探索。近些年来在"双碳"目标的切实推动下，不久核电就会凭借其绿色低碳能源的属性获利。然而随着其他绿色低碳能源技术例如太阳能、风能等的发展，核能先前具有的低碳亮点将被弱化乃至消除。外部所面对的常规电力系统网络和常规化石能源体系将逐渐向安全性能和效率要求更严格的新型电力系统、新型能源系统等转变。据此可以得出，先前简单的电力项目发展模式（电网基荷为了追求稳定输出等诉求）将受到全面的挑战和面临更多的问题。怎样适当地改变我国核能发展规划的实现途径和目标要求、增加新型电力系统中低碳清洁能源系统有机部分的适配性、研究发展核能与高比例新能源的深入结合乃至一体化系统、核能产电的前后端安全性保障建设等，这些将是在不久的将来核能所面对的"卡脖子"问题，需要尽快解决，在此基础上核能才能更好地增加其行业适应性进而扩大其在能源领域的规模并满足发展新形势的要求。

第三，核能发展需要吸引更多投资。作为资金、技术密集型项目，核电项目投入大、周期长、风险高，投资方普遍持谨慎态度。吸引投资的关键在于风险管理和风险的合理分配。技术、运行、监管、市场及价格等项目风险直接关系到资金成本，也影响着平准化发电成本。在这方面，已有政府通过直接的财政支持、电力购买协议等融资机制来减轻风险，并使各利益相关方共同承担风险。

第四，核能建设需要降低成本、缩短周期。近年来，核电厂造价不断上升，项目前期准备时间长，给许多国家的核工业发展造成困扰。综合各国情况来看，核电厂平均建设周期为 7 年，也有部分核电厂建设耗时 15 年以上。事实证明，拥有成熟建设计划的国家能够更快地完成建设。选址和各类许可证的申请通常也是拖慢项目进度的主要因素。近年预算超支、项目拖期的问题在欧美国家的核电厂项目中尤为明显，例如美国沃格特勒核电厂 3 号和 4 号机组原计划成本为 4300 美元/kW，耗时 4 年完成，现已增长到 9000 美元/kW，预计耗时 9 年完成。欧洲压水堆（EPR）建设项目也面临同样的问题，其原因在于建设初期计划成熟度低、项目管理不到位、零部件供应不及时等。

第五，提高公众信心需要保障核安全及废物管理。一些国家的弃核政策主要源于公众对安全问题的担忧。在三哩岛、切尔诺贝利和福岛这三起重大核事故发生后，许多国家公众对核能的支持有所减弱。继续发展核能的国家应加强核安全和应急管理。在过往的核事故后调查中可以得知，事故的发生是可以被预见和预防的，这需要提高监管能力，即建立有效的监管框架，健全核安全独立监管机制，确保核电厂安全运行。在废物管理方面，由于所需的投资量大、选址的决策难度大，目前很少有国家为乏燃料的循环使用回收或深层地质处置制定长期的解决方案。乏燃料和其他放射性废物的安全处置对于公众接受核能也至关重要。

| 碳中和聚焦 3-6 |

日本福岛事故

2011 年 3 月 11 日，日本福岛第一核电厂发生严重核事故，东部海域 9 级地震引发巨大海啸，浪高达 14～15m，超出了福岛第一核电厂所有机组的设计基准。地震导致厂外交流电源的丧失，海啸水淹造成厂内电源和海水冷却系统功能的丧失，无法有效带出堆芯和乏燃料池的热量。最终，福岛第一核电厂的多个机组发生了堆芯熔化，氢气爆炸进一步加剧了放射性物质向环境的大量释放。该事件在国际核事件分级标准（INES）中被分类为最严重的 7 级，给世界核能发展带来了深远的影响（柴国旱，2022）。

3.3.4 氢能挑战

当前，世界氢能行业总体处于发展初期，在终端能耗中所占比例仍然较低。目前，开展氢能行业布局的国家经济总量已占全球总量的 75%，但受限于多方面的制约因素，氢能行业尚未与全产业链形成合力，无法全面推进生产生活进步。其原因主要如下。

第一，氢能主要材料和设备零部件要求苛刻，技术复杂，成本高，且不同国家、不同部门之间技术差距明显。特别是对我国来说，一些关键技术仍然被国外垄断。例如，PEM 制氢技术核心部件的质子交换膜，目前美国杜邦公司的 Nafion 全氟磺酸膜在世界市场上有 90% 以上的占有率，技术难以突破。

第二，电解水制氢技术是实现绿色氢大规模生产的最有前景的方法，但其成本太高，主要靠电，短期内还不能完全替代碳排放高的化石燃料制氢。目前电解水制氢在我国氢能结构中占比不到 2%，短期内需要通过煤炭制氢保障氢能行业供应。

第三，与化石能源产业相比，氢能属于新兴能源，目前缺乏相应的基础设施总体布局。如城市氢气站、氢气管道、工业副产氢气精制系统等支撑设施严重不足。因此，氢能全产业链体系的上下游难以形成有效联动，尚不健全。

第四，目前氢端需求关注方向过于单一，主要集中在氢燃料电池及其交通载体，目前成熟度较低，规模不大。氢能作为能源载体，在传统能源密集型产业以及新型氢能的应用场景中，需求还未得到全面开发。

第五，氢能技术标准有待完善，氢气质量、储运、氢气站、安全等内容相关技术标准较少。因此，在可再生能源制氢、液氢储运、工业绿色氢气等新型氢能领域的技术流程、装置设备及生产运营环节，应尽快完善健全国际标准、国家标准或行业标准，从而规范氢能行业市场健康发展。

3.4 能源电力企业低碳转型技术

经过多年探索和研究，我国的电力行业转型以大跨步的速度向前推进，呈现出逐渐领跑的局势：基于电网立场，我国电力行业局势已逐渐形成"全国联网、西电东送、南北互供"格局，电力在社会生产和经济运行方面的保供能力和电力调节智能化程度明显提高；基于制电来源立场，火电不再独占鳌头，火电设备装机量占比已经下降至二分之一，绿色低碳能源如水、核、风、光等新能源的装机占比逐渐提升；基于电力装备技术立场，我国部分技术已经位于全球前沿，如特高压电网运输、绿色清洁煤电技术、超大型水电机组建造和第四代核电技术。

然而我国的电力工业仍落后于国际先进国家：相比国际先进水平，我国电网输电线路损耗率高百分之二，火电产电耗能多 $50g/(kW \cdot h)$，某些电力至关重要的核心技术和标准仍然由发达国家掌控，部分产电重点设备只能依靠国外制造，整体电力行业的利润仍不高，中国本土的国际知名电力品牌仍不多，由此可见我国的电力产业的转型之路仍然任重而道远，目前仍然处于快速发展的过程中。我国的电力行业亟须攻克技术和设备制造难题，加快减少与国际先进水平之间的差距，这无疑是一项巨大考验。

要想实现"双碳"目标，能源和电力行业缺一不可。我国颁布的《中共中央 国务院关于完整准确全面贯彻新发展理念做好碳达峰碳中和工作的意见》和《2030年前碳达峰行动方案》中对能源和电力行业向低碳清洁化转型作出了指导，指明要促进我国能源向绿色清洁化转变，逐步、稳健地推动碳达峰目标，以保证平稳地降低碳排放。建造新型电力系统网络是落实碳中和必不可少的重要一环，同时也是中国电力行业向高效率、清洁化探索的重大考验。因此我国要基于目前以煤炭等化石能源为基础的能源结构，融合和制定各类能源独特发展的路线，进而早日实现碳中和。

基于电力系统的整体技术属性和客观运行规律，走出一条具有中国特色的能源向绿色低碳化转型的道路。建立新型电力系统是困难的、长期的系统工程，因此必须要基于我国目前的国情，并将电力行业初期投入大、建造规模大、技术要求高精尖等特点考虑在内，充分考虑能源储藏量，深入开发能源利用技术，实现电力行业的稳步转型。从长远期来看，在新能源得到广泛应用，储能、碳捕集、碳封存和氢能高端技术急速发展并得到大范围实践时，我国将距离创建全新形态的电力系统更进一步。

进一步推动产业链全环节重难点技术的探索研究，攻克日常生活电力保供与化石能源向绿色低碳能源逐步转变的两大困难。建立基于新能源的新型电力系统网络、促进电力行业转型升级更是一大挑战，这需要我国政府相关部门、电力及能源行业企业、相关研究高等院校及科研机构等社会各行各业的积极参与，携手加快研发模式的改变，争取早日从企业自主开发向"产学研用"成功转变，进而促进创新领域在源网荷储方向的深度探索。

基于双碳政策在各行各业的逐步落实，新型电力系统的构建也稳步向前，电力行业的结构、运行机制、生态周边也发生了翻天覆地的变化，亟须进一步促进能源治理系统和治理技术与现代化的适配性，包括可再生与不可再生能源的综合利用，多项政策并行，立足于促进一次能源安全绿色的产电基础，稳步推进能源储存利用，走具有中国特色的保供电力转型道路。

3.4.1 煤电节能减排技术

我国以煤为主的资源禀赋形成了煤电为主体的电力生产和消费结构。作为我国的基础性电源，煤电为支撑经济社会发展奠定了扎实的电力基础，但煤电曾是导致大气污染问题频发的重要来源。为推动煤电清洁高效发展，减少煤炭消耗和污染物排放、改善空气质量，我国颁布了《煤电节能减排升级与改造行动计划（2014—2020年）》和《全面实施燃煤电厂超低排放和节能改造工作方案》。经过多年努力，我国煤电节能减排工作取得显著成效。

从清洁利用水平看，截至 2021 年底，我国达到超低排放限值的煤电机组约 10.3 亿千瓦，占全国煤电总装机容量 93%。2021 年，全国电力烟尘、二氧化硫、氮氧化物排放量分别约为 12.3 万吨、54.7 万吨、86.2 万吨，较 2015 年分别下降 69%、73%、52%。

从节能降碳水平看，2021 年全国 6000 千瓦及以上火电厂供电煤耗为 301.5 克标准煤每千瓦时，较 2015 年下降 13.5 克标准煤每千瓦时，相当于 2021 年全年减少电煤消费 9500 万吨；全国单位火电发电量二氧化碳排放约 828g/(kW·h)，较 2015 年下降 22g/(kW·h)。据中国电力企业联合会统计，相较于 2005 年，2006 年至 2021 年仅经由供电煤耗已经减少了二氧化碳排放近 90 亿吨，仅这一项对电力部门的节能减排贡献就已达到 41%，这切实减缓了电力行业二氧化碳排放量的持续升高。

煤电清洁高效利用的成就离不开煤电技术创新发展。目前，我国已实现高参数、大容量超超临界燃煤机组自主研发和制造，主要参数达到世界先进水平，建成全球发电能效最高、在建单机容量最大的燃煤机组，供电煤耗降至 260g/(kW·h) 以下；百万千瓦空冷发电机组、二次再热技术、大型循环流化床发电等技术均世界领先。2021 年底，我国自主研发建造的国内首座大型二氧化碳循环发电试验机组完成 72 小时试运行，额定功率达到 5000 千瓦，是世界容量最大的超临界二氧化碳循环发电机组，为进一步提高火电机组效率打下坚实基础。随着建设应用先进煤电技术、关停淘汰落后煤电机组，我国煤电结构不断优化，大容量、高参数、低排放的高效煤电机组比重持续提升。当前，我国超临界和超超临界先进煤电机组超过 860 台，在全国煤电总装机中占比超过一半。

具体传统能源节能减排技术将在第四章中详述。

我国能源资源禀赋决定了煤电在相当长时间内仍将承担保障电力安全供应的重要任务。2021 年，全国煤电装机占比 46.7%，发电量占比约 60%，发电用煤占全国煤炭总消费的比重超过一半，尽管我国煤电行业在节能降耗、碳减排等方面已取得显著成效，但煤电仍是全国二氧化碳排放量最大的行业，亚临界及以下机组还有 4 亿多千瓦，部分机组存在能耗偏高、灵活调节能力不足等问题。

随着碳达峰碳中和工作持续推进、新型电力系统逐步建立，煤电清洁、高效、灵活、低碳转型步伐还需进一步加快。要大力推动煤电节能降碳改造、灵活性改造、供热改造"三改联动"，明确煤电要加快由主体性电源向提供可靠容量、调峰调频等辅助服务的基础保障性和系统调节性电源转型。2021 年 10 月，国家发展改革委、国家能源局联合印发《全国煤电机组改造升级实施方案》，明确提出"十四五"期间，煤电节能降碳改造规模不低于 3.5 亿千瓦、供热改造规模力争达到 5000 万千瓦、灵活性改造完成 2 亿千瓦。按此规模测算，预计可节约煤炭消费 5000 万吨以上，提升新能源消纳能力 5000 万千瓦以上，更好地推动煤炭和新能源优化组合。

3.4.2 储能技术

近年来,我国储能产业呈现多元化发展的良好态势,抽水蓄能发展迅速,空气动力存储发电系统、飞轮储能、超导体储能和超级电容、铅蓄电池、锂离子电池等储能技术研究应用加速;储热、储冷、储氢技术也取得一定的进展。我国储能技术总体上已经初步具备了产业化的基础。加快储能技术与产业发展,对于构建"清洁低碳、安全高效"的现代化能源产业体系,实现2030碳达峰、2060碳中和目标,推进我国能源行业供给侧结构性改革,推动能源生产和利用方式变革具有重要战略意义,同时还将带动从材料制备到系统集成的全产业链发展,成为提升产业发展水平,推动经济社会发展的新动能。

在碳中和背景下,风电、太阳能等可再生能源越来越多地被开发利用,但由于这类可再生能源的间歇性和波动性,电力系统调节能力难以完全适应新能源大规模发展和消纳的要求,个别地区出现较为严重的弃风弃光现象。根据国家能源局统计数据,2019年我国弃风率最高省份的弃风率为14%,弃光率最高省份的弃光率超过24%。为了提高可再生能源并网的稳定性,储能是有效调节可再生能源发电引起的电网电压、频率及相位变化,促进可再生能源大规模发电,并入常规电网的必要条件。

全球能源互联网实质是"智能电网+特高压电网+清洁能源"。智能电网是基础,特高压电网是关键,清洁能源是根本,而大规模储能系统是智能电网建设的关键一环。从某种程度上来说,储能技术应用程度既决定了可再生能源发展水平,也决定了能源互联网的成败。

| 碳中和聚焦 3-7 |

西方国家储能技术的发展

西方国家在10年前就已经开始重视储能技术研发和产业化。美国政府以其国防部先进研究计划署(Defense Advanced Research Projects Agency)为范本,成立能源部先进研究计划署(Advanced Research Projects Agency for Energy),集结全美国最好的科学家、工程师和企业家对可再生能源技术进行研究,而储能技术是其重中之重。德国能源转型令世界瞩目,德国可再生能源占电力来源的比例从2000年的6%增长到2015年的30%,这一比例在部分时段甚至会达到70%~90%。该国在能源转型过程中颇为重视储能技术,政府除了资助相关技术研发费用外,每年还设立5000万欧元补助金,专门帮助居民购买储能系统,光伏发电量有1/3来自居民(余本善等,2017)。

2016年,国家发展改革委和国家能源局下发了《能源技术革命创新行动计划(2016—2030年)》,在该文件15项重点任务之一的"先进储能技术创新"中明确指出:研究面向可再生能源并网、分布式及微电网、电动汽车应用的储能技术,掌握储能技术各环节的关键核心技术,完成示范验证,整体技术达到国际领先水平,引领储能技术与产业发展。

当前,集中式大型储能电站的单机容量可达百兆瓦量级,发电时间可达数小时,可在电力系统负荷低谷时消纳富余电力,在负荷高峰时向电网馈电,起到"削峰填谷"的作用,从而促进电力系统的经济运行。一般情况下,用电尖峰时间约占用电时间段的5%,对应尖峰用电量的20%,这部分电量具有较高的商用价值。据中国化学与物理电源行业协会储能应用分会统计,2021年我国储能生产制造产业链日趋完善,市场规模达500亿到600亿元,比2020年增长120%以上。

统计数据显示,广东省、江苏省、浙江省、安徽省都是用电大省,且电价大多高于0.8

元/（kW·h），储能调峰将有助于电网稳定和用户用电的成本下降。这四大省 2019 年工业用电量分别为 3437.46 亿千瓦时、3873.35 亿千瓦时、2652.53 亿千瓦时、1132.8 亿千瓦时，合计超过 10000 亿千瓦时，若按 10％配套储能，将对应约 4500 亿元规模的储能市场。

储能电站的容量配置为几兆瓦到几十兆瓦，可与光伏电站、风电场、小水电站等配套建设，将间歇性的可再生能源储存起来，在用电高峰期释放，可缓解当前的弃风、弃光、弃水、限电困局。

具体储能技术详述见第七章。

| 碳中和聚焦 3-8 |

火电厂热水储能技术

火电厂热水储能技术主要用于热电厂供暖季热电解耦，作为季节性储热措施能够有效地提高供热机组的灵活运行能力，例如，蒙西电网的盛乐热电电储能项目采用热水罐储能技术，打破传统"以热定电"模式，实现机组热电解耦功能，使电厂具备在最小运行方式以下进行深度调峰的能力。熔盐储热技术由于工作温度高、比热容高、热稳定性好、蒸汽压力低的优势，已经在太阳能光热发电领域得到了广泛应用，如青海中控德令哈 50MW 塔式熔盐储能光热电站配置熔盐储热系统，电站每年可节约标准煤 4.6 万吨，减排 CO_2 约 12.1 万吨，证明了该技术具备良好的社会经济效益。

3.4.3 能源互联网

能源互联网（energy internet）是指综合运用先进的电力电子技术、信息技术和智能管理技术，将大量由分布式能量采集装置、分布式能量储存装置和各种类型负载构成的新型电力网络、石油网络、天然气网络等能源节点互联起来，以实现能量双向流动的能量对等交换与共享网络。

图 3-16 显示了能源互联网的架构，能源互联网其实是一种以互联网理念构建的新型信息能源融合"广域网"，它以大电网为"主干网"，以微网为"局域网"，以开放对等的信息能源一体化架构，真正实现能源的双向按需传输和动态平衡使用，因此可以最大限度地适应新能源的接入。

美国著名经济学家杰里米·里夫金（Jeremy Rifkin）于 2011 年在其著作《第三次工业革命》中预言，以新能源技术和信息技术的深入结合为特征，一种新的能源利用体系即将出现，他将他所设想的这一新的能源体系命名为能源互联网。杰里米·里夫金认为，"基于可再生能源的、分布式、开放共享的网络，即能源互联网"。

事实上，发达国家较早前就有能源互联网的研究计划。从 2008 年开始，美国、德国、日本不约而同地开始了对能源互联网的应用探索，分别启动了 Freedm、E-Energy 和 Digital Grid 项目。中国的能源互联网起步稍晚，2014 年，中国提出了能源生产与消费革命的长期战略，以电力系统为核心构建能源互联网的布局。

2015 年 9 月 26 日，中国国家主席习近平在纽约联合国总部出席联合国发展峰会，发表题为《谋共同永续发展做合作共赢伙伴》的重要讲话。在讲话中，习近平宣布：中国倡议探讨构建全球能源互联网，推动以清洁和绿色方式满足全球电力需求。

2016 年 2 月，国家发展改革委、国家能源局、工业和信息化部联合制定《关于推进"互联网＋"智慧能源发展的指导意见》明确了能源互联网建设目标：2016～2018 年，着力

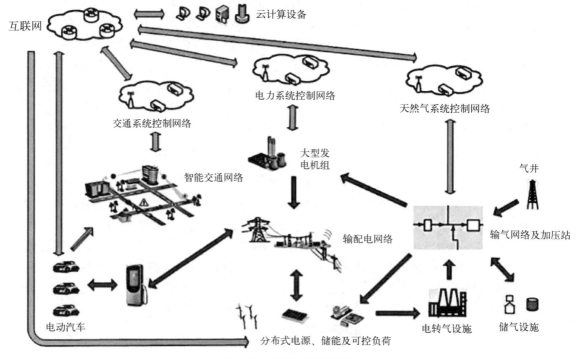

图 3-16 能源互联网架构

推进能源互联网试点示范工作，建成一批不同类型、不同规模的试点示范项目。2019~2025年，着力推进能源互联网多元化、规模化发展，初步建成能源互联网产业体系，形成较为完备的技术及标准体系并推动实现国际化。

国家电网于 2016 年 3 月发起成立"全球能源互联网发展合作组织"，这是中国在能源领域发起成立的首个国际组织，也是全球能源互联网的首个合作组织。

2017 年，国家能源局公布首批 55 个"互联网＋"智慧能源示范项目，标志着中国能源互联网正式从概念走向落地。

据统计，2020 年中国能源互联网的市场规模超过 9400 亿美元，而美国和欧洲的能源互联网市场规模约为 1.1 万亿美元。中国能源互联网的市场规模占据全球的半壁江山。

在 20 项与能源互联网相关的关键技术里，中国在其中 9 个领域全球领先；截至 2020 年 12 月，中国能源互联网行业共计注册企业 66843 家；中国共有 332 支能源互联网相关股票，总市值达 6.79 万亿元。

在能源互联网工程建设和技术应用方面，相关部门和机构陆续批准启动了一系列试点示范项目和示范工程，包括新能源微网、增量配电网、多能互补集成优化、"互联网＋"智慧能源等，有力推动了我国能源互联网产业的健康发展和新技术推广应用。

能源互联网的特征包括：

第一，可再生能源高渗透率。能源互联网中的能量供给主要是清洁的可再生能源。

第二，非线性随机特性。能源互联网中的能量来源主要是分布式可再生能源，相比传统能源，其不确定性和不可控性强。能量使用侧、用户负荷、运行模式等也会实时变化。

第三，多元大数据特性。能源互联网工作在由类型多样、内容庞杂的数据组成的高度信息化环境中。这些数据既涵盖发、输、配、用电的电量相关数据，也包括温度、压力、湿度等非用电数据。

第四，多尺度动态特性。能源互联网是能量、物质和信息高度耦合的复杂系统，而这些系统对应的动态特性尺度各不相同。同时能源互联网按层次从上而下可分为主干网、广域网、局域网三层，每一层的工作环境和功能特性均不相同，这也造成每一层的动态特性尺度差别巨大。

能源互联网作为当前学术界和产业界共同关注的焦点，可对传统能源行业产生颠覆性的影响，其发展意义归纳如下：

第一，提高能效。通过多能互补融合和梯级利用，显著提高能源综合利用效率。

第二，能源转型。促进高渗透率可再生能源的发展，实现能源绿色转型。

第三，灵活便捷。提高能源行业资产的利用率和能源供给的灵活性，提高能源生产、传输、消费、管理、交易、金融的便捷性。

第四，改造行业。改造能源行业传统的行业结构、市场环境、商业模式、技术体系与管理体制，改变能源的生产和消费模式，有助于促进能源体制改革，推进能源行业的市场化和金融化。

第五，创新创业。能源行业去"中心化"后可促进众筹众创，形成巨大的创新创业空间，促进经济社会发展，有利于创新驱动发展战略的实施。

在第三次工业革命的时代背景和国家能源革命、互联网＋、创新驱动战略行动下，能源互联网具有巨大的发展潜力，将带动大批相关产业的发展。

能源互联网的发展潜力来源于能源行业自身的巨大体量和发展空间，而目前大部分能源行业还没有被互联网所变革。

同时，我国快速且大规模开发建设的城镇、园区、绿色建筑、工业需求侧响应是推进能源互联局域网发展最急需，也是最佳的切入点，具备广阔的发展前景和机遇；我国目前有超过 300 个城市启动了智慧城市的规划和建设，为能源互联广域网的发展提供了综合的平台和政府支持；我国提倡建设的"一带一路"、亚洲基础设施投资银行、丝路基金等，为能源互联骨干网的发展提供了广阔的发展空间和国际市场。

此外，能源互联网的发展也将带动许多新兴的能源市场，包括新能源、电动汽车、储能、微网、能源管理服务等，以及相关的产业，包括设备制造、通信、金融、软件等。

能源互联网将改变能源的生产、传输、消费方式和人们的生活工作方式，成为推动我国能源转型、提高能源利用效率、实现节能减排和可持续发展的重要途径，势必将对整个社会经济发展产生深远影响。

3.4.4 氢能-电能一体化

这些年，中国的发电技术有了极大的提高，高技术发电逐一亮相，超高压、超临界和超超临界机组随着时间一一被攻克，对于流化床燃烧和整体气化联合循环的发电技术研究愈加深入，然而电力行业整体还是有着能源制备效率较小和碳排放较严重的矛盾。由此可以得出，若想大力推动绿色清洁能源经济，势必要先探索低碳能源的大规模和超大规模应用。

作为低碳可再生能源中的一员，氢能有着排放极小、利用率又极高、可靠性和安全性高以及可以实现远程控制的独特优势。因而，氢能将有机会成为走出世界能源困境的一个出口，能够大幅度减少二氧化碳的排放。氢能不仅能够经由燃烧释放热量带动热力发动机作机械功生产电能，还能够以原料形式在燃料电池上得到使用，甚至还能够转换成固态氢用作结构材料。1960年以来，美国和日本等这些发达国家加大了对于氢能发电技术的关注和研究速度。现在，经由氢能制电已经在一些发达国家中进入了大型建设实验阶段，然而对中国的电力及相关行业来说，现在的电力来源仍然是煤炭发电为主，而绿色低碳能源的使用仍然较少，因此氢能的实际应用依然相对较少。

氢能的来源是氢及同位素氘、氚的反应或氢在三态变化中所放出的能源，凭借各种各样的机械设备，氢能可以转变为电能、机械能和热能。值得一提的是，经由氢能发电设备和燃料电池两种能源转换技术，都可以使得氢能转换为电能。

氢能发电机指的是以氢气为主体能源的发电机，其运行原理和常见的传统内燃机相似，通过吸入气体、压缩气体、气体膨胀爆炸、排出气体这四个阶段循环往复从而实现电机的运转产生电能。氢能发电机可被视为环境友好型的发电机器，同时，有着噪声极小、排放极少和可移动性强的优势。

把氢能发电机应用到电网系统的制电环节中，可以实现氢能设备产电和制氢装置的共同运行，在耗电低峰时用产的电利用电解水的技术制取氢气，在用电高峰时再反向利用制取的氢能来制电，凭借这种方法可以达到电力的应用优化，进一步降低能源浪费。2013年德国建造了一座500千瓦级别的多种能源混合的制电站，电站中采用氢能并将其视作电力的存储"电池"，经由电解法制得的氢气可以通过燃烧进而实现氢能制电，其制取的电力能够立刻并入电力能源网络，又或者进一步在电站中电解水制氢。

目前燃料电池中，质子交换膜燃料电池是氢能燃料电池实际运用的研发重点。其制电原理为：氢气和氧气在接触空气后发生电化学反应，反应结束后两者产生水和电力。PEMFC燃料电池的具体工作流程为：当阳极和阴极分别供给氢气和氧气（或空气）时，在催化剂的作用下，氢气在阳极上被氧化离解成电子和氢原子，氧气在阳极上被还原接受电子反应生成水。与此同时，电子在外电路的连接下形成电流，向外部释放电能。

| 碳中和聚焦 3-9 |

质子交换膜燃料电池

质子交换膜燃料电池（proton exchange membrane fuel cell，PEMFC）作为一种新型的燃料电池，起步晚，但发展快，以氢气和氧气进行电化学反应，将化学能转化成电能，且只生成水，因此具有零污染的绝对优势。与传统能源相比，它的结构紧凑，体积小，效率高、启动快、运行温度低（60~80℃），使用寿命长，被认为是未来新能源汽车理想的供能部件，成为当前各国学者的研究热点。

与以往的燃料电池作比较，PEMFC在其能量由化学能转变为电能的过程中不需要燃烧放出热量，因此可以挣脱经典热机理论——热力学第二定律卡诺循环的约束，使氢能的计算利用率能够达到百分之八十。此外，PEMFC类型的燃料电池能够在常温下极短时间内启动、不存在电解质液流失、比功率高且生命周期长。

PEMFC能够用于固定/移动式电站、备用峰值电站、备用电源、热电联供系统等发电设备。小体量PEMFC氢能发电机的未来是令人鼓舞的，容量在3千瓦、5千瓦、10千瓦乃至200千瓦体量的热电联供设备已经在公共场所如旅馆、饭店、商厦等进行使用。

而在大体量的发电站领域，2010年意大利成功建设投产功率为16兆瓦的氢能发电站，每小时耗氢1300吨，总发电效率约为42%，年发电量可达6000万千瓦时，该发电体量可以成功满足2万户三人家庭的用电需求，除此之外，每年还能够降低6万吨的温室气体排放量。2010

年华南理工大学成功研究创建 PEMFC 小规模示范电站,其能源使用效率能够达到 90%,该电站所生产的电力可以无中转地并入学校的 380 伏电网上,基本能够提供华工国际学术中心的日常用电需要。此外,2012 年陶氏化学公司与通用公司在美国得克萨斯州合作建设了大型燃料电池发电系统,该发电系统可生产 1 兆瓦的电能,并最终能够供应 35 兆瓦的电能。

2006 年我国政府将氢能发电技术归类为未来中长期科技探索规划的重难点,这些年来逐年增加研究投入和推动研究发展。现在我国的氢能已经从实验室走出来并逐步开始小范围的示范性应用,此外氢能行业的研究人员分布覆盖高等院校、科研院和各类有兴趣的氢能研究人员。基于以上优势,我国电力系统网络的分布式风力发电、光伏发电、电网储能和智能微电网等多个行业中,氢能占据了很大的优势,并且可以预计在未来将会蓬勃发展。

现如今,燃料电池的制电投入在 2.5~3 元/(kW·h),然而中国传统制电的电价均为 1 元/(kW·h) 以下。风电为 0.5 元/(kW·h),太阳能为 0.8~1 元/(kW·h),值得一提的是,火电仅为 0.25 元/(kW·h) 燃料电池前期投入高的主要原因在于其重金属催化剂的消耗量和电解槽设备的工艺投入。近年来,随着中国燃料电池系统厂家加大在研发方面的投入,燃料电池电堆作为燃料电池整体系统投入的半壁江山,其成本已经在近年逐年下降,进而推动燃料电池制电系统的整体投入大幅降低。同时,燃料电池系统市场研发技术水平的整体提高及开始批量生产,也将带动膜电极和双极板成本下降。图 3-17 数据显示,2021 年燃料电池整体系统投入与燃料电池电堆成本依次下降到 4.4 千元/kW、2.6 千元/kW。2022 年燃料电池整体系统投入与燃料电池电堆成本分别为 2.5 千元/kW、1.7 千元/kW。

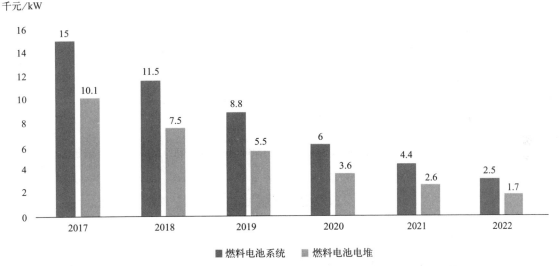

图 3-17　2017~2022 年中国燃料电池系统及燃料电池电堆成本预测趋势图

资料显示,传统火力发电站的建设投入约是 1300 美元/kW。然而北美现在固定式燃料电池的成本已有了显著下降,因此目前建设燃料电池发电站的投入为 1500~2000 美元/kW,可以发现,燃料电池发电站相比于传统发电站的投入成本已经相差不大。

总而言之,因为成本原因和相关配套设备的不完备,目前氢能的制电产业尚不普及。但我们有理由相信,随着氢能技术"卡脖子"问题的逐一解决,氢能市场的逐日扩大,再加上政策的大力支持,氢能的制电投入成本在可见的未来将会有显著下降。基于氢能发电技术的大量优势,未来氢能在电力系统中的应用前景是令人鼓舞的。

本章小结

(1) 本章对我国发电技术现状进行了总体概述,介绍了目前电力行业的需求、碳中和挑战与机遇以及低碳转型技术。

(2) 目前,电力行业是我国煤炭消耗和碳排放最大的单一行业。不同于其他能源系统,电力系统具有严格"发电-用电"实时平衡特性,电网连接源侧和终端,一边是电力的生产系统,另一边是电力的消费用户,因此,电网是一个至关重要的能源连接平台,同时也是促进电力行业碳减排和碳中和的关键核心。

(3) 为达成碳达峰和碳中和的方针,我国正面临着空前未有的难度,而第四次工业革命为我国创新"双碳"模式提供了有利条件。

(4) 基于电网立场,我国电力行业已逐渐形成"全国联网、西电东送、南北互供"局势,电力在社会生产和经济运行方面的保供能力和电力调节智能化程度明显提高;基于制电来源立场,火电不再独占鳌头,火电设备装机量占比已经下降至二分之一,绿色低碳能源如水、核、风、光等新能源的装机占比逐渐提升,相关配套储能技术加速发展;基于电力装备技术立场,我国部分技术已经位于全球前沿如特高压电网运输、绿色清洁煤电技术、超大型水电机组建造和第四代核电技术。

关键术语

碳捕集、利用与封存技术(carbon capture,utilization and storage,CCUS)
灰氢(grey hydrogen)
蓝氢(blue hydrogen)
绿氢(green hydrogen)
能源互联网(energy internet)
质子交换膜燃料电池(proton exchange membrane fuel cell,PEMFC)

复习思考题

(1) 简述新能源供给现状。
(2) 简述主要国家氢能发展现状及其氢能战略。
(3) 技术发展与能源供给矛盾是如何影响我国能源结构调整战略的?
(4) 储能技术与新能源存在何种矛盾?
(5) 核能及氢能发展面对着怎样的挑战?

4 传统能源节能减排技术

❖ 学习目标

(1) 掌握以火力发电为代表的传统能源节能减排以及高效发电技术。
(2) 掌握电能与热能生产系统构成。
(3) 了解传统火电厂节能减排路径。
(4) 了解火电厂污染物减排技术。
(5) 了解新型高效节能火力发电技术。

❖ 开篇案例

实现"双碳"目标的关键战略：能源供给侧结构性改革

供给侧结构性改革是针对当前中国经济新常态下存在的"产能过剩、制度束缚重、技术水平低"等问题提出的一条有效解决途径。所谓供给侧结构性改革，是指通过优化资源配置、淘汰落后产能、严控新增产能、发展先进产能、深化国企改革、创新企业发展等方式，调整经济结构，使生产要素得到合理有效配置，形成高效率、高质量的供给体系，促进中国经济在新常态下持续健康发展。

我国能源供给侧目前还存在着碳排放量高、能源利用率低、新能源发电技术不成熟等诸多问题，因此，对能源供给侧进行改革是我国实现"双碳"目标必不可少的关键战略之一。我国能源供给侧结构性改革主要包括两方面：一是通过去产能、去库存等手段提高能源效率；二是通过政府扶持培育新型绿色能源，达到调整、优化能源结构的目的，从而推动能源市场健康可持续发展（郝宇等，2017）。

4.1 传统能源消耗与碳排放

化石能源是全球消耗量最大的能源，是目前世界电力供应的主要来源之一，化石能源作为全球能源电力行业生产的重要基础，对整个人类社会文明与科技的进步起到了重要的推动作用，其开采量与储量关系着世界能源行业的发展。21 世纪以来，随着人类社会和科学技术的不断发展，全世界对能源需求不断扩大，化石能源的枯竭几乎是不可避免的，大部分传统化石能源本世纪将被开采殆尽。

我国是世界上最早利用煤炭、石油和天然气等化石燃料的国家之一。我国化石燃料资源的最显著特点是"富煤、贫油、少气"。2015 年底，我国的煤炭、石油、天然气储量分别达到 1145 亿吨、2.5 亿吨和 3.8 万亿立方米，占世界煤炭、石油、天然气总储量的 12.8%、1.1%、2.1%。传统能源的资源概况决定了我国的一次能源消费结构，以煤电为主的火力发电长期以来在我国的能源消费和电力装机中占据首要地位。2021年上半年我国全国火力发电量为28262亿千瓦时，占比为73.00%；水力发电量为4826.7亿千瓦时，占比为12.47%；风力发电量为2819.2亿千瓦时，占比为7.28%；核能发电量为1950.9亿千瓦时，占比为5.04%；太阳能发电量为858.20亿千瓦时，占比为2.22%。

化石燃料的大量使用及仍待提高的利用效率，是造成中国温室气体排放等大气环境质量问题的重要原因。2021年，中国全国电力烟尘、二氧化硫、氮氧化物排放量分别约为12.3万吨、54.7万吨、86.2万吨，尽管与往年相比已经有了非常显著的降低，但距离我国实现"双碳"目标还有很大一段距离。

改革开放以来，中国经济社会与科学技术迎来了飞速发展，全国能源消费量与需求量也快速攀升，不可避免地导致了大量的温室气体排放与自然环境破坏。目前，尽管我国已经发展、引进、应用了多种节能减排技术措施，有效控制了火力发电的单位资源消耗、发电系统能耗、单位发电量碳排放率等指标稳步降低，优化了电力市场供应和消费环境，但全国能源需求总量与电力系统装机量的不断增长也使得我国在传统能源改革优化的目标上还有很长的路要走。

传统能源行业的可持续发展是推进我国经济社会健康发展、促进我国"双碳"目标早日达成的必由之路。目前，国家已经采取了一系列积极的举措来降低传统能源的发电量占比，大力发展风能、太阳能等高效清洁的新能源。然而，受到我国技术水平与能源结构的影响，传统化石能源在未来很长一段时间内都将是我国能源与电力系统的重要组成环节，因此还需要进一步深化传统发电行业改革，提高火力发电能效并发展化石能源节能减排技术。

4.2 火电厂节能减排路径

我国是火力发电的大国，火力发电厂的技术升级和节能减排对我国实现"双碳"目标具有十分重要的意义。经过多年发展和不断改革，目前我国已经实际应用了多种火电厂节能减排技术，但距离"双碳"目标的实现还有很大的提升空间。现代化火力发电厂一般是由燃烧系统、汽水系统和电气系统这三大系统组成的电能与热能生产系统，如图4-1所示。

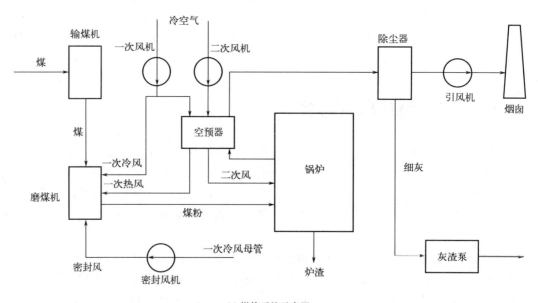

(a) 燃烧系统示意图

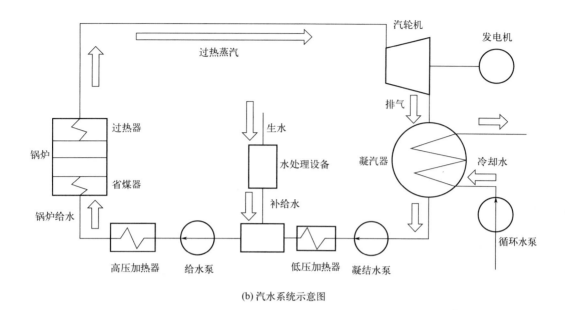

(b) 汽水系统示意图

(c) 电气系统示意图

图 4-1　火力发电厂三大组成系统示意图

锅炉、汽轮机和发电机是现代化火力发电厂中负责能量转换与运输的设备，也是火电厂整个系统中最重要的组成部分，锅炉将燃料中的化学能转化为热能并传递给水蒸气等发电工质，而发电工质通过汽轮机时将热能进一步转换为动能，最终驱动发电机发电，如图 4-2 所示。因此，锅炉、汽轮机和发电机是火电厂节能减排最主要的研究目标。

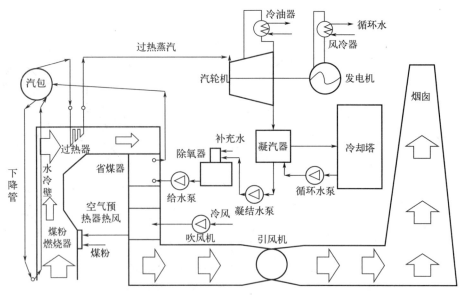

图 4-2 火电厂蒸汽发电原理图

4.2.1 锅炉设备减排

锅炉是火电厂中负责转化燃料化学能的能量转换设备（见图 4-3），在运行时会产生大量的热量以及排放物，其结构形式与能量转换效率对火电厂生产能耗及发电安全性有着至关重要的影响。日常生产中，应加强对锅炉设备的维护管理，及时更换废旧锅炉设备，保证锅炉运行的安全性。

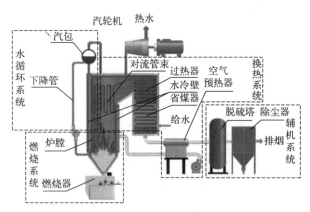

图 4-3 典型锅炉结构示意图（程浙武等，2021）

为了提高锅炉能效并降低排放量，除了在火电厂建设时使用先进锅炉设备，还可以对现有锅炉进行优化改造以提升能源利用率，降低污染物排放量。常见的锅炉改造技术如下。

4.2.1.1 回转式空气预热器柔性密封改造技术

结构庞大是常规锅炉回转式空气预热器（简称空预器）密封性能较差的主要原因，未经改造的空预器在运行一段时间后漏风量可达 7%~10%，严重时甚至高达 20%~30%，严重降低了锅炉机组的能量转换效率。

柔性密封技术是一种新型回转式空气预热器密封技术，采用柔性接触式密封技术，不会形成密封间隙,密封效果好。由于扇形板与径向密封滑块之间没有间隙,则没有气流通过,也就避免了冲刷磨损的问题,从而使密封系统能长期稳定运行;柔性密封改造技术中的合页弹簧技术使得其转子在热态运行状态下有一定的圆端面变形及圆周方向的变形;而密封滑块自润滑合金在高温下的干摩擦系数约为0.1,理论上对主轴电机驱动电流影响较小;除此之外,柔性接触式密封系统采用工厂化生产,车间组装成单个密封元件,对原有转子的椭圆度、两端面的平行度和平面度、转子转动跳动量要求降低,大大简化了现场安装的工艺程序,工期短、效果好(金兴,2011)。

4.2.1.2 风机节能改造

柔性密封技术会使得空气预热器漏风量大幅减少,但随着火电厂节能减排工作的进一步推进,新型火电厂锅炉还需要增加脱硫、脱硝系统以减少运行过程中硫化物、氮氧化物的产生与排放,在排放阶段会进行电除尘器改造,一般常见的改造方案有电袋复合或布袋除尘器等。各类火电厂锅炉设计与改造方案都会对风机实际工作产生相应的影响,因此风机需要根据实际机组运行环境进行相应的改造。常见的风机改造方案有减少轴流风机转子叶片数、选用高效风机叶型、将轴流静叶改造为动叶可调、将引风机和增压风机进行合并、增压风机加旁路改造等。

4.2.1.3 锅炉燃烧优化调整

锅炉燃烧优化调整是保证锅炉机组运行稳定性和安全性、提高锅炉燃烧效率的必要措施之一。通过对锅炉实际运行状态进行仿真与实验研究,可以对锅炉控制逻辑、控制函数和具体参数进行进一步改进优化。锅炉燃烧优化调整还可以帮助寻找和消除存在的锅炉设计和设备缺陷,减少锅炉实际运行过程中的安全隐患。

4.2.2 汽轮机设备减排

汽轮机是火电厂关键能量转换与运输设备之一,其运行效率与稳定性会对整体发电机组产生至关重要的影响。汽轮机是能将蒸汽热能转化为动能(机械能)的外燃回转式机械。来自锅炉的蒸汽等工质进入汽轮机后,依次经过一系列环形配置的喷嘴和动叶,将来自锅炉的热能最终转化为汽轮机转子旋转的机械能(见图4-4)。

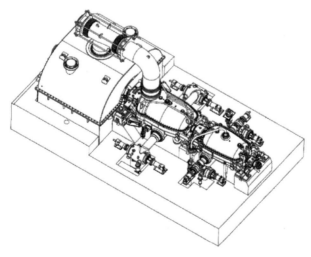

图4-4 双抽凝汽式汽轮机示意图(王彪等,2021)

汽轮机按照蒸汽参数（压力和温度）可以分为低压汽轮机、中压汽轮机、高压汽轮机、超高压汽轮机、亚临界压力汽轮机、超临界压力汽轮机和超超临界压力汽轮机。汽轮机的改造和优化可以从其本体和辅机及系统两个方面分别进行。

4.2.2.1 汽轮机本体改造

汽轮机本体节能改造工作主要分成三部分，即汽轮机通流部分、汽轮机汽封系统以及汽轮机的进汽和排汽部分的改造。

三维流场动静叶片设计技术是对汽轮机流通部分进行分析计算和设计优化的先进技术手段之一。实践表明，对汽轮机动静叶片进行三维流场分析和设计计算可以有效降低汽轮机的功耗，提高汽轮机运行的安全性和稳定性。经过不断的技术升级和大量的实际应用与验证，三维流场动静叶片设计技术已经成为了一项成熟的汽轮机流通部分改造技术。

对汽轮机汽封系统进行优化改造可以有效降低汽轮机整体能耗，提高汽轮机运行稳定性，从而提高火电机组整体发电效率。汽轮机汽封改造的常见方法包括动静叶汽封改造、隔板汽封改造和轴封改造等，隔板汽封和轴封的常见改造形式有布莱登汽封、蜂窝汽封和刷子汽封等。汽轮机汽封系统进行改造后，其效率和单位煤耗可以得到有效优化，且改造成本较低，总体经济性较好，但由于技术要求较高，技术手段还不够成熟，因此还需要对汽轮机汽封系统的改造结果进行长期的检验。

汽轮机进汽部分的改造主要是减少进汽部分的节流损失和尽量避免汽流激振，消除轴承振动大的缺陷。常见的改造方案包括配汽系统优化和进汽调节阀门重组、设置合适的阀门重叠度等，进汽部分经过改造后可大幅提高能效并减小汽流激振，从而提高整体机组的经济性与安全性。汽轮机排汽部分的改造一般可分为改变排汽通道结构和安装导流装置两种，通过排气改造可以有效降低排气压力，提高机组效率并延长设备使用寿命。

4.2.2.2 汽轮机辅机及其系统改造

汽轮机辅机及其系统的优化改造一般可分为汽轮机组水泵优化改造和汽轮机组热力系统的节能改造。水泵优化一般分为测试评价和改造两步。首先，通过各种测试方法对水泵工作性能以及管路安全性进行检验，评价水泵综合性能并寻找可行的改造方案。其次，通过叶轮选型及优化、车削叶轮、流道打磨、增加流道涂料等方案可有效提高水泵工作能效和工作稳定性。除此之外，对汽轮机组疏水系统进行合理检修和改造可以有效避免设备损坏以及设备维修更新费用，提高机组运行效率并延长设备使用寿命。

4.2.3 电气系统减排

电气系统是现代火力发电厂中负责电力控制与传输的重要系统，其安全性与输送控制效率对火电厂经济性与系统能效有着至关重要的影响，因此电气系统是火电厂节能减排优化的关键点之一。除了应该对火电厂电气系统进行严格检修和定期维护，还需要对火电厂进行技术改造以降低系统功耗和提高系统稳定性。火电厂电气系统改造中最常见的方法为变频调速技术，通常包括变频调速、永磁调速和电机由单速改为双速等。

近年来，随着火电厂电气系统变频调速技术的不断成熟，变频调速的功率和适用范围也得到了长足的发展，有效提高了系统的运行能效。但变频器和调速器等相关设备的增设也带来了系统复杂化、稳定性下降、维护修理费用增加等问题。因此，火电厂电气系统还应采用自动化控制及检测技术，以保证系统的总体调控及发生意外时的故障定位不会因系统的复杂性而存在延迟。除此之外，还应在火电厂设计阶段做好应急备案与可行性研究，确定调速器控制的安全范围，避免因共振、变频和设备老化等因素引起的设备故障。

4.3 火电厂污染物减排技术

4.3.1 烟尘超低排放控制技术

粉尘污染物是火电厂排放的主要废弃物之一，为了防止过量粉尘污染大气，火电厂需要针对烟尘排放量进行技术手段控制。当前火电厂所使用的烟尘超低排放控制技术可以分为脱硫前控制与脱硫后控制两种，前者主要包括增效干式除尘技术，后者主要包括湿式静电除尘技术。干式除尘技术主要包括静电除尘、袋式除尘和电袋复合除尘技术等，其中性能最优秀、适用范围最广的是静电除尘技术。静电除尘技术的原理是含尘气体经过高压静电场时被电分离，尘粒与负离子结合带上负电后，趋向阳极表面放电而沉积。在冶金、化学等工业中用以净化气体或回收有用尘粒。

常见的电除尘技术有移动电极除尘技术、粉尘凝并增效技术、高频电源技术、低低温电除尘技术、湿式电除尘技术等，火电厂可根据自身实际需求进行选用。其中移动电极除尘技术具有适应性强、改装无须额外空间、无二次扬尘、除尘效率高等特点；粉尘凝并增效技术具有吸收小颗粒能力强、可避免有毒物质排放等特点；高频电源技术具有电压波动小、电晕电流大、反电晕抑制能力强等特点；低低温电除尘技术具有余热二次利用、烟气流速低等特点；湿式电除尘技术有煤种适用范围广、小颗粒与气溶胶捕集能力强、能有效减少烟道腐蚀和金属污染物等特点。

4.3.2 烟气脱硫控制技术

由于煤等化石燃料通常都含有硫元素，因此在燃烧发电时会生成二氧化硫等硫化废弃物。当二氧化硫溶于水中时，会形成亚硫酸。若亚硫酸进一步在 $PM_{2.5}$ 存在的条件下氧化，便会迅速高效生成硫酸，导致酸雨等一系列自然危害。因此，火电厂需要对燃料及其燃烧生成物进行脱硫处理，一般来说烟气脱硫的原理是通过将烟气与适当的碱性物质反应从烟气中脱除二氧化硫。烟道气脱硫最常用的碱性物质是石灰石、生石灰和熟石灰，目前，国内外常用的烟气脱硫方法按其工艺大致可分为湿式抛弃工艺、湿式回收工艺和干式工艺三类。干式脱硫用于电厂烟气脱硫始于20世纪80年代初，具有成本较低、脱硫产物和飞灰相混、无须除雾器及再热器、不易腐蚀和发生结垢及堵塞等优点，但吸收剂利用率较低，不适用于含硫量高的煤炭，且对干燥过程控制技术要求较高。喷雾干式烟气脱硫在20世纪70年代中期得到发展，并在电力工业迅速推广应用，其原理是用雾化的石灰浆液在喷雾干燥塔中与烟气接触，石灰浆液与二氧化硫反应后生成固体反应物连同飞灰一起被除尘器收集。湿法脱硫相较于干法脱硫技术更加成熟，而且具有脱硫效率高、机组容量大、煤种适应性强、成本较低和副产品易回收等优点（齐书芳等，2016）。

石灰石-石膏湿法脱硫是目前最常见的脱硫方法。对大型发电厂的烟气进行脱硫的大型脱硫装置称为脱硫塔，而用于燃煤工业锅炉和窑炉烟气脱硫的小型脱硫除尘装置多称为脱硫除尘器。脱硫塔分为填料塔、空喷塔和板式塔等。常用的是填料塔，由圆形塔体和堆放在塔内对传质起关键作用的填料等组成，内有喷淋、捕雾等装置。

4.3.3 氮氧化物排放控制技术

氮氧化物种类很多，造成大气污染的主要是一氧化氮（NO）和二氧化氮（NO_2），因此环境学中的氮氧化物一般就指这二者的总称。就全球来看，空气中的氮氧化物主要来源于天然源，但城市大气中的氮氧化物大多来自于燃料燃烧，即人为源，火电厂是氮氧化物人为排放最主要的来源之一。目前，国内外常见的火电厂氮氧化物减排技术包括低氮氧化物燃烧技术、选择性催化还原脱硝技术和选择性非催化还原脱硝技术。

低氮氧化物燃烧技术是改进燃烧设备或控制燃烧条件，以降低燃烧尾气中氮氧化物浓度的各项技术。影响燃烧过程中氮氧化物生成的主要因素是燃烧温度、烟气在高温区的停留时间、烟气中各种组分的浓度以及混合程度等，因此，改变空气-燃料比、燃烧空气的温度、燃烧区冷却的程度和燃烧器的形状设计都可以减少燃烧过程中氮氧化物的生成。工业上多以减少过剩空气和采用分段燃烧、烟气循环和低温空气预热、特殊燃烧器等方法达到目的。国外低氮氧化物燃烧技术的发展已经历三代。第一代技术不对燃烧系统做大的改动；第二代技术以空气分级燃烧器为特征；第三代技术则是在炉膛内同时实施空气、燃料分级的三级燃烧方式。低氮氧化物燃烧技术具有成本低、无二次污染等优点，是现阶段火电厂氮氧化物排放控制技术的最优选择。选择性催化还原脱硝技术和选择性非催化还原脱硝技术属于燃烧后脱硝技术手段，即在燃烧后喷入相应工质与氮氧化物发生还原反应，从而达到脱硝的目的（王真，2016）。

4.4 新型高效节能火力发电技术

4.4.1 超临界与超超临界发电技术

| 碳中和聚焦 4-1 |

超临界概念解析

超临界：物质的压力和温度同时超过它的临界压力（P_c）和临界温度（T_c）的状态，或者说，物质的对比压力（P/P_c）和对比温度（T/T_c）同时大于 1 的状态称为该物质的超临界状态。超临界状态物质是一种特殊的流体，在临界点附近，它有很大的可压缩性，适当增加压力，可使它的密度接近一般液体的密度，因而有很好的溶解其他物质的性能，例如超临界水中可以溶解正烷烃。另一方面，超临界态的黏度只有一般液体的 1/12 至 1/4，但它的扩散系数却比一般液体大 7 至 24 倍，近似于气体。

水的临界参数是 22.129MPa 与 374.15℃，在这个压力和温度时，水和蒸汽的密度是相同的，这就叫水的临界点，发电机组炉内工质压力低于这个压力就叫亚临界机组，大于这个压力就是超临界机组，而炉内蒸汽温度不低于 593℃ 或蒸汽压力不低于 31MPa 的机组被称为超超临界机组。

超临界机组的发展已经历了 50 年，已具备了相当的理论与应用基础，拥有较为成熟的设计、建设和运行经验。我国火力发电机组经过近几十年的发展，目前已经成为世界上拥有百万千瓦超超临界火力发电机组最多的国家。超临界、超超临界火电机组具有显著的节能减排、可持续发展效益，超超临界机组、超临界机组与亚临界机组相比，热效率显著提高，超临界机组供电效率比亚临界机组高约 3%～5%，而超临界机组比亚临界机组高 6% 以上，下一代超超临界机组甚至还可提高 5% 左右。

目前，世界上绝大部分发达国家都在积极推进更高参数的超超临界火力发电机组的研发，并制定了各自超超临界发电技术的发展规划。经过技术的不断发展，目前超临界参数火力发电机组在可靠性和调峰灵活性等方面都可以得到保证。研制和应用更高参数的超超临界机组，可以大大提高能源转换效率，提高发电系统的经济性，减少二氧化碳与其他污染物的排放量，从而保证我国经济社会的可持续发展，助力"双碳"目标更早一步实现。可以预见，未来我国火电建设将主要是发展高效率高参数的超临界和超超临界火电机组。

4.4.2 IGCC 发电技术

整体煤气化联合循环发电系统（integrated gasification combined cycle，IGCC）发电技术是指将煤炭、生物质、石油焦、重渣油等多种含碳燃料进行气化，将得到的合成气净化后用于燃气-蒸汽联合循环的发电技术。IGCC 由气化岛和动力岛两大部分组成，气化岛主要包括气化装置、空气分离装置和煤气净化装置等；动力岛主要包括燃气轮机发电系统、余热锅炉和蒸汽轮机发电系统等。图 4-5 为典型的 IGCC 流程图。

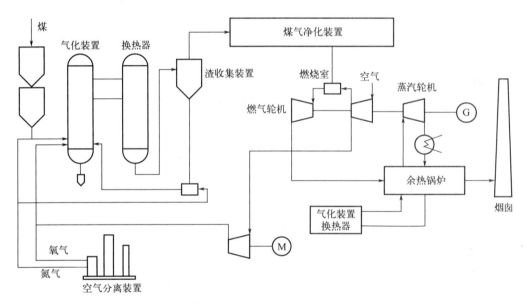

图 4-5　典型整体煤气化联合循环发电系统（IGCC）流程图

IGCC 是一种高度集成并耦合优化了多种现有热力发电技术的新型综合发电系统，实现了燃料化学能的梯级利用，是一种富有潜力的、高效清洁的燃煤发电技术，可从根本上解决现有火力发电厂效率较低和排放量较高的问题。

随着现代能源系统对能量转换效率及可持续发展要求的不断提高，日本、美国等国家在 IGCC 热力循环中通过将不同循环、不同技术、不同产品有机结合，开发了新的复合 IGCC 发电技术，进一步提高了发电效率、运行安全性与低碳环保性。IGCC 发电技术是未来煤炭能源系统的基础，对提高我国能源自给率、能源利用效率以及减少大气污染物排放具有十分重要的意义（周一工等，2011）。

4.4.3 大型直接空冷发电技术

大型直接空冷发电技术（NDC）是我国西北部富煤贫水地区火力发电进行冷却的有效

手段。目前，国内外现存的火电厂空冷机组大多以机械通风直接空冷（ACC）系统及自然通风间接空冷（ISC）系统为主。机械通风直接空冷系统存在厂用电耗高、易受大风影响、噪声大等缺点，自然通风间接空冷系统存在二次换热效率低、防冻压力大等缺点，而大型直接空冷系统结合了机械通风直接空冷系统和自然通风间接空冷系统的优点，汽轮机排汽通过排汽管道被送至布置在自然通风空冷塔周围的空冷凝汽器中，利用塔筒的抽力使冷空气流过凝汽器表面。大型直接空冷系统具有效率高、不需要设置机械通风的风机群和循环水泵、能量消耗小、不产生噪声等优点（谢滨等，2006）。

本章小结

（1）本章节介绍了以火力发电为代表的传统能源节能减排技术，详述了具体的火电厂污染物减排技术以及新型高效节能火力发电技术。

（2）对我国能源供给侧实行结构化改革，要提高传统能源发电，尤其是火力发电的发电效率，降低火力发电过程中的碳排放。

（3）火力发电在未来很长一段时期内都将是我国能源与电力行业主要的供给侧来源，通过对火电机组的改造以及对先进火力发电技术的应用可以有效提高火力发电效率，降低火力发电排放量。

（4）现代化火力发电厂一般是由燃烧系统、汽水系统和电气系统这三大系统组成的电能与热能生产系统。

（5）石灰石-石膏湿法脱硫是目前最常见的脱硫方法。

（6）大型直接空冷发电技术（NDC）是我国西北部富煤贫水地区火力发电进行冷却的有效手段。

关键术语

超临界（above critical）
超超临界机组（ultra supercritical）
整体煤气化联合循环发电系统（integrated gasification combined cycle，IGCC）
大型直接空冷发电技术（NDC）

复习思考题

（1）我国能源供给侧结构性改革主要包括哪些方面？
（2）传统火电厂节能减排路径分为哪几类？
（3）火电厂污染物减排技术主要包含哪些成熟技术？
（4）新型高效节能火力发电技术将如何助力碳中和目标达成？

5 新能源发电技术

❖ 学习目标

(1) 掌握新能源的含义和种类,了解我国新能源的发展概况。
(2) 掌握风能、太阳能、地热能等新能源发电方式及相关技术。
(3) 了解我国新能源发电技术的未来前景和发展重点。

❖ 开篇案例

隆基绿能打破世界纪录

"世界太阳能之父"、新南威尔士大学教授马丁·格林通过视频宣布,隆基绿能 26.81% 的电池效率是目前全球硅基太阳能电池效率的最高纪录,不分技术路线。这是继 2017 年日本公司创造单结晶硅电池效率纪录 26.7% 以来,时隔五年诞生的最新世界纪录,也是光伏史上第一次由中国太阳能科技企业创造的硅电池效率世界纪录。

据了解,此次突破世界纪录的隆基绿能高效晶硅异质结电池研发团队从 2021 年 6 月开始,不断打破并刷新原先的硅异质结电池世界纪录,从 25.26% 提升到 26.81%,实现了一年四个月的时间里绝对值增加了 1.55% 的奇迹。尤其是在一个多月时间内,隆基绿能就分别以 26.74%、26.78%、26.81% "连中三元",刷新硅太阳能电池效率新纪录,再次印证了隆基绿能持续聚焦科技研发,推动产业进步的决心。

5.1 新能源概述

5.1.1 新能源的定义与分类

化石燃料长期以来一直是我国乃至世界主要的电力来源。然而,伴随着经济社会的不断发展和化石燃料的过度使用,引起了诸如土地退化、空气污染、水资源污染以及温室效应等一系列自然环境问题。如何在推进社会继续进步的同时做到可持续发展已经成为我国能源与电力行业最重要的问题,随着我国"双碳"目标的提出,发展太阳能发电、风力发电、水力发电等清洁、低碳的能源已经成为一条势在必行的发展道路。

与传统化石能源相比,新能源具有种类多(见图 5-1)、分布范围广、低碳清洁、地域性强等特点,但也存在着技术不成熟、应用成本高、相关政策不完善等缺点,因此,对现有的能源与电力行业进行技术改革与转型升级是推动我国新能源行业发展的一大重要前提。

新能源是一个广义的概念,不同国家、不同组织甚至不同时期对新能源的定义都有所区别。一般来说,新能源是指与长期广泛使用、技术上较为成熟的传统能源(如煤、石油、天

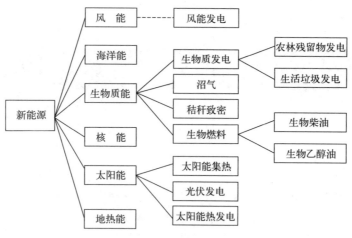

图 5-1 中国常见新能源种类

然气、水能等）对比而言，以新技术为基础而开发利用的能源，即人类新近开发利用的能源，包括太阳能、海洋能、风能、地热能、生物质能、核能、氢能等，是指已经研究开发但尚未大规模使用，或正在研究实验，尚需进一步开发的能源（张海龙，2014）。

与新能源有很大联系，但其内涵又有所区别的另一个学术名词叫作"可再生能源"。可再生能源一般是指在自然界可以循环再生的能源，是不需要人力参与便会自动再生的能源的总称。常见的可再生能源包括太阳能、水能、风能、生物质能、波浪能、潮汐能、海洋温差能、地热能等。值得一提的是，核能虽然属于新能源，但并不属于可再生能源，因为核能的能量来源是矿产资源，而矿产资源在自然界中并不能循环再生，因此核能不属于可再生能源。与核能相反的是，一些中小型水能和传统生物质能虽然属于可再生能源，但因其已有较长时间的应用历史，因此不属于新能源。

5.1.2 我国新能源的发展现状

5.1.2.1 核能

核能是最具有发展潜力的清洁能源之一，核能的主要利用方式为发电、供热以及军事武器制造。核能在 2019 年为全球提供了约十分之一的电力，同时在供热、供汽、海水淡化、制氢等领域有巨大的推广应用潜力，其未来发展对全球能源清洁转型、实现人类社会可持续发展至关重要。截至 2020 年 7 月底，我国运行核电机组 47 台，装机容量居于全球第三位，仅次于美、法两国；在建机组 13 台，装机容量居全球首位。2019 年，我国核电发电量占总发电量的比例约为 4%，低于全球平均的 10% 及经合组织（OECD）成员国平均的 18%，因此，我国核能开发和利用产业仍有较大发展空间。

核能的能量来源为矿物质中的原子能，因此矿产资源是核能产业的重要战略资源与发展基础。现阶段核能的主要原料是铀，而我国目前正面临着铀供给严重不足的问题，据世界核能协会统计，2015 年我国铀自给率不足 20%，供需比严重失衡，但所幸我国铀矿资源潜力较大，远景储量超过 200 万吨，因此开发和完善我国资源勘查和采冶技术体系是我国核能事业发展的重要保障。

我国是全球少数几个拥有完整核能产业链的国家之一，在资源开发、核燃料供应、工程设计与研发、工程管理、设备制造、建设安装、运行维护和乏燃料后处理、放射性废物处理处置等产业上下游领域均具有较为扎实的能力。核能在制氢、供热和海水淡化等领域也有巨大的潜力。核能制氢与传统化石能源制氢相比具有更高的产氢效率与更高的碳排放。据统计，全球约五分之一的能源消耗用于冶金、稠油热采、煤液化等工艺热应用，而核能供热相较于传统的化石燃料供热在安全性、环保性和经济性方面有巨大的优势，是未来全球供应的最佳方案之一。核能也是解决全球淡水资源短缺的可行方案之一，核能产生的热量可以用于海水的蒸馏，而海水也可以作为核能设备的供水来源。

根据世界核能协会（WNA）预测，随着核电技术的发展和全球节能减排的推进，核电占全球电力能源的比例在2050年时会超过四分之一，成为清洁高效的新能源不可或缺的一部分。

5.1.2.2 可再生能源

可再生能源与传统含碳化石能源相比，在资源分布、利用方式、环境影响、管理策略等方面有显著不同。随着可再生能源有关技术逐渐成熟和全球各国对新能源行业的逐步重视，可再生能源产业将会成为未来全球能源行业不可或缺的重要组成部分。

可再生能源作为第三次能源革命的主角之一，具有不可限量的发展潜力，据国际能源署（IEA）数据表明，2019全球能源的需求量是1925年的10余倍，而新能源供给量在全球能源供给量中的占比增幅达到24倍。随着全球可再生能源技术迅速发展，光电、风电等新能源电力成本大幅下降，据国际可再生能源机构报告，2019年世界光伏发电、光热发电、陆上风电和海上风电的平均发电成本相较于十年前分别下降82%、47%、39%和29%，可再生能源成本的大幅度降低有效促进了全球新能源行业的进一步发展。

我国是世界上光伏、风电、水电装机量最大的国家，是全球可再生能源第一大国。2018年，我国可再生能源装机容量占全球总量的29.6%，处于世界领先地位。我国可再生能源资源丰富、潜力巨大。2017年，我国水力发电总装机量和发电量分别是341.2GW和11945TW·h，仍有超过50%的待开发水利资源，据有关机构估计，全世界待开发的水利资源有约20%都在中国。我国还是世界风能开发的第一大国，我国风力市场份额是美国的两倍，而我国太阳能资源同样丰富，尽管我国光伏产业起步较晚，但经过近二十年的不断发展，我国的光伏发电新增装机容量已经来到了世界第一。此外，我国生物质能发展迅速，尽管生物质能与其他可再生能源相比在能源系统中的占比较小，但目前我国已经基本建立了生物质发电的全产业链，我国生物质能发电地位不断上升，这表明生物质能发电产业已经逐渐成为可再生能源发展的新生力量之一。

5.2 新能源发电技术概述

5.2.1 风力发电技术

5.2.1.1 风力发电简介

风能具有分布范围广、建设成本低、利用率较高、清洁等优势，是世界上最先得到发展的新能源之一，也是未来全球能源行业不可缺少的重要组成部分之一。20世纪80年代到90年代是风电产业相关技术逐渐成熟的关键时期，在具有了一定程度的技术水平后，风电产业开始投入商业应用并且得到了进一步发展，20世纪末以来，风电行业进入了飞速发展的时期。目前，大型风力发电机组的主要技术形式包括双馈异步和永磁直驱式变速恒频风电机组。

我国可开发的陆地和海洋风能资源大约分别为253GW和50GW,年平均风速达6m/s以上的陆地面积约占全国总面积的1%,居世界第三位,仅次于美国和俄罗斯。2021年,中国风电装机量再创新高,全国新增装机15911台,容量5592万千瓦,同比增长2.7%。累计装机超过17万台,容量超3.4亿千瓦,同比增长19.2%,装机容量稳步上升。其中,陆上风电新增装机容量4144万千瓦,占全部新增装机容量的74.1%,海上风电新增装机容量1448万千瓦,占全部新增装机容量的25.9%。陆上累计装机容量3.2亿千瓦,占全部累计装机容量的92.7%,海上累计装机容量2535万千瓦,占全部累计装机容量的7.3%。除了装机量逐年增大,我国风电相关技术也处于世界领先地位,风能机组设备的国产化也使得我国风力发电成本得到进一步降低,更加推动了相关产业的发展(李军军等,2011)。

5.2.1.2 风力发电系统分类

风力发电系统种类繁多,根据不同的划分标准可以分为以下几种类型:

(1) 根据风力发电机组容量可以划分为机组容量为0.1~1kW的小型机组、机组容量为1~1000kW的中型机组、机组容量为1~10MW的大型机组和机组容量为10MW以上的特大或巨型机组。

(2) 根据风力发电机组发电机运行特征和控制方式可以划分为恒速恒频(CSCF)发电机组和变速恒频(VSCF)发电机组。

(3) 根据风力发电机组运行方式可以划分为离网型风力发电系统和并网型风力发电系统。

(4) 根据风力发电机风轮轴的位置可以划分为垂直轴风力发电机和水平轴风力发电机。

(5) 根据风力发电机组输出功率调节方式可以划分为变桨距调节型风力机组和定桨距失速调节型风力机组。

(6) 根据风力发电机组变换器功率交流技术可以划分为交-交变换系统、交-直-交变换系统、混合式变换系统、矩阵式变换系统和多电平变换和谐振变换系统。

发电机是风力发电系统中的关键部件之一,根据基本结构以及运行原理,发电机通常可分为直流电机、感应异步电机和同步电机几大类。

在恒速恒频发电机组风电系统中常用的发电机包括异步机感应电机和电励磁同步电机。异步机感应电机具有稳定性强、抗压能力好、结构简单、环境适应性强等优点,但其转速运行范围窄。电励磁同步电机带有独立的励磁系统,根据励磁系统的励磁方式可分为直流励磁、静止交流整流励磁和旋转交流整流励磁,调节励磁可以改变电机无功功率以及功率因素,且并网运行供电可靠性高,频率稳定,电能质量好。

变速恒频发电是20世纪末发展起来的一种全新高效发电方式,与恒速恒频发电技术相比发电效率更高,风机受到机械应力更小且灵活性更强。在变速恒频发电机组风电系统中所采用的电机种类比较多,主要有笼型异步电机、绕线式异步电机、永磁同步发电机、混合励磁永磁同步发电机、开关磁阻发电机、高压发电机、储能式发电机等。

5.2.1.3 我国风力发电关键问题

经过近些年来的不断发展,我国风电产业相关设计和制造技术已经有了长足的发展,在很多设备上已经完全实现了自主国产化,同时通过技术引进、合作开发和自主攻关等研究手段,我国已经打破了欧美等发达国家对兆瓦级风力发电机组设计制造技术的垄断,建立了较为完整的自主综合研发与制造体系，但目前为止我国在风力发电行业仍然存在许多需要解决的难题。

首先，我国对风电机组的大型化、变桨距控制、无齿轮箱风机直驱发电、变速恒频运行等先进技术的研究还较为落后，存在许多暂时难以克服的技术难题，许多关键技术和设备依旧被国外垄断；在风电设备制造方面，尽管许多风电设备已经实现了国产化，但产品质量和性能还有很大可提高的空间；在风电机组的设计和相关软件方面，我国还需开发出一套完善的全自主设计系统和分析软件，以便摆脱只能依赖于其他国家设计方案的状况。

其次，由于我国海上风电技术起步较晚，海上风力资源勘测和分析技术与先进国家相比还有很大差距，海上风电场设计、选址、制造、测试等方面也存在技术和经验不足等诸多问题，导致我国海上风电场装机容量较小，机组的可靠性和适应性也需要通过考核验证。

此外，尽管我国风电相关技术在近些年来得到了良好的发展，但风力输送、消纳配套等相关产业并没有跟上脚步，导致电力系统在调配风力发电厂时存在诸多不兼容的问题，进而降低了整体风电的发电效率。"风电入网送出难"已成为制约我国风电发展的主要问题之一。

5.2.1.4 风力发电前景

风能作为最具有发展前景的可再生能源之一，具有清洁高效、适用范围广、建设成本低等优势，大力发展风电相关产业是未来能源行业转型升级的必然趋势。在未来的几十年间，风电在全球能源系统中所占的比重会不断增大，成为全球电力不可或缺的重要来源之一。预计到2030年，全球累计风电装机容量将超过2400GW，总发电量超过5600TW·h，到2050年，全球累计风电装机容量将超过4000GW，总发电量超过10000TW·h。

随着风能利用技术的不断进步和风能相关产业的不断发展，风力发电系统装机容量和风电在电力生产中的比重连年上升，已经成为全球电力市场不可或缺的重要组成部分。总体上，未来风力发电技术将呈现以下发展态势：

（1）单机容量向大容量发展。为了进一步提高风能利用效率、降低单位发电成本、扩大风电场的规模效应、减少风电场的占地面积，未来风力发电机组单机容量将不断增大。

（2）发电场景向海上发展。由于海上发电很好地解决了传统陆上风电场受风能环境、机组占地及安装等因素的制约，并且海上风速大且稳定，因此海上风电的年运行时间和发电量均高于陆上风电，未来海上风电将成为风力发电技术发展的重要方向。

（3）结构设计向紧凑化发展。随着风力发电规模的进一步扩大，风电机组单机容量也不断增大，因此为了便于发电机组的运输和安装，发电机组在设计制造时应尽量采用紧凑化和简洁化设计，减少不必要的占地与内部结构。

（4）机组向变桨距、变速恒频发展。风电机组变桨距调节可维持发电机组在高风速运行条件下的输出功率稳定，有效减小相关设备应力负荷、提高机组运行稳定性、延长发电机组使用年限，而机组的变速运行可以使风机根据运行环境及时调整至最佳转速、提高能量转换效率和机组对环境的适应能力。

（5）双馈风电占主导，直驱式发展迅速。随着风力发电中电力电子技术的发展，大容量的变速恒频风力发电系统逐渐成为了风力发电技术的发展方向之一，在当前及未来的一段时间内，双馈异步发电机的双馈型变速恒频风力发电机组将一直是该系统中的主流机型。与此同时，无齿轮箱的直驱方式能有效地减少由于齿轮箱问题而造成的机组故障、延长风力发电系统使用寿命，因此直驱式发电系统未来也将成为风力发电技术的重要研究对象。

（6）新型叶片技术发展迅速。对于大型风力发电机组，如何控制其运输和安装的难度及高成本将是未来风力发电发展的一大难题,而新型特殊叶片的开发和应用是解决这一问题的关键方法。新型叶片结构能有效解决运输和安装的问题,而新型叶片制造材料会显著增强叶片强度并缩短叶片生产时间。

(7) 发电系统向智能化发展。随着风力发电产业的扩大以及风力发电机组容量的增加,风力发电系统需要及时向智能化发展,以此满足风电产业对风电机组的智能化控制与检测、数字化建模与仿真、精确化预测和管理、合理化优化配置与调度提出的需求。

(8) 机组抗恶劣气候环境能力提高。我国风力资源分布广泛,不同地域有着不同的气候特征,如我国北方部分地区存在沙尘暴、低温、冰雪、雷暴等恶劣天气,东南沿海部分地区存在台风、盐雾等恶劣天气,这些自然环境严重缩短了风电机组的使用寿命。因此,在风电机组设计和制造时,应当制定相应的防范措施,以保证风电机组在不同恶劣气候环境下的正常运行,提高风电机组的发电效率及稳定性,减少不必要的设备损耗。

(9) 低电压穿越技术得到应用。随着接入电网中的风电机组容量逐年增加,风电机组的抗干扰能力和故障应急能力也是未来风电技术发展需要解决的一大问题。低电压穿越技术可以有效保证机组在电网故障出现电压跌落的情况下不脱网运行,并在故障切除后能尽快帮助电力系统恢复稳定运行。

5.2.2 太阳能发电技术

5.2.2.1 太阳能简介

通常,太阳能(太阳能资源)是指来自太阳光的辐射能量,本质是太阳内部的核聚变反应。由于阳光是现代地球自然环境不可或缺的重要组成部分,因此对太阳能的定义有广义与狭义之分。广义上的太阳能包括太阳辐射能以及与太阳辐射有关的一系列风能、水的势能、化学能、海流能等,是地球上大部分能量的来源;狭义上的太阳能是指太阳辐射能的光热、光电以及光化学的转换。在可再生能源领域,我们所说的太阳能资源一般为狭义上的太阳能。人类对于太阳能的利用有着悠久的历史。在我国,早在两千多年前的战国时期,人们就已经开始采用聚焦太阳光的方式来生火、利用太阳光来干燥农副产品。在希腊数学家狄奥克勒斯的论著《取火镜》中也描述了用抛物面镜聚光产生热量的方法。现代人类利用太阳能的方式主要分为光热转换、光电转换和光化学转换三种,其中以光热转换和光电转换最为常见,例如甘肃省清水县 13.689MW 村级光伏扶贫电站,如图 5-2 所示。

作为一种可再生新能源,太阳能所具有的主要特性如下。

(1) 用之不竭。太阳能来自于太阳内部由氢聚变为氦的化学反应,根据推算,这种反应还可以维持至少约 50 亿年,这个时限对于人类而言可算是无限远。太阳到达地球大气层内的辐射功率仅为太阳向宇宙空间的辐射功率的二十亿分之一,而太阳光经过大气层的反射、吸收等才会到达地球表面,尽管最后到达地球表面的功率相较于太阳本身的辐射功率大打折扣,但太阳每秒辐射到地球上的能量依旧相当于燃烧 500 万吨标煤释放的热量。而在我国,太阳能辐射的年可获得量可达约相当 2.4×10^{12} 吨标煤。故相对于其他资源,太阳能资源可以说是一种取之不尽用之不竭的能源。

(2) 分布普遍。太阳能资源可以说存在于地球的各个角落。虽然不同地区的太阳辐射会因当地气候、经纬度、海拔等差别而不同,但地球上只要有阳光的地区都存在着太阳能资源,一定程度上这些太阳能资源都可以就地取用。我国有三分之二以上的国土面积年太阳辐

图 5-2　甘肃省清水县 13.689MW 村级光伏扶贫电站（朱健，2010）

射总量大于 $5000MJ/m^2$，且绝大部分地区日照时间每年超过 2000 小时，因此太阳能可以说是最容易获取和利用的能源之一。

（3）清洁环保。传统的火力发电会导致环境恶化和碳排放问题等全球性问题，而太阳能资源的利用过程中，耗用的是阳光辐射，在利用过程中不会产生传统化石能源所产生的硫化物、氮化物等有害物质，也不会产生二氧化碳等温室气体，因此太阳能是一种理想的清洁能源。

（4）成本低廉。利用成本低是太阳能的优点之一。一方面，太阳能资源分布广泛，可随地取用。另一方面，太阳能可以通过辐射的方式直接转换为热能，不需要经过特殊的设备或器件，而太阳能发电的成本随着技术的不断成熟也逐步下降，与其他能源的发电成本差距逐步缩小，预计 2030 年左右，太阳能发电的成本将不再成为其相较于其他发电方式的劣势。

此外，太阳能还具有安全性高、无噪声、建设过程周期较短、无须运输、灵活性较高等优点，且相较于生物质能等新能源更容易被大众在心理上所接受。

5.2.2.2　太阳能发电技术种类

太阳能资源主要有光热转换利用、光电转换利用、光化学转换利用三种利用方式，其中太阳能发电技术主要包括光伏发电、光热发电、热风发电以及太阳池发电等（莫一波等，2019）。

（1）光伏发电。光伏发电是利用太阳能电池的光生伏打效应直接将太阳辐射能转化为电能的发电技术。光伏发电的原理如图 5-3 所示，太阳或其他光源照射太阳能电池板的 PN 结后，其内部会产生大量自由电子并向各个方向移动，同时在原来位置上留下一个带正电的空穴；电子接收光能后向 N 结移动，使得 N 结区带负电，同时空穴向 P 结移动，使得 P 结区带正电，这样 PN 结两端就会产生相应的电压，这就是光生伏打效应。

光伏发电系统核心部件是太阳能电池。太阳能电池根据材料种类可以分为无机太阳能电池与有机太阳能电池，具体又可分为硅太阳能电池、多元化合物薄膜太阳能电池、聚合物多层修饰电极型太阳能电池、纳米晶太阳能电池、有机太阳能电池、塑料太阳能电池，其中硅

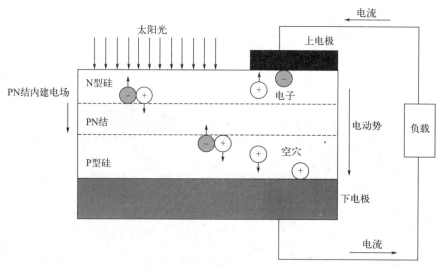

图 5-3 太阳能光伏发电原理

太阳能电池技术最为成熟,应用也最为广泛。无机太阳能电池普遍的特点是原料成本高,生产工艺复杂,但其光电转换率非常高,因此主要用于大型光伏发电站,如图 5-4 所示。而有机太阳能电池的优势在于制造成本低、灵活性好、轻便易携,因此广泛应用于民用中小型产品领域。

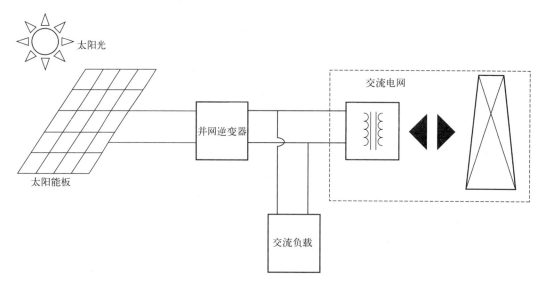

图 5-4 太阳能光伏并网发电示意图

(2)光热发电。太阳能光热发电,即太阳能聚光发电,其原理是利用大量反射镜或者透射镜将太阳光聚集而加热工质,高温工质(或直接进入发动机做功发电)经过热交换装置将水加热为高温高压蒸汽,高温高压蒸汽进入汽轮发电机组中做功并输出电力(如图 5-5)。现代光热电站一般都带有储热系统,在白天或晴天太阳光充足时,发电量除了可正常输送至电网,还可将部分多余的能量储存在储热系统中;在夜晚或者光照不足时,便利用储热系统储存的能量继续维持汽轮发电机发电,因此光热电站具有可储能、可调峰、抗干扰能力强、可昼夜连续发电等优点。

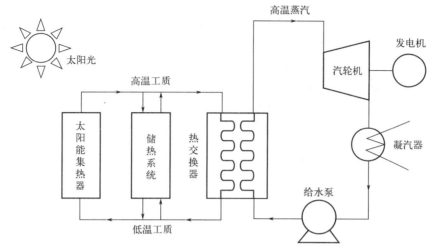

图 5-5　太阳能光热发电系统图

太阳能光热发电技术主要包括塔式、槽式、碟式、线性菲涅耳式以及向下反射式，其中塔式、碟式与向下反射式属于点聚焦技术，而槽式与线性菲涅耳式属于线聚焦技术。

（3）热风发电。太阳能热风发电又叫烟囱发电，最早由德国斯图加特大学 J. Schlaich 教授于 1978 年提出。太阳能热风发电的原理如图 5-6 所示，整个发电系统包括烟囱、集热棚、储热层和涡轮发电机组等 4 个部分。太阳光照射集热棚时，加热棚内空气同时将热量存储在储热层中。集热棚中央的烟囱高达数百米，棚内的空气在烟囱上下压差以及集热棚内外温差作用下形成强大流动气流，从而驱动涡轮发电机发电。

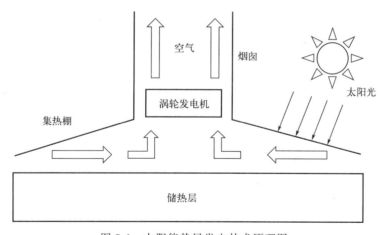

图 5-6　太阳能热风发电技术原理图

热风发电技术是一种集成了太阳能和风能两种新能源的综合发电技术。热风发电系统具有结构简单、建设成本低、无毒无害等优点，但是集热棚容易被尘土等污染而影响其运行效率。

（4）太阳池发电。太阳池也称为盐田，是一个自上而下盐度逐渐增加、直到饱和的盐水池，盐水池中的温度随着深度的增加而增加，因此池底温度高于池表面温度，而池底这部分热能可以使水分蒸发，卤水、海水或含盐水浓缩到盐分达到该温度条件下的饱和度，甚至过饱和时，该组分以固体盐（或水和盐，甚至水合复盐）的形式析出，达到从多组分复杂卤水、海水或含盐水相中分离某种盐类的目的。

太阳池实际上可以看成是人们对自然界中盐湖形成过程与地球化学成盐过程的一种生产性模拟。太阳池发电以池底的高温盐水作为热源，通过热交换器加热工质，从而驱动汽轮发电机组。太阳池发电系统结构简单、建造成本较低、具有跨季度储能功能，且太阳池对光照强度要求不高，即便在夜晚或阴雨天也能正常运行。但是太阳池由于是池式设计，因此占地面积较大，且太阳池在高纬度地区接收辐射能量少，若太阳池出现泄漏现象，会造成周边自然环境污染及热损失。

5.2.2.3 太阳能发电效益

随着环境污染和能源危机的日益严重，节能环保日益被重视。太阳能是一种绿色、清洁的可再生资源，对解决环境污染及能源危机等具有重要作用。光伏产业在未来新能源中有着重要的地位，拥有广阔的发展前景。太阳能的开发利用除了有助于能源行业转型升级、解决世界能源危机之外，还有以下效益。

（1）民生效益。太阳能资源除了可用于工业的储能和发电外，其在太阳能热水器、太阳灶等民用产品中的使用也给人们的日常生活带来了更多方便，其低廉的价格和广泛的应用场景使其已经成为许多民众的生活日常用品。太阳能相关产品不仅解决了许多偏远地区的供热、供电问题，还极大程度地改变了当地居民的生活方式，改善了他们的生活体验，对偏远地区发展和保障人民群众生活稳定起到了不可忽视的作用。

（2）经济效益。太阳能资源不仅可以通过为工业提供电力和热力而创造巨大的经济效益，也带动了相关产业和相关技术的蓬勃发展，随着太阳能的利用量和利用效率逐年增加，我国太阳能产业已经具有了相当大的经济价值，成为我国能源电力行业建设的重要支柱之一。

（3）环保效益。太阳能资源在发电和产热方面相较于传统的化石能源具有更高的可持续发展效益，太阳能清洁环保、遍布全球的特点使其成为了代替传统供热供电方式的可靠技术方案之一。用太阳能替代传统化石能源进行发电和供热，可以有效降低碳排放量和污染物排放量。除此以外，光电与建筑工程的一体化建设可以大幅降低建筑耗电，推进建筑行业低碳和可持续发展。

（4）就业效益。太阳能资源的开发利用带动了相关行业的发展，而行业的发展会为社会提供大量的就业岗位，上到企业家和高级工程师，下到销售与服务人员，随着太阳能相关产业规模的进一步扩大，就业岗位也会越来越多，这为我国解决就业问题提供了重要渠道。

（5）示范效益。太阳能相关技术和产业已经十分成熟，其应用规模在我国多种新能源产业中位居前列，我国太阳能行业的发展可为我国其他可再生能源与全球太阳能行业提供示范和指导性发展思路。

5.2.3 生物质能发电技术

5.2.3.1 生物质能简介

生物质是指通过光合作用而形成的各种有机体，包括所有的动植物和微生物。生物质能是太阳能以化学能形式贮存在生物质中的能量形式，即以生物质为载体的能量。它直接或间接地来源于绿色植物的光合作用，可转化为常规的固态、液态及气态燃料，取之不尽、用之不竭，是一种可再生能源，同时也是唯一一种可再生的碳源。由于生物质能一般来源于太阳能,所以从广义上讲,生物质能也可以当作是太阳能的一种表现形式。生物质能的主要特点有以下几个。

(1) 蕴藏量大。植物存在于地球上的各个角落,只要有阳光照射,植物就能将太阳能转化为生物质能。根据估算,植物界每年由光合作用携带来的有机质大约为2000亿吨,其中森林和草地提供能量约占52%,农作物提供8%左右。另外,全世界每天产生的垃圾和排放的废水都是潜在的生物质资源。

(2) 可再生性。生物质能来源于自然界的动植物,能通过植物的光合作用不断生成,因此属于可再生能源。

(3) 普遍性。生物质能源普遍存在在地球的各个角落,而且获取难度低、利用成本低。

(4) 环保性。与矿物质相比,通常生物质中硫和氮的含量都很低,因此在使用过程中大气污染物排放较少,且植物在生成生物质的过程中可通过光合作用吸收二氧化碳。

(5) 储运便利。在可再生能源中,生物质是唯一可以储存与运输的能源。

(6) 技术难题少。传统能源在开采和利用技术上往往比较复杂,需要有一定的技术水平才能投入生产应用,而生物质能与人类生活密切相关,且不涉及复杂的能量转换,因此开发和利用难度相对较小。

5.2.3.2 生物质能分类

依据来源的不同,可将适用于能源利用的生物质分为林业资源、农业资源、畜禽粪便、生活污水和工业有机废水、城市固体废物等五大类。

(1) 林业资源。林业生物质资源是指森林生长和林业生产过程提供的生物质能源,包括薪炭林,在森林抚育和间伐作业中的零散木材、残留的树枝、树叶和木屑,木材采运和加工过程中的枝丫、锯末、木屑、梢头、板皮和截头,林业副产品的废弃果壳和果核等。

(2) 农业资源。农业生物质资源是指农业作物、农业生产过程中的废弃物、农业加工业的废弃物等。能源植物泛指各种用以提供能源的植物,通常包括草本能源作物、油料作物、制取碳氢化合物植物和水生植物等几类。

(3) 畜禽粪便。畜禽粪便是畜禽排泄物的总称,是粮食、农作物秸秆和牧草等物质的转化形式,包括畜禽排出的粪便、尿及其与垫草的混合物。

(4) 生活污水和工业有机废水。生活污水主要由城镇居民生活、商业和服务业的各种排水组成,如冷却水、洗浴排水、盥洗排水、洗衣排水、厨房排水、粪便污水等。工业有机废水主要是制造业、食品加工业和养殖业等行业生产过程中排出的废水等,其中都富含有机物。

(5) 城市固体废物。城市固体废物主要由城镇居民生活垃圾、商业及服务业垃圾、少量建筑业垃圾等固体废物构成。城市固体废物组成成分比较复杂,受当地居民的平均生活水平、能源消费结构、城镇建设、自然条件、传统习惯以及季节变化等因素影响。

除此以外,沼气(主要成分为甲烷)也是常见的一种生物质能形式。沼气是有机物质在厌氧条件下,经过微生物的发酵作用而生成的一种混合气体。由于这种气体最先是在沼泽中发现的,所以称为沼气,通常被农户用于炊事、照明等。

5.2.3.3 生物质能开发利用方向

我国是生物质资源大国。生物质能作为一种清洁、成本低廉、易获取的可再生能源,在我国能源行业转型升级中具有特殊的地位,未来生物质能的进一步发展和应用可以有力促进我国"双碳"目标的早日达成。生物质能的开发利用方向主要有以下几点。

（1）高效的直接燃烧设备。木柴等生物质的直接燃烧使用在我国已经有上千年的历史，但传统燃烧方法效率低下，往往会产生大量的废渣和污染物。因此，开发生物质能高效直接燃烧技术和设备可以推动农村利用生物质资源替代煤炭进行取暖或炊事。常见的高效燃烧技术有节能炉灶燃烧与锅炉燃烧等。

（2）生物质压块成型。生物质压块成型是将松散、无定型、低发热量有机废弃物用机械加压的方法压制成具有定型、高发热量的固体燃料的一种技术手段。通常利用秸秆或林业废弃物生产固体棒状或颗粒状成型燃料，或将生物质与劣质煤、煤粉混合生产生物砖料替代煤炭。

（3）沼气工程。沼气是指在厌氧条件下，有机物通过微生物发酵产生的甲烷为主的可燃气体。沼气产业的运行机制是利用农村生产生活垃圾通过沼气池中的厌氧反应生产沼气、沼液和沼渣，然后将其用于生产生活的各个方面，形成良性的产业化循环链。

（4）生物质炭化技术。生物质炭化是指生物质在有限供氧或完全缺氧的条件下，受热慢速分解脱除挥发分产生固体焦炭产物的过程。生物质炭化的主要产物有粗燃气和炭粉。炭粉以及经净化回收的粗燃气都可以用作燃烧能源。

（5）生物质发电。生物质发电是利用生物质所具有的生物质能进行发电，一般包括生物质燃烧发电、生物质气化发电、沼气发电、垃圾发电等。生物质燃烧发电包括直接燃烧发电和生物质混合燃烧发电。直接燃烧发电是将生物质在锅炉中直接燃烧，生产蒸汽带动蒸汽轮机及发电机发电。生物质直接燃烧发电的关键技术包括生物质原料预处理、锅炉防腐、锅炉的原料适用性及燃料效率、蒸汽轮机效率等技术。生物质还可以与煤混合作为燃料发电，称为生物质混合燃烧发电技术。

（6）生物柴油产业。生物柴油是指植物油（如菜籽油、大豆油、花生油、玉米油、棉籽油等）、动物油（如鱼油、猪油、牛油、羊油等）、废弃油脂或微生物油脂与甲醇或乙醇经酯转化而形成的脂肪酸甲酯或乙酯。生物柴油是典型的"绿色能源"，具有环保性能好、发动机启动性能好、燃料性能好，原料来源广泛、可再生等特性，是优质的化石柴油代用品。

（7）燃料乙醇。燃料乙醇一般是指体积分数达到99.5%以上的无水乙醇，是以生物质为原料通过生物发酵等途径获得的可作为燃料用的乙醇。燃料乙醇经变性后与汽油按一定比例混合可制车用乙醇汽油。燃料乙醇拥有清洁、可再生等特点，可以降低汽车尾气中一氧化碳和碳氢化合物的排放（马隆龙等，2019）。

5.2.4 地热能发电技术

5.2.4.1 地热能简介

地热能是由地壳抽取的天然热能，这种能量来自地球内部的熔岩岩浆和放射性物质衰变，并以热力形式存在，是引致火山爆发及地震的能量。地热能一般通过火山和喷气孔、温泉和间歇泉到达地球表面。

人类对于地热能的应用已经有十分悠久的历史，早期人类对地热能的开发利用形式主要有温泉、地下水取暖、建造农作物温室、水产养殖及烘干谷物等，直到20世纪中叶，人们才对地热能进行规模化的开发和利用。

关于地热能的类型划分标准，学术界及工业界有着各种不同的看法。以性质和赋存状态为标准，可以将地热能分为热水型地热能、蒸汽型地热能、干热岩型地热能、地压型地热能、岩浆型地热能、沉积盆地型地热能等类型；以储存位置为标准，可以将地热能分为浅层地热能、中深层地热能和超深层地热能等类型。以热储温度为标准，可以将地热能分为高温地热资源、中温地热资源和低温地热资源，地热资源温度分级情况如表5-1所示。

表 5-1 地热资源温度分级情况

温度分级		温度界限	用途
低温地热资源	温水	24～40℃	温泉洗浴
	温热水	40～60℃	农业及养殖业加热
	热水	60～90℃	供暖
中温地热资源		90～150℃	工业利用、发电、烘干
高温地热资源		150～1300℃	发电、烘干

相对于太阳能和风能的不稳定性，地热能是较为稳定可靠的可再生能源，另外，地热能也是较为理想的清洁能源，能源蕴藏丰富并且在使用过程也不会产生温室气体。据测算，地球内部的总热能量，约为全球煤炭储量的1.7亿倍。每年从地球内部经地表散失的热量，相当于1000亿桶石油燃烧产生的热量，合理利用和开发地热能有助于全球能源系统的转型与升级。

5.2.4.2 地热能发电系统

地热发电是利用地下热水和蒸汽为动力源的一种新型发电技术。其基本原理与火力发电类似，也是根据能量转换原理，首先把地热能转换为机械能，再把机械能转换为电能。地热能发电系统主要包括干蒸汽发电系统、闪蒸蒸汽发电系统、双工质发电系统与卡琳娜发电系统（莫一波等，2019）。

（1）干蒸汽发电系统。世界上第一座地热能发电站于1904年在意大利建成，该地热电站使用干蒸汽发电系统并成功进行了发电试验。在干蒸汽发电系统中，从地热井泵出的干蒸汽首先被送入过滤器，以去除直径较大的固体颗粒。过滤后的干蒸汽直接进入汽轮发电机发电，废蒸汽经过冷凝器、冷却塔和回注泵，然后进入回注井并返回地面。干蒸汽发电系统主要针对高参数的高温地热能源，系统结构简单且发电技术已相对成熟。

（2）闪蒸蒸汽发电系统。目前，世界各国开采的地热资源以中高温为主，提供地热资源大多是汽水混合物，采用发电系统主要是闪蒸蒸汽发电系统。

闪蒸蒸汽发电系统亦称扩容式发电系统，分为一次闪蒸与二次闪蒸两种类型。将地热井开采出来的汽水混合物送入分离器进行分离，分离后的水直接回灌至地下而分离后的蒸汽进入汽轮发电机做功发电，乏汽经过冷凝后输送至回灌井而回到地下，这就是一次闪蒸蒸汽发电系统。在一次闪蒸蒸汽发电系统的基础上，将分离出来的热水送到闪蒸器或者减压器中，由于压力降低，又会产生一部分压力低的蒸汽，新蒸汽进入汽轮发电机进行做功发电，这就是二次闪蒸蒸汽发电系统。与干蒸汽发电系统相比，闪蒸蒸汽发电系统效率较低，一般通过多级减压获取新的蒸汽。

（3）双工质发电系统。双工质发电系统是一种主要应用于中低温地热资源的地热发电系统。双工质发电技术也叫作有机工质朗肯循环技术，其原理是将地热水的热量传递给低沸点工质进而产生高压气体，随后高压气体进入汽轮机做功发电。双工质发电系统的特点在于地热水与发电系统不直接接触，而是将有机工质作为能量传递载体从而利用地热资源。

(4) 卡琳娜发电系统。卡琳娜循环系统是 20 世纪 80 年代美国科学家卡琳娜在一次学术会议上首次提出的一种发电系统，该系统采用的传热工质是氨与水的混合物，在实际应用时可以根据热源参数情况相应调整氨与水的比例从而改变混合物沸点，使得混合物温度与热源温度相近，降低两者之间的温差，提高系统发电效率。

5.2.4.3 地热能发电关键技术

地热能发电站的设计、建设和运行过程离不开多项关键技术的支持，包括地热井技术、地热流体采集技术、地热发电设备设计技术及地热田回灌技术等。

（1）地热井技术。地热井指的是井深 3500m 左右的地热能或水温大于 30℃ 的温泉水来进行发电的方法和装置，地热井钻探是勘探及获取地热资源的唯一手段，分为钻井和成井两部分。地热井的地热资源直接决定了地热电站的装机容量与发电效率，因此，地热井建设一方面要保证建设地区有足够的地热资源，另一方面需避免储热不够而引起的机组后续出力不足，与此同时还应尽量避免出热井建设可能带来的环境问题。地热电站建设前期应准确评估选址的实际资源与环境情况，建立热储模型进行准确分析。

（2）地热流体采集技术。地热流体采集系统是指地热田中各地热井与发电装置之间的输运管道、支吊架等设备组成的流体采集系统。流体采集与运输直接关系到地热电站的发电效率及运行稳定性，因此在地热流体采集系统的设计过程中需要综合考虑当地地理环境、地热井分布、运输管路结构、管道设备保温等因素。

（3）地热发电设备设计技术。地热田的水质主要为氯化物及硫酸盐型，并以富含硅酸、氟以及偏硼酸、砷、锂等元素为特征。气体组分主要以二氧化碳和硫化氢为主，个别有甲烷存在。大部分热水水质的酸碱度呈酸性或强酸性。物质组分主要来源于水-岩反应中的溶滤作用及热力变质作用，也有来自上地幔的喷气作用，因此随着发电设备的不断运行，地热流体中的矿物质易出现结垢现象，从而影响流体采集系统的稳定性与发电机组的发电效率。同时，地热流体中的酸性物质易使管道等设备发生腐蚀，影响发电设备的安全性。因此，在地热发电系统设计制造时，应当充分考虑地热流体的特殊性，避免流体中物质组分对发电设备的影响。

（4）地热田回灌技术。地热回灌是一种避免地热废水直接排放引起热污染和化学污染的措施，地热田回灌技术对维持热储压力、维护地热田资源环境具有重要的作用。把温度较低的水灌入热储中是一项非常复杂的技术。如果回灌井的位置不当可能引起热储的冷却，降低开采井的出水温度或产汽量；如果采用的回灌工艺存在问题，回灌井的回灌能力可能逐渐降低，甚至最后丧失回灌能力；在地热回灌技术中，还需要避免水中固体杂质或气泡可能引起的回灌管路堵塞。为了研究回灌的效果，需要进行回灌示踪试验，并对地热田进行全面的监测。

5.2.5 其他新能源发电技术

除了上述介绍的几种新能源外，常见的新能源还有核能、海洋能、氢能等，核能与氢能相关的资料将会在后续章节详细介绍，因此本节只简要介绍几种其他新能源。

海洋能指依附在海水中的可再生能源，一般意义上的海洋能包括潮汐能、波浪能、温差能、盐差能、海流能等形式，广义上的海洋能还包括海上风能、海水表面的太阳能和海里的生物质能。

潮汐能指在海水涨落过程中产生的动能与势能。由于在海水的各种运动中，潮汐最具规律性也便于获取，因此潮汐能是目前海洋能中应用最成熟的一种。潮汐能的主要利用手段是利用潮水涨落产生的水位差所具有的势能来发电。

波浪能是指海洋表面波浪所具有的动能和势能，海洋中的波浪主要是风浪，而风的能量又来自太阳，因此说波浪能是一种理想的可再生能源。波浪能主要用于发电与动力装置，全世界有许多利用波浪能的机械设计与专利，因此波浪能利用被称为"发明家的乐园"。

温差能是指海洋表层海水和深层海水之间的温差储存的热能，是一种相对稳定的发电能源。此外，温差能发电的同时还可生产淡水、提供冷源等。温差能利用的最大问题是能量密度与发电效率较低，机组体积大，成本高。

盐差能主要存在于江河的入海处，是由于淡水和海水的盐度不同，海水对于淡水存在渗透压以及稀释热、吸收热、浓淡电位差等浓度差能。同时，淡水丰富地区的盐湖和地下盐矿也具有一定的盐差能。盐差能利用困难且会消耗淡水资源是其难以进一步发展的重要原因。

海流能是指海水流动的动能，海水流动的主要原因有海风以及不同海域间海水的温度和密度差，除此以外，海流的其他成因还有地转流、补偿流、河川泻流、裂流、顺岸流等。海流能自古以来就是海上运输不可或缺的动力来源，除此以外，海流能的主要利用方式为发电。

海上风能是风能的一种。海上风能相较于陆上风能待开采量更大且发电效率更高，高昂的离岸成本是制约海上风能发展的一大重要原因。

页岩气是一种新型的非可再生能源。页岩气是指发育于大量微纳米孔隙的暗色富有机质泥页岩中，主要以游离态存在于天然裂缝和孔隙中，或者以吸附态赋存于干酪根、黏土颗粒表面的甲烷气体，是一种极具开发利用前景的清洁能源。页岩气往往分布在盆地内厚度较大、分布广的页岩烃源岩地层中。与常规天然气相比，页岩气开发具有生产寿命长、生产周期长的优点。大部分产气页岩分布广泛、厚度大、普遍含气，使页岩气井能长期稳定产气。然而，页岩气储层渗透率低，难以开采且开采时可能会破坏地质环境是仍需解决的一大问题（高泽等，2014）。

可燃冰也是一种新型的非可再生能源，是由天然气（主要为甲烷）与水形成的类冰状结晶物质（如图 5-7），因其外观像冰，遇火即燃，因此被称为"可燃冰""固体瓦斯""气冰"。可燃冰的形成需要满足低温、高压、天然气含量高以及空间大等多种要求，因此一般只分布于深海或陆域永久冻土中。全球可燃冰的储量是现有天然气、石油储量的两倍，且燃

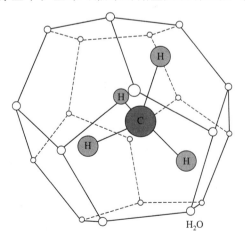

图 5-7　可燃冰分子结构图（张颖异等，2011）

烧后仅生成少量的二氧化碳和水，除此以外，可燃冰的适量开采也可以避免其自然分解而影响海洋生态环境，因此可燃冰是一种拥有巨大潜力的清洁能源，具有广阔的开发与应用前景。目前，可燃冰开发的方式主要有热激活法、减压开采法、化学试剂法、固体开采法以及二氧化碳置换法。由于开采难度较大，全球目前只有少部分国家开展了可燃冰的开采，但随着勘测与开采技术的不断发展，未来可燃冰将会成为全球能源行业研究的重点之一。

5.3　新能源发电技术展望

目前而言，太阳能和风能是我国发展最快、应用最多的新能源，已经在相关技术、产业规模、政策发展、经济效益上取得了长足的进步。除了太阳能和风能以外，其他新能源大部分都面临着相关产业和技术不成熟、发展政策不完善以及可能会产生环境破坏等问题，因此，我国新能源发电技术还需从以下几个方面重点着手：

第一，完善发展政策。任何行业的长期稳定发展都离不开完善的发展政策指导。新能源产业作为新兴产业仍处于起步阶段，其本身具有无穷大的发展潜力，因此需要制定和完善新能源产业的发展政策，为新能源行业的长远发展制定明确有效的发展计划。

第二，确定发展战略。新能源作为我国未来能源与电力行业中不可或缺的重要组成部分，需要根据不同能源的发展状况和特点统筹规划，确定清晰明确的发展战略，调整各类能源在能源行业中的比重，促使各类传统能源和新能源之间相互配合、相互兼容，更好地促进我国能源行业的转型升级。

第三，增加行业投资。新能源发展离不开相关技术和产业的发展，而充足的行业投资是相关技术和产业发展的必要保障。因此，需要增大对新能源技术研发的投入，鼓励企业进行相关技术开发和配套设备研制工作，扩大新能源市场规模。

第四，推动产业发展。目前，我国新能源相关技术已经得到了一定程度的发展，在许多方面已经完成了国产自主化以及对发达国家的赶超，但我国新能源相关配套产业还处于起步阶段，没有形成大规模的稳定市场环境，需要在政策、经济、人才等方面加大对新能源相关产业的投资，形成更加完善的新能源产业体系。

第五，注重技术创新。新能源的开发和利用成本是制约新能源相关产业发展的一大难题，而技术创新是解决这一难题的根本途径，只有推动我国新能源技术的不断创新和自主化研究，才能真正扩大新能源市场规模，解决新能源开发与利用上的成本问题。

本章小结

（1）本章节主要介绍了我国常见新能源种类及其发展现状，分别论述了风能、太阳能、地热能等新能源发电方式及相关技术，并讨论了新能源发电技术未来前景。

（2）新能源主要包括风能、太阳能、海洋能、生物质能、核能、氢能等，新能源技术的发展和应用对我国能源与电力行业的转型升级以及"双碳"目标的实现具有重要作用。

（3）我国是世界上光伏、风电、水电装机量最大的国家，是全球可再生能源第一大国。

（4）太阳能和风能是我国发展最快、应用最多的新能源，其他新能源大部分都面临着相关产业和技术不成熟、发展政策不完善以及可能会产生环境破坏等问题。

关键术语

恒速恒频（constant speed and constant frequency，CSCF）发电机组
变速恒频（variable speed constant frequency，VSCF）发电机组
光伏效应（photovoltaic effect）
干蒸汽发电系统（dry steam power generation system）
闪蒸蒸汽发电系统（flash steam power generation system）
卡琳娜发电系统（Kalina power generation system）
可燃冰（natural gas hydrate，NGH）

复习思考题

(1) 简述我国常见新能源种类及发展概况。
(2) 简述未来风力发电技术发展趋势。
(3) 太阳能发电具有哪些其他新能源不具备的优势？

6 氢能发电技术

◆ 学习目标

（1）掌握制氢技术手段，包括热化学方法、电化学方法、等离子体法、生物法和光化学法等。

（2）了解气氢输送、液氢输送、固氢输送等氢能的运输方式。

（3）熟悉物理储氢技术、化学储氢技术与其他储氢技术等储氢技术。

◆ 开篇案例

储氢问题的攻克将助力未来能源之路

氢能来源丰富、应用广泛。世界各国纷纷将氢能上升为国家战略，抢占产业发展先机和制高点。氢的制取、储存、运输、应用技术也成为世界科技前沿的热点。从整个氢能产业链看，不管是供给侧的制氢环节，还是需求侧的综合应用，都有多种技术可供选择，而中间环节的存储与运输是难点。

在位于西咸新区的中国西部科技创新港，成永红教授的团队逆向思维，发明了一种储氢材料非催化调控反应动力学的界面纳米阀技术，将氢储存在具有石墨烯界面纳米阀结构的轻质金属储氢材料中，密度、体积密度达到世界最高。同样的存储量，这种存储介质只有丰田公司 MIRAI 储氢罐体质量的 1/2、体积的 1/25。

这种新技术有哪些应用呢？日常生活中最常见的应用场景就是氢能源车可以在加油站、便利店购买或更换"能量包"（储氢罐），不需要现有的复杂高压气态灌注系统，补充能源比加油还快。这项科技成果在西交一八九六（西咸）科技企业加速器的孵化支持下，获得了第一笔初创资金，进入快速发展期，不久的将来，这样的场景将成为现实。

6.1 氢能概述

6.1.1 氢元素

氢是元素周期表排名第一的化学元素，其化学符号为 H。氢不仅是世界上原子质量最轻的元素，也是宇宙中含量最多的元素。在自然界中，氢元素多以化合物形式存在，游离态的氢单质含量较少。

自然界中，氢以氕、氘、氚三种同位素的形式存在，而其中最常见的同位素是氕。在离子化合物中，氢原子可以得到一个电子成为氢阴离子（用 H^- 表示），也可以失去一个电子成为氢阳离子（用 H^+ 表示）。氢与世界上大部分元素都可形成化合物，存在于水和绝大部分的有机物中。氢原子作为结构最简单的原子，是原子物理中十分重要的研究与分析对象，其微观角度的研究对量子力学的发展起到了关键作用。

氢气（H_2）是氢元素形成的一种单质，是世界上密度最小的气体。氢气最早于16世纪初通过强酸与金属反应被人工合成。常温常压下，氢气是一种极易燃烧、无色透明、无臭无味的气体，在燃烧时会产生水。氢气在人类社会中有着非常广泛的应用，除氢气球外，氢气还可以作为燃料，也可以作为许多工业产品的原材料。

6.1.2 氢能的特点

氢能是指氢单质或氢化合物中的氢元素经过物理与化学变化过程所释放的能量。氢能的本质是氢元素的化学能，属于二次能源，可以通过化石燃料制氢、太阳能制氢、生物制氢等多种方式获得。同时，氢能是最清洁的可再生能源，氢元素燃烧所生成的物质是水，对环境不产生任何污染。具体而言，氢能具有以下特点：

（1）储量丰富。氢元素是自然界中存在最为普遍的元素，其在自然界中的存在形式主要是化合物。水资源是含氢量极高的资源，通过对水资源的开发和利用可以大量获取氢能。

（2）性能优秀。氢具有优秀的物理化学性质，在物理性质方面，氢气导热系数大且质量低，而在化学性质方面，氢燃烧可以迅速产生大量热量，是传统含碳化石能源的理想替代品。

（3）清洁无毒。氢气本身无毒无味，不会对人体和自然环境产生健康危害，除此以外，氢气的燃烧产物一般只有水，不会对环境造成污染或产生温室效应。氢气的燃烧产物还可以用作氢气制取的原材料，因此氢元素的利用率非常高。

（4）适用范围广。氢能可以以气态、液态、固态氢以及氢化合物的方式进行运输和利用，能适应不同行业、不同环境的应用需求。氢能不仅可以作为燃烧发电的燃料，还可以作为储能材料用于燃料电池，应用范围十分广泛。

6.2 氢产业链

6.2.1 氢的制取

氢元素在自然界中基本上都以化合物的形式存在，所以氢能是一种不可直接获取和使用的二次能源。需要通过一系列制氢技术手段提取和生产氢。目前已经有多种成熟的制氢技术手段，按照其工作原理分类，可以将制氢方法分为热化学方法、电化学方法、等离子体法、生物法和光化学法等。

如图6-1所示，制氢技术根据制氢原料分类可以分为化石能源直接制氢、工业副产品制氢、电解水制氢与可再生能源制氢四种。

化石能源直接制氢是从化石能源中通过化学反应直接生成氢气。常用的制氢化石能源有煤炭、天然气、石油等。工业副产品制氢是从焦炉煤气、甲醇、合成氨等工业副产品中提取氢气。电解水制氢是通过向电解液中通电而使水分子发生电化学反应生成氢气。在技术层面，电解水制氢主要分为碱性水电解（ALK）、质子交换膜水电解（PEM）、固体聚合物阴离子交换膜水电解（AEM）、固体氧化物水电解（SOE）。生物质能、太阳能等可再生能源制氢目前还处于研制开发阶段，目前尚未达到实际应用要求（俞红梅，2021）。

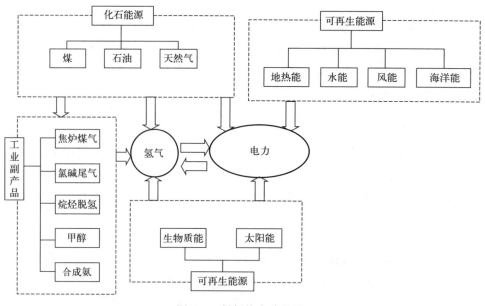

图 6-1 制氢技术路径图

6.2.2 氢的运输

氢能的运输方式可根据氢气输送的物理状态分为气氢输送、液氢输送、固氢输送三种（如图 6-2）。集装管束运输、管道运输及液氢槽罐车运输是目前适用于大规模氢能运输的三种主要技术方案，其中氢管道运输相关技术和制造水平成熟度较高，是当前阶段最有发展和应用价值的氢运输技术方案。氢管道运输一般用于气态氢和液态氢的输运。

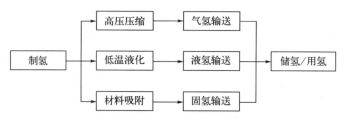

图 6-2 氢能运输方式流程示意图

气氢管道输送一般可以分为纯氢输送和掺氢输送两种方式。纯氢管道输送是传统的气氢输送方法，至今为止已经有近一个世纪的历史。现代纯氢管道输送技术最早起源于西方国家，目前已经形成了成熟的技术工艺和设计制造规范。我国氢气输送管道技术起步较晚，相较于发达国家还有很大的差距。掺氢天然气管道输送是指将氢气掺入现有天然气管输介质中进行运输的气氢运输方法。掺氢天然气又称氢烷，其碳排放量相较于常规天然气更低，但其物理化学性质易受到掺氢比例的影响，目前掺氢天然气管道输送技术还在进一步开发和研究中，距离大规模商用还有一段距离。

液氢管道输送一般可以分为液化纯氢输送和液化氢油输送两种方式。液化纯氢输送是目前液氢管道输送最常使用的方法，但氢气的液化技术目前还存在着效率低、成本高、超低温氢物理性质不明确等技术难题。液化氢油输送是指将氢气通过化学反应与有机液体形成氢油后进行输送，氢油不仅可以兼容已有的液化纯氢管道与相关运输技术，还可以实现液氢的常温常压化存储,因此已经成为液氢管道输送未来发展的重点目标,但由于还存在着许多技术难题且缺乏工程应用经验,液化氢油输运技术还处于初步研究和设计阶段(姚若军等,2021)。

6.2.3 氢的存储

储氢技术是氢能产业链中的关键环节,储氢技术的发展和应用对氢能开发和高效利用具有至关重要的影响。氢气在存储阶段存在着许多需要克服的技术或安全难题,氢气由于分子质量低,因此其密度不占优势,且氢气分子存在易泄漏、会导致设备腐蚀等问题,在进行输运时,还要注意氢气的化学性质,避免氢气接触空气发生燃烧或爆炸。

通常来说,储氢技术可以分为物理储氢技术、化学储氢技术与其他储氢技术。

物理储氢技术是指通过纯物理手段提高氢气密度并将处理后的氢进行存储的储氢方法。物理储氢技术无须额外的储氢介质,技术难度和成本较低且氢气释放方便。物理储氢技术主要分为高压气态储氢技术与低温液化储氢技术,高压气态储氢因成本低、适用工况范围大等优点,是目前最为成熟、应用最多的储氢技术,而低温液化储氢需要在低温条件下将氢气压缩至1/800,因此还有许多需要攻关的技术难题。

化学储氢技术一般通过储存介质与氢气发生化学反应,生成稳定化合物的方式实现氢储存,在需要用氢时,可通过加热或其他方式使化合物分解释放氢气,同时氢气储存介质可循环利用。化学储氢技术主要包括有机液体储氢、液氨储氢、配位氢化物储氢、无机物储氢与甲醇储氢,目前化学储氢技术在催化剂、储氢成本、反应速率、生成物纯度等方面还存在诸多技术难题,还处于实验研究阶段,并没有投入商业使用。

其他储氢技术主要包括吸附储氢技术与水合物法储氢技术等。吸附储氢是利用金属合金、碳质材料、金属框架物等吸附剂与氢气发生吸附作用,将氢气吸附到吸附剂内实现高密度储氢。水合物法储氢是在高压低温条件下使氢气与水发生反应生成固体水合物,需要用氢时,将固体水合物放置在常温环境下即可分解,但目前水合物法储氢的工作压力要求较高,因此很难进行大规模商用(李璐伶等,2018)。

6.2.4 氢的利用

氢气可以通过氢燃料电池或燃气轮机转化为电能和热能,是高能量密度的能源载体;同时氢气也是重要的化工原料和还原气体,被广泛应用于各个领域。

6.2.4.1 交通行业

在交通行业,以氢燃料为动力,可以实现车辆使用端的零碳排放。相比电动力,氢动力可以实现更长续航,在低温环境下有很好的适应力,同时氢气加注速度远高于充电速度。因此,氢动力在货用卡车、长途汽车应用中有着无可比拟的优势,氢动力叉车凭借其灵活性和快充性能已实现推广使用。氢动力飞机、氢动力船舶以氢代替传统燃油,在保证续航和载重能力的同时更加清洁环保,相关研究正在如火如荼地进行中,目前全球已有少量示范案例。此外,氢动力在使用过程中仅产生水,且避免了噪声和高温的产生,是军事交通的优选动力来源。作为低温推进剂,液氢在航天领域已有多年应用历史。

6.2.4.2 工业

在工业领域,氢气是重要的化工原料,合成氨、合成甲醇、原油提炼等,均离不开氢气。在电子工业中，芯片生产需要用高纯氢气作为保护气，多晶硅的生产需要氢气作为生长气。目前国内多晶硅生产工艺中，生产 1 吨硅的氢气消耗量约为 $500\sim1500m^3$。随着信息技术和光伏产业的发展，电子工业对氢气的需求量持续增长。在钢铁行业，用氢气直接还原法代替碳还原法，是降低炼钢行业碳排放量的有效手段，在国内外已有少量示范项目。然而，氢能炼钢需要大量氢气供给，这需要成熟且低成本的氢能供应链作为支撑，也需要相关技术和材料的突破。

6.2.4.3 其他行业

在电力行业，氢能发电可以用作备用电源、分布式电源，为电网调峰。在建筑行业，一方面，天然气掺氢用作家用燃料，可以降低燃气使用碳排放强度；另一方面，氢驱动的燃料电池热电联供系统为建筑物供电供热，综合能源利用效率超过 80%。在医疗领域，氢气也被证实有去除氧化基、治疗氧化损伤等疗效。在食品工业，也常常用氢气实现油脂氢化，以提高油脂的使用价值。

6.3 氢经济

氢经济（hydrogen economic）是 20 世纪七十年代提出的一种新型能源经济概念，是指以氢能源为社会运行和能量传递媒介的一种未来的经济结构设想。在氢经济时代，人类社会的能源构成将发生重大变革，氢能源经济体系将取代现有的化石能源经济体系，人类社会将进入一个低碳环保、可持续发展的新时代（张程，2022）。

纵观人类社会发展历史，不同发展阶段的能源结构体系也有所不同。在远古社会与农业社会，人类社会的主要能源来源是木柴、秸秆等生物质，而进入工业时期后，化石能源在人类社会能源构成中所占比例逐步提高。随着经济社会的不断发展和全球节能减排工作的不断推进，风能、太阳能、核能等清洁能源已经在逐步取代传统的化石能源。而在未来，氢能作为一种高效、清洁的理想能源，也将成为全球能源系统不可或缺的重要环节。

随着氢能生产、储运和应用方面的相关技术取得突破，氢能相关行业将得到长足的发展，人类在不久的未来有望达到氢经济时代，而氢经济也是人类完全实现可持续发展、各国共同繁荣的理想方案。

本章小结

(1) 本章节对氢能进行了分析和概述，简述了氢的制取、运输、存储和利用方式，并介绍了氢经济这一经济结构设想。

(2) 氢能的本质是氢元素的化学能，属于二次能源，可以通过化石燃料制氢、太阳能制氢、生物制氢等多种方式获得。同时，氢能是最清洁的可再生能源，氢元素燃烧所生成的物质是水，对环境不产生任何污染。

(3) 目前已经有多种成熟的制氢技术手段，按照其工作原理分类，可以将制氢方法分为热化学方法、电化学方法、等离子体法、生物法和光化学法等。

(4) 氢能的运输方式可根据氢气输送的物理状态分为气氢输送、液氢输送、固氢输送三种。储氢技术可以分为物理储氢技术、化学储氢技术与其他储氢技术。

（5）氢经济（hydrogen economic）指以氢能源为社会运行和能量传递媒介的一种未来的经济结构设想。在氢经济时代，人类社会的能源构成将发生重大变革，氢能源经济体系将取代现有的化石能源经济体系，人类社会将进入一个低碳环保、可持续发展的新时代。

关键术语

氢经济（hydrogen economic）

复习思考题

（1）氢能有什么特点？
（2）目前有哪些制氢的技术手段？
（3）氢的运输方式有哪些？
（4）氢的储存方式有哪些？
（5）请谈谈对于氢经济的理解。

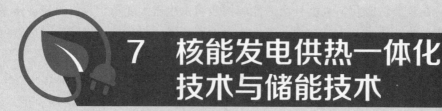

7 核能发电供热一体化技术与储能技术

◆ 学习目标

(1) 了解核能发电原理和优势。
(2) 掌握单一核能和热电联产两种核能供热方式。
(3) 了解核能在开发和利用过程中可能产生的安全问题。
(4) 熟悉常见的储能技术及其在智能电网中的应用。

◆ 开篇案例

核能供暖

2022年11月1日,辽宁红沿河核电站核能供暖示范项目正式投运供热。该项目是东北地区首个核能供暖项目,覆盖大连市瓦房店红沿河镇,惠及当地近两万居民。

红沿河核电站核能供暖示范项目位于大连市瓦房店红沿河镇,规划供热面积24.24万平方米,最大供热负荷为12.77MW,利用红沿河核电站汽轮机抽汽作为热源,替代红沿河镇原有的12个燃煤锅炉房,实现红沿河镇清洁供暖。项目新建一次管网近10公里,二次管网5.7公里,新建换热站4座。

据测算,项目投产后每年将减少标煤消耗5726吨,减排二氧化碳1.41万吨、烟尘209余吨、二氧化硫60余吨、氮氧化物85余吨、灰渣2621吨,将有效改善供暖区域大气环境,环保效益显著。

红沿河核电站是东北地区首座核电站和东北最大的电力能源投资项目。一期工程4台机组采用中国广核集团具有自主知识产权的CPR1000核电技术,于2016年9月全部投产商运;二期工程2台机组采用中广核全面升级的ACPR1000核电技术。2022年6月,红沿河核电站一、二期工程6台机组全面建成投产,成为国内在运装机容量最大的核电站。红沿河核电站年度发电量可达480亿千瓦时,约占辽宁省全社会用电量的20%,能有效缓解东北地区阶段性电力短缺,稳定区域电力供应。与同等规模燃煤电厂相比,等效于每年减少标煤消耗约1452万吨,减排二氧化碳约3993万吨,相当于种植10.8万公顷森林吸收的碳量。

7.1 核能发电概述

7.1.1 核能发电原理

核能(即原子能)是一种清洁高效的不可再生能源,是指通过核反应从原子核释放的能量。原子由原子核以及围绕在原子核周围运动的电子构成,原子核由质子和中子组成。核能本质上来源于原子内部基本粒子之间的相互作用,所以核能是一种物理变化。

核能分为核聚变能、核裂变能与核衰变能三种,其中前两种是核能主要的来源。核聚变又称核融合、融合反应、聚变反应或热核反应,是指由小质量的原子在一定条件下使核外电子摆脱原子核的束缚,不同原子核互相吸引而发生碰撞互相聚合,生成大质量的新原子核的过程。核聚变能的特点是资源充足、能量密度高且无污染,但目前缺少可以有效控制核聚变反应的技术手段,无法应用至商业发电领域,因此核聚变目前通常用于核弹等破坏性武器。

核裂变又称核分裂,是指由重的原子核分裂成两个或多个质量较小的原子的一种核反应形式,原子核在分裂后会释放出中子与大量热量,而被释放出的中子又会引起周围原子核继续发生裂变反应,这就是核裂变的链式反应。核裂变的材料一般为铀、钍和钚等重元素,核裂变产生的热量小于核聚变,但相对来说更容易控制,因此核裂变能除了可以用于武器装备外,还可以用于和平民用领域的核电站,此外还在军用领域作为动力系统提高装备制造业水平。

7.1.2 核反应堆

核反应堆是核能产生与利用的装置,又称为原子能反应堆或反应堆,核反应堆能维持可控自持链式核裂变反应,以实现核能的可控化利用。核反应堆的心脏是堆芯,堆芯也叫作反应堆活性区,由安置在具有一定栅格的堆芯格架中的燃料组件构成。严格来说,反应堆这一术语应覆盖裂变堆、聚变堆以及裂聚变混合堆,但一般情况下仅指裂变堆。

根据用途,核反应堆可以分为用于实验的实验或研究堆、用于生产放射性同位素或裂变物质的生产堆、产生电力能源的发电堆、提供动能的动力堆以及具有多种用途的多功能堆。

另外,核反应堆还有多种分类方式,根据其燃料类型可分为天然铀堆、浓缩铀堆、钍堆;根据中子能量可分为快中子堆和热中子堆;根据冷却剂(载热剂)材料可分为水冷堆、气冷堆、有机液冷堆、液态金属冷堆;根据热工状态分为沸腾堆、非沸腾堆、压水堆;根据运行方式分为脉冲堆和稳态堆等。

反应堆经过不断发展,到今天一共产生了四代反应堆:

第一代(GEN-Ⅰ)反应堆是早期的原型反应堆,即 1950 年至 1960 年前期开发的轻水堆(LWR)反应堆,如美国的希平港(Shipping port)压水堆(PWR)、德累斯顿(Dresden)沸水堆(BWR)以及英国的镁诺克斯(Magnox)石墨气冷堆等。

第二代(GEN-Ⅱ)反应堆是 1960 年后期到 1990 年前期在第一代反应堆基础上开发建设的大型商用反应堆,如 LWR(PWR、BWR)、加拿大坎度堆(CANDU)、苏联的压水堆 VVER/RBMK 等。到 1998 年为止,世界上的大多数反应堆都属于第二代反应堆。

第三代(GEN-Ⅲ)反应堆是指满足更高安全性指标的先进反应堆,要求安全性指标达到美国电力公司要求文件(URD)的要求。第三代反应堆采用标准化、最佳化设计和安全性更高的非能动安全系统,如先进沸水堆(ABWR)、系统 80＋、AP600、欧洲压水堆(EPR)等。

第四代(GEN-Ⅳ)反应堆是正在开发的、还未正式启用的、安全性更高的概念型反应堆。2002 年在东京召开的第四代核能系统国际论坛会议上,与会的 10 个国家在 94 个概念堆的基础上,一致同意开发六种第四代反应堆概念堆系统。预计到 2030 年左右,第四代反应堆将正式投入大规模商用。

第四代反应堆包含气冷快堆、铅合金液态金属冷却快堆、熔盐反应堆、液态钠冷却快堆、超临界水冷堆和超高温气冷堆六种技术形式（哈琳，2003）。

气冷快堆系统（GFR）是快中子谱氦冷反应堆，采用闭式燃料循环。气冷快堆一般采用惰性气体氦气作为冷却剂，氦气的化学稳定性好，不会发生相变，可以用在温度很高、中子吸收能力很低的情况下。气冷快堆可以用直接布雷顿循环氦汽轮机发电，可以获得较高的热效率，也可以利用其工艺热进行氢的热化学生产。气冷快堆可以采用闭式燃料循环，产生的放射性废物少和有效地利用核资源是气冷快堆的两大特点。

铅合金液态金属冷却快堆系统（LFR）是快中子谱铅或铅铋共晶液态金属冷却堆，并采用闭式燃料循环，以实现可转换铀的有效转化并控制锕系元素。铅冷快堆采用液态铅或液态铅铋共晶（LBE）作为堆芯冷却剂，具有热中子性能好，化学稳定性高，非能动安全性能等优势。

熔盐反应堆系统（MSR）在超热中子谱堆的循环熔盐燃料混合物中产生裂变能，采用对锕系元素实施完全再循环的燃料循环。在熔盐反应堆系统中，燃料是钠、锆和氟化铀的循环液体混合物，其主冷却剂是一种熔融态的混合盐，可以在高温下工作（可获得更高的热效率）时保持低蒸气压，从而降低机械应力，提高安全性，并且比熔融钠冷却剂活性低。

液态钠冷却快堆系统（SFR）是快中子谱钠冷堆，采用可有效控制锕系元素及可转换铀的转化的闭式燃料循环。钠冷快堆最大的技术特点是以液态钠作为堆芯冷却剂，钠具有原子质量大、中子碰撞之后质量不损失、导热性好、吸收中子少、钠的熔点低但沸点高、安全性高等优点。

超临界水冷堆系统（SCWR）是在水的热力学临界点（374℃、22.1MPa）以上运行的高温、高压水冷堆，是在现有LWR和超临界火电技术基础上发展起来的革新型设计。超临界水堆与现有运行的水冷堆相比，具有系统简单、装置尺寸小、热效率高、经济性和安全性更好的特点。

超高温气冷堆系统（VHTR）是采用一次通过式铀燃料循环的石墨慢化氦冷堆。高温气冷堆用气体作为冷却剂，最早应用于军用核材料的生产，后来逐步发展成为商用发电的动力反应堆，大致分为四个阶段：早期气冷堆、改进型气冷堆、高温气冷堆和模块式高温气冷堆。

7.1.3 核能发电的特点

作为一种清洁能源，核能在降低传统化石能源消费、减少温室气体排放、保证全球电力市场供应等方面具有独特的优势和发展潜力，是实现"双碳"目标的关键环节之一。除传统的核武器及核能发电外，核能综合利用的内涵广泛，应用场景多样，可用于区域供暖、工业供热、海水淡化、核能制氢、同位素生产等；此外，在航空航天、深海探测、海岛供能等特殊场景中，核能还具有持续性强、供能形式多样等特殊优势。总体来说，核能具有以下优良特性：

（1）高效性。核能的能量密度远远高于传统化石燃料，且核燃料的体积小，便于运输与存储。除此以外，核能可以长期稳定地提供大量电能，且核电站相较于风电、太阳能电站占地面积更小，也不会受到自然气候的影响。

（2）经济性。作为一种高效清洁、单位发电成本低的能源形式，核能不仅能在发电、供热、航空航天等工业领域直接产生巨大的经济效益，还可以为整个能源与电力系统节约其他发电方式的发电成本。核能的开发和利用也可以带动相关行业和技术领域发展，为社会提供就业岗位。

（3）清洁性。核能的能量来源于原子内部粒子之间的互相作用，在使用时不会产生污染物与温室气体，因此同传统化石燃料相比，核能在清洁性与可持续发展方面有着突出的优势。

7.2 核能供热技术

核能供热是以核能为热源进行城镇集中供热的一种方式。核能供热技术是符合现代能源电力市场需求的一种高效清洁的新型供热技术。虽然核能供热建设初期的投资远高于同规模燃煤锅炉，但建成后运行成本远低于燃煤锅炉，且使用寿命可达60～80年，是燃煤锅炉的3～4倍，因此核能供热是替代传统燃烧供热的可行方案。

核能供热概念的提出和实际应用最早出现在20世纪60年代左右，以北欧国家为代表的许多国家在核能供热领域已经有了非常多的设计与实践经验。但我国的核能供热研究还处于起步阶段。

核能供热主要有单一核能供热和热电联产供热两种方式（Solomykov Aleksandr，2020）。

7.2.1 单一核能供热方式

单一核能供热方式是指主要以供热为目的建造的低温供热核反应堆，在供热期内主要以供热方式运行，在非供热期内停运检修，考虑经济性也可用于生产同位素等其他应用。

7.2.2 热电联产供热方式

热电联产供热方式是指利用大型核电机组的汽轮机或管道中的部分热量作为城市供热的热源。热电联产供热方式可以以发电为主、供热为辅，也可以以供热为主、发电为辅，甚至还可以在产生电力和热量的同时用于海水淡化等应用。商用热电联产供热方式于20世纪60～70年代开始研发，至今已具有一定规模。对比来看，热电联产供热方式的能量效率更高，机组适用范围更广，目前热电联产供热方式是核能供热研究的重点方向。

7.3 核能的安全问题

7.3.1 核能安全风险

核能作为一种高效清洁的新能源形式，不仅有助于解决全球气候变暖与能源危机问题、促进全球能源与电力系统转型升级，其背后还具有巨大的经济、科技、政治和社会价值，核能技术是人类社会发展的机遇，也是人类所面临的一大挑战。核能在为人类社会带来巨大便利的同时，也存在着诸多安全风险，对核能的不适当利用可能会导致核安全事故、环境破坏、国际关系破裂等严重后果，因此，需要对核能在开发和利用过程中可能产生的一系列安全风险进行评估和规避。

核能的安全问题主要表现在三个方面：

（1）核物质安全风险。核物质本身是具有天然放射性的特殊物质，且人类目前阶段对核物质的了解还不够全面，对核物质的控制技术还不够成熟，在核物质研究及使用过程中若没能做好相应防护或出现了意外事故，就有可能会产生核泄漏与核污染。核物质的放射性不仅会对人类本身的生命健康安全产生不可逆伤害，也会严重污染空气、土地、水资源等自然环境，对自然生态圈造成难以磨灭的危害。

(2) 核科技安全风险。核科技是一项新兴技术，充满了复杂性和未知性，稍有不慎就有可能引发重大事故。迄今为止人类在对核能利用的过程中发生了逾百起大的安全事故，影响十分重大的核电事故有1979年美国三哩岛事故、1986年苏联切尔诺贝利核电站事故和2011年日本福岛核电站事故，这些事故一次次为人类安全利用核能敲响警钟，警醒人类要重视核能发展的安全问题。

除此以外，核科技的未知性和不可预测性可能会导致核能在开发利用的同时造成与原本目标相悖的结果，如核科技在生命科学方向的应用，对于人类研究基因工程、疾病治疗、农作物改造等方面具有重大意义，但通过核辐射等技术改造的生命基因也可能成为自然界的基因污染源，破坏现有的自然生态系统。

(3) 核外部安全风险。核能不仅是一种高效的电力和工业能源，也是核武器的制造来源。核武器作为现代破坏力最大的军事武器之一，具有重大的政治和军事意义。核武器的开发和利用不仅会影响国际社会间的政治与经济关系，还会引起社会民众对核武器的恐惧，而核电厂严重事故的发生也会增加民众对核安全性的疑虑，阻碍核科学技术的进一步发展与应用。

7.3.2 核能安全伦理原则

核能是一种高收益的能源，同时也存在着诸多安全风险，要想核能长期稳定地发展、更好地为人类社会作出贡献，国际社会就必须要制定和遵守相关的安全伦理原则，为核技术的合理开发应用提供正确的导向（宋嘉颖，2013）。

(1) 和平利用原则。核武器是一种大规模杀伤性武器，其本身具有巨大的军事与政治意义，随意地使用核武器不仅会造成大量平民伤亡和恐慌，还会严重破坏国际社会的秩序，摧毁国际和平环境，严重时甚至可能导致人类灭亡。因此，核武器在研发时应当秉持和平利用原则，应当将核武器作为自卫防御和维护世界和平的最后手段，任何国家不应为自身利益而主动使用核武器。

除此之外，核能和平利用原则也适用于民用核能领域，应当避免民用核能转换到军事目的，建立规范的民用核能研发制度。

(2) 安全原则。核能在开发利用的过程中存在诸多安全隐患，若使用不当会对人类本身生命健康安全、人类社会秩序以及自然生态环境造成诸多不可逆的伤害。核能安全原则要求人类在开发和利用核能的过程中，应当做好充分的技术规划和应急备案，建立完善的核能开发和利用安全规范，让核能在安全的环境下得以使用。

核能安全原则不仅要求保护自然生态安全和人类本身的生命健康安全，也要求从社会层面保证民众的心理健康安全和社会的制度秩序安全。核能安全事故及核战争都会对民众的心理产生巨大的冲击，剥夺民众追求幸福生活和自身安全的权利，因此核能在精神层面的安全隐患不小于其他方面。各个国家在开发和利用核能时，应当尽可能避免核能存在的诸多安全隐患，对于不可抗力造成的安全意外，应当主动承担责任，尽可能降低事故带来的后续伤害，做好民众的心理安抚工作。

(3) 公开原则。核技术是一种新兴技术，掌握了核技术就相当于掌握了在核安全问题上的发言权，然而过度的核信息保护不仅会影响国际社会的和平稳定，还会造成人民群众对政府与核能行业的不信任。因此，各个国家以及各机构在核能开发利用过程中，应当在保护知识产权的前提条件下积极全面地公开相关信息，接受行业与民众的监督。

当重大事故发生时，核相关信息的及时、真实公布有助于核能行业对现实情况做出正确评估，从而选取正确的应对措施，尽可能减少事故带来的后续损害。核相关信息的公开也有利于民众对核能的了解，提升民众对核能的信任程度。

（4）责任原则。核能是一种高收益能源，核能开发会带来巨大的经济、政治、社会收益，这也要求开发者在利用核能时需要充分考虑核能可能带来的风险并承担相应的责任，避免将最大风险转嫁给他人。责任原则不仅需要开发者具有强烈的正义感和公平意识，也需要强有力的法律法规以及公众的监督，只有真正做到收益与责任相匹配，才能促进核能行业长期安全地发展。

7.4 储能技术

7.4.1 储能技术概述

储能是指通过介质或设备把能量存储起来而在需要的时候再释放的过程，既可以提高能源利用效率，也可以扩大新型可再生能源的实际应用。储能技术最主要的应用场景是新能源发电系统和新能源汽车行业。

风能、太阳能等新能源普遍存在着发电量不稳定、易受环境影响等问题，而储能技术通过能源存储与释放，可以有效解决新能源发电接入电网后的波动性问题，实现电网的平滑运行调配。除此以外，新能源汽车，特别是电动汽车近几年来得到了飞速发展，随着电动汽车逐渐成为汽车市场的主流，高效储能电池正在逐步取代内燃机。

储能技术是新能源技术研发与应用必不可少的关键环节之一。随着储能技术的不断开发升级，各类新能源技术的短板也将得到有效弥补，大力推进储能技术的研究与应用可以有效推动我国能源与电力市场转型升级，助力我国"双碳"目标早日达成。

7.4.2 储能技术分类

储能技术经过近几十年来的不断发展，如今已经应用到了能源、交通、电力、工业等各行各业。储能技术的本质是将电能转换为化学能、势能、动能、电磁能等形态并加以存储，需要时再将这些种类的能源转化为电能。因此，储能技术按照其具体方式可分为物理、电磁、电化学和相变储能四大类型。其中物理储能包括抽水储能、压缩空气储能和飞轮储能；电磁储能包括超导、超级电容和高能密度电容储能；电化学储能包括铅酸、镍氢、镍镉、锂离子、钠硫和液流等电池储能；相变储能包括冰蓄冷储能等。

目前，市场上常见的储能技术有抽水储能、飞轮储能、压缩空气储能、超导磁储能和电化学储能等（张文亮，2008）。

7.4.2.1 抽水储能

抽水储能技术是指在电力负荷低谷期将水从下池水库抽到上池水库，将电能转化成重力势能储存起来，在电网负荷高峰期再进行释放的电能储存方式。抽水储能是目前应用最广、技术最为成熟的大规模储能技术，具有储能容量大、寿命长、维护成本低、启用灵活、效率高等优点,而初始投资成本高、开发建设时间长、受地理环境影响大是抽水储能的缺点。

7.4.2.2 飞轮储能

飞轮储能是指利用电动机带动飞轮高速旋转,在需要的时候再用飞轮带动发电机发电的储能方式。飞轮储能系统主要由电机、轴承、电力电子组件、旋转体和外壳等零部件构成。轴承系统的性能直接影响飞轮储能系统的可靠性、效率和寿命。应用的飞轮储能系统多采用磁悬浮系统,在真空中减少电机转子旋转时的摩擦,降低机械损耗,提高储能效率。飞轮储能的主要特点是寿命长,可循环充放电数十万次且响应速度快、效率高(90%~95%)、功率密度高、对环境较为友善等。但飞轮储能相较其他储能系统容量较小、持续放电时间较短,不适用于大型能量管理系统。飞轮储能结构图见图 7-1。

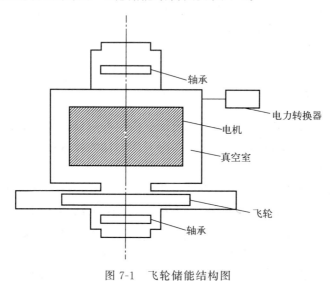

图 7-1 飞轮储能结构图

7.4.2.3 压缩空气储能

压缩空气储能是指在电网负荷低谷期将电能用于压缩空气,将空气高压密封在报废矿井、沉降的海底储气罐、山洞、过期油气井或新建储气井中,在电网负荷高峰期释放压缩空气推动汽轮机发电的储能方式。压缩空气储能的主要工程应用为调峰、备用电源、黑启动等,其优势是效率较高、储存时间较长等,但也存在会产生燃烧污染物、依赖地理环境等问题。

7.4.2.4 超导磁储能

超导磁储能是采用超导线圈将电磁能直接储存起来,需要时再将电磁能返回电网或其他负载的一种电力设施,也是目前唯一可将电能直接存储为电流的技术。超导磁储能利用超导磁体的低损耗和快速响应来储存能量,通过现代电力电子型变流器与电力系统接口,组成既能储存电能又能释放电能的快速响应器件。它利用了超导体电阻为零的特性,不仅可以在超导体电感线圈内无损耗地储存电能,还可以达到大容量储存电能、改善供电质量、提高系统容量等诸多目的,并且可以通过电力电子换流器与外部系统快速交换有功和无功功率,用于提高整个电力系统稳定性、改善供电品质。超导磁储能目前的技术难题主要包括储量小、储能时间短以及成本过高。

7.4.2.5 电化学储能

电化学储能主要通过电池内部不同材料间的可逆电化学反应实现电能与化学能的相互转化，通过电池完成能量储存、释放与管理。电化学储能技术成熟，不受地域限制，适合大规模应用和批量化生产，产业化应用前景好。电化学储能在电网调峰调频中应用广泛，覆盖了电厂侧、电网侧和用户侧，运行控制简单，可以实现无人操作。用于电网储能的电池主要有铅酸蓄电池、锂离子蓄电池、液流蓄电池、钠硫蓄电池等。其中锂离子电池因其能量密度高、循环寿命长、无记忆效应等优良特性，已经成为目前全球市场占比最大的电池种类。

7.4.2.6 其他储能技术

除了上述介绍的几种储能技术，还有多种具有潜力的储能技术，各自有其特点，适用于不同场景。储热技术和储氢技术是近些年来储能领域的研究热点，有希望克服常规储能方式的痛点，实现大规模、长时间的高效储能。

储热技术是以储热材料为媒介将太阳能光热、地热、工业余热、低品位废热等热能储存起来，在需要的时候释放。储热主要有显热储热、潜热储热（相变储热）和热化学反应储热三种方式。储热技术目前还处于试验示范阶段，在材料、制造工艺、使用寿命上还有许多技术仍待开发。

储氢技术以氢气取代电能作为二次能源，为商用储能技术提供了一个崭新的思路。目前，氢气的储存主要有气态储氢、液态储氢和固体储氢三种方式。储氢技术相较于其他储能技术涉及技术范围更广，涵盖了制氢、储氢、输氢和用氢等一系列流程，具有非常大的潜力和开发空间。

7.4.3 储能技术在智能电网中的应用

储能技术是未来智能电网的重要组成部分，也是发展风能、太阳能等新能源发电行业必不可少的技术前提（罗星，2014）。储能技术在大规模电力电网系统、新能源发电系统、分布式发电及微电网系统、新能源汽车行业都有十分广泛的应用场景。储能技术在智能电网中的作用有：

（1）起到削峰填谷作用。新能源发电量和电力系统电力需求在不同时段、不同季节间存在巨大的峰谷差。储能可以从需求侧对电力系统进行协调调配，发挥削峰填谷的作用，消除昼夜峰谷差，改善电力系统的日负荷率，大大提高发电设备的利用率，从而提高电网整体的运行效率，降低供电成本。

（2）提高电力系统平衡性和可靠性。电力电子变流技术的发展使得储能技术可以对电力系统实现高效的有功功率调节和无功控制，快速平衡系统中由于各种原因产生的不平衡功率，调整频率，补偿负荷波动，减少扰动对电网的冲击，提高系统运行稳定性，改善用户电能质量。

（3）改善电网静态与动态特性。储能装置转换效率高、反应速度快且应用范围广，能够与智能电网系统独立进行有功、无功的交换。将储能设备与先进的电能转换和控制技术相结合，可以有效提高电网调控的灵活性，改善电网的静态和动态特性，满足现代大规模高效智能电网系统的发展需要。

本章小结

（1）本章节介绍了核能技术和储能技术的总体情况、优势及需要注意的问题。

（2）核能在降低传统化石能源消费、减少温室气体排放、保证全球电力市场供应等方面具有独特的优势和发展潜力，是实现"双碳"目标的关键环节之一。

（3）核能供热主要有单一核能供热和热电联产供热两种方式。

（4）核能的安全问题主要表现在核物质安全风险、核科技安全风险、核外部安全风险。

（5）储能技术是新能源相关技术发展的重要保障，储能技术在能源电力系统中的应用可以有效弥补新能源发电的缺陷，提高能源电力系统运行的效率及稳定性。

关键术语

核聚变（nuclear fusion）
核裂变（nuclear fission）
核反应堆（nuclear reactor）
单一核能供热（single nuclear heating）
热电联产供热（cogeneration，combined heat and power）
储能（stored energy）

复习思考题

（1）核能利用的原理是什么？有什么优势与缺点？
（2）核能供热的方式有哪几种？分别是什么含义？
（3）核能存在哪些安全问题？需要遵守哪些安全伦理准则？
（4）什么是储能技术？为什么要发展储能技术？

8 能源电力企业的发电体系

❖ 学习目标

(1) 了解电力系统的发展历程,熟悉新型电力系统的几大特征以及分段实施策略。
(2) 掌握智能电网、能源互联网、"源-网-荷-储"运营模式等新兴概念。
(3) 理解多元互补综合能源发电体系的相关概念和实现方式。

❖ 开篇案例

低碳电力技术引领电力能源行业变革

作为全球第一大电力消费国,电力在我国能源消费与碳排放中占据重要地位。截至 2021 年底,我国发电装机容量已经达到 23.8 亿千瓦,但其中火电装机容量占比为 56.58%,可再生能源发电装机容量占比仅为 41.13%。从发电量来看,火电发电量占比为 70.29%,可再生能源发电量占比为 29.5%,其中风光发电占比仅为 9.7%。电力碳排放占全国碳排放总量的四成以上。同时考虑日益增长的电气化水平,电力系统的低碳转型已成为我国碳达峰、碳中和战略的重要组成部分,构建以新能源为主体的新型电力系统对碳达峰、碳中和目标的实现将起到关键作用。

低碳电力技术已经成为引领电力能源行业变革、实现低碳创新发展的源动力。在供应侧,电源结构将持续清洁化,可再生能源将取代化石能源成为主力电源;火电的未来将很大程度上取决于碳捕集与封存技术的发展前景。在电网侧,具有间歇性的太阳能光伏发电和风电的高比例接入,将使电力系统面临空前的稳定性和灵活性挑战,未来电网发展必须解决高比例可再生能源并网下的源-荷强不确定性以及源-网-荷高度电力电子化的关键难题。在需求侧,终端用能加速电气化成为深度脱碳的重要途径,多样性负荷不断接入,综合能源供需耦合,用能智能化与信息化水平将全面提升。

8.1 新型电力系统

8.1.1 电力系统的定义与发展历史

电力系统是由发电设备、输电线路、配电设备和用户端等环节组成的电能综合生产与消费系统。从人类首次发现并应用电能开始,电力系统一共经过了三个主要阶段。

第一代电力系统最早诞生于十九世纪末(如图 8-1),随后,交流发电机、交流输电线路也相继问世。经过数十年的发展,形成了以交流电为主导的具有完整功能的电力网络。第一代电力系统的特点是规模与容量小、运行安全性与可靠性较低,此时的电力系统相关技术和产业的发展均处于初级阶段。

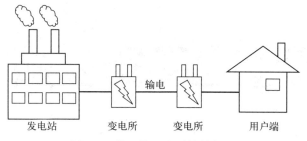

图 8-1　第一代电力系统结构图

第二代电力系统出现于二十世纪五六十年代（如图 8-2）。随着世界大战的结束，全球经济迎来迅猛发展，蓬勃发展的工业推动了能源电力行业的技术革新。第二代电力系统的特点是大机组、超高压和大电网，安全性和可靠性得以提高，但大电网停电风险依然存在，电网控制方式和工作模式并没有发生本质上的变化，且第二代电力系统仍然高度依赖化石能源，是一种排放量高、环境污染较为严重的不可持续发展模式。

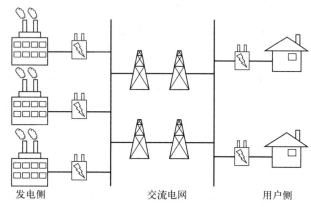

图 8-2　第二代电力系统结构图

第三代电力系统起源于二十一世纪初（如图 8-3）。进入新世纪以来，日益严峻的能源需求与环境问题对全球能源电力行业的转型升级提出了新的要求，逐渐降低传统化石能源比重，大力发展清洁高效的新能源技术是全球发电系统升级的必然趋势。在电能供给侧，风能、太阳能等新能源发电往往容易受到环境因素的影响，因此其供电具有很大的不稳定性；在电能消费侧，多种新型电气装置的应用以及大量新型负荷的接入，对电网的调节、控制能力和综合调度能力提出了更高的要求。

第三代电力系统是以可再生能源和清洁能源发电为主、骨干与分布式电源相结合，主干电网与局域配电网、微电网相结合，有效利用储能储热技术的新一代清洁高效、可持续的新型综合电力系统（吴克河等，2019）。

8.1.2　新型电力系统的特点

8.1.2.1　结构特征

（1）供电侧新能源成为主体。新能源是全球电力系统向清洁环保方向转型升级的理想发电能源，在未来，新能源将成为新型电力系统发电侧的主体，而化石能源并不会完全遭到弃用，而是会部分保留并进行改造用于系统调峰，保障电力系统的供电稳定性。

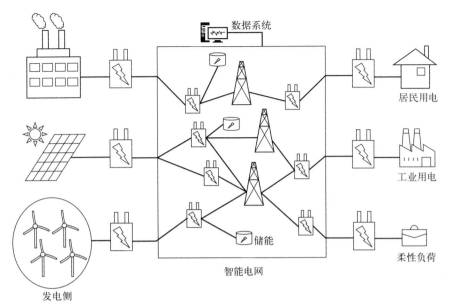

图 8-3 第三代电力系统结构图

（2）电网侧结构兼容互补。随着我国经济社会的不断发展，我国电力系统的复杂程度大大增加，电网承担的需要电能负荷以及调控调度功能越来越多，因此需要结合我国地理资源分布和发展状况，实现大电网与分布式系统的互联互补和多种电网形式的兼容并存，提高电力系统电网侧调度灵活性。

（3）消费侧结构调整。随着我国经济社会和科技水平的不断进步，社会能源消费与能源产业结构一直在不断调整，消费侧重心逐渐向数字化、智能化行业靠拢，消费侧负荷呈现多元化和弹性化特点。在未来，不同类型的能源消费之间将实现协同互补优化，消费侧负荷将向有源微网转变。

（4）储能侧多元共享体系。储能技术是弥补新能源发电缺陷、增强电力系统运行稳定性和灵活性的重要保障。在未来新型电网中，不同应用场景、不同电力环节对储能技术的需求都不相同，因此，需要多种储能技术形成多元共享体系以满足电力系统对储能技术的多元化需求（张智刚等，2022）。

8.1.2.2 形态特征

（1）系统不确定性化。传统电力系统可通过调整发电端出力以满足需求侧随机波动的负荷需求，呈现供应侧可控、需求侧随机的特征。随着波动性和间歇性的风能和光伏发电为主的可再生能源在电源结构中占比持续增长，供应侧也将出现强随机波动的特性，能源电力系统将由传统的需求侧单侧随机系统向源-荷双侧随机系统演进。现有电力系统必须实现从"被动适应可再生能源并网带来的不确定性"模式，转向"适应强不确定性的源-网-荷-储协同互动"模式。

（2）系统机电-电磁耦合化。新能源的并网、传输和消纳在源-网-荷端广泛引入电力电子装备，电力系统呈现显著的高比例新能源和高比例电力电子（"双高"）趋势。因此，电力系统基本特性正由旋转电机主导的机电暂态过程为主演变为由电力电子控制主导的机电-电磁耦合特性为主。电力电子装置具有低惯性、低短路容量、弱抗扰性和多时间尺度响应特性，导致"双高"电力系统的响应时间常数更小（毫微秒级）、动态频率范围更宽（上千赫兹)、运行控制要求更高。在多种扰动情形下，系统的机电暂态和电磁振荡等多重因素交织影响，导致新型安全稳定问题凸显。例如，目前新能源基地出现的暂态电压支撑不足、风电机组高/低电压穿越性能不佳、从数赫兹到数千赫兹的宽频电磁振荡、多馈入直流换相失败等，给电力系统的安全高效运行带来巨大的挑战。

(3) 系统互联网化。伴随电力系统的数字化与智能化转型，新型电力系统将转向以智能电网为核心、可再生能源为基础、互联网为纽带，通过能源与信息高度融合，实现能源高效清洁利用的能源互联网形态。一是传统电网与智能化技术广泛融合，发挥先进输电技术作用，将传统电网升级为具有强大能源资源优化配置功能的智能化平台；二是采用先进的信息技术、智能终端和平台，使得能量和信息双向流动，提升电网可观性与可控性，支撑源-网-荷-储的高效互动，提升高比例新能源的消纳能力；三是将分布式发电、储能系统、负荷等组成众多的微型能源网络，形成产消合一的新模式，挖掘释放负荷侧灵活调节潜力；四是打破行业壁垒，接纳各类市场主体，协助共享行业资源，实现产业互补，将新型电力系统打造为现代清洁能源高效利用体系的重要载体。

(4) 系统碳电耦合化。面向"双碳"目标，未来电力系统的发展趋势与形态演化将转变为节能减排、低碳发展的"外力驱动"倒逼机制。一是各种宏观调控与经济手段的引入，包括减排立法、碳税、碳配额、碳交易机制等，将为电力行业未来的发展构建一个全新的宏观经济环境与政策环境，各类低碳技术的蓬勃发展更是为电力行业带来了新的机遇与挑战。二是低碳环境下，碳减排将成为电力行业可持续发展的重要目标之一，从而改变电力行业的发展模式，并在行业内部各个环节引入"碳约束"；三是低碳理念的渗透与各类低碳要素的引入将使得电力行业呈现出明显的低碳特性与全新的运行模式，并广泛地影响电力系统的运行、投资、调度与规划等功能环节。

8.1.2.3 技术特征

(1) 低碳清洁生产技术。新型电力系统发电侧最典型的技术特征是发电技术的低碳性和清洁性，除了使用风能、太阳能、海洋能等可再生资源进行发电外，还包括使用核能进行清洁高效发电以及对传统火力发电进行低碳化和智能化改造。

(2) 安全高效网络技术。新型电力系统电网侧需要长期稳定地实现高效运行和调配，因此需要新型电网控制技术、新能源并网技术、电力系统安全检测技术等安全高效网络技术对新型电力系统进行实时监测与调节，保证电力系统的安全性与稳定性。

(3) 高效能源利用技术。新型电力系统消费侧随着社会经济的不断发展，已经逐渐呈现出多元化、弹性化特征，柔性智能配电网技术、电气化交通技术、分布式新能源技术等高效能源利用技术是保证能源传输与利用效率、提高电力系统消费侧稳定性、帮助电力系统进行负荷合理分配的重要保障。

(4) 高效能量存储技术。新型电力系统储能侧的储能效率与响应时间会直接影响到整个电力系统的供电稳定性以及相应灵活性。新型高效储能技术以及多元化储能互补技术的发展有助于未来新型电力系统储能侧的合理优化配置。

(5) 数字化支撑技术。随着新型电力系统的发电侧、消费侧、电网侧和储能侧逐渐向多元化、复杂化发展，数字化和智能化技术是支撑新型电力系统满足社会能源需求、长期稳定运行的关键技术，通过大力发展和应用数字化技术，电力系统的设计和调控都将变得更加合理。

8.1.2.4 机制特征

（1）电力市场统一化机制。我国幅员辽阔，地区电力市场差异较大，未来实现全国电力市场统一化是我国新型电力系统的必然要求，有助于在全国范围内实现电力资源的优化配置与协同调控，推进电力市场多级交易体系与功能的进一步完善，维护电力市场稳定和有序运行。

（2）新能源消纳长效机制。目前我国新能源装机容量处于快速增长阶段，然而新能源发电设备由于受电力系统调峰能力不足、网架限电、供电负荷增长缓慢等多重因素影响，新能源电力消纳受限，导致我国部分地区新能源利用率低下。新能源消纳长效机制通过多能互补、灵活调节、科学规划等手段可以充分利用电力系统消纳能力，提高新能源利用效率。

（3）源-网-荷-储协同运行机制。源-网-荷-储协同运行机制是涵盖了电源、电网、负荷、储能的电力系统整体解决方案，是一种可实现能源资源最大化利用的运行模式和技术，通过源源互补、源网协调、网荷互动、网储互动和源荷互动等多种交互形式，更经济、高效和安全地提高电力系统功率动态平衡能力，是构建新型电力系统的重要发展路径。

（4）市场电-碳协同机制。新型电力系统的清洁化升级转型除了依靠技术升级外，市场电碳协同机制也是实现电力系统碳减排的关键手段。通过建立清洁能源交易机制，可以有效推动新能源行业的技术进步，而通过对市场及企业碳排放量进行限制，也可以推动市场节能减排技术的发展。市场电-碳协同机制是将电力市场与碳交易市场紧密相连的桥梁，有助于整合能源治理机制、激发全行业节能减排动力（见图8-4）。

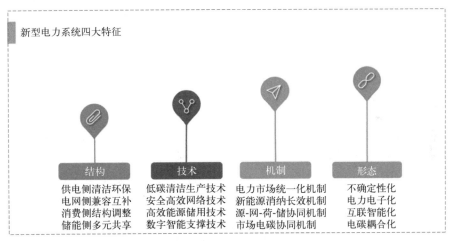

图8-4 新型电力系统特征

8.1.3 新型电力系统的构建与发展

新型电力系统的构建是一个长期、复杂的系统工程，需要在政策设计上做好长远规划和协调统筹，分阶段、分时期实施。我国新型电力系统建设规划与我国"双碳"目标紧密相关，新型电力系统的构建可以分为以下四个阶段（孔力等，2022）。

8.1.3.1 控碳阶段（2030年前）

在控碳阶段，我国西部可再生能源进入快速开发利用时期，此阶段我国能源与电力行业的碳排放量依旧逐年增长，但增长速率随着新型电力系统的不断完善而缓慢下降。此时期我国长距离特高压直流输电技术已经基本成熟，但储能技术仍处于发展阶段，因此电力能源的输送和消纳依然依赖于远距离输电技术，东西部资源还存在着不平衡问题。这一阶段新型电力系统的建设重点是提高电力能源灵活调节能力，整合能源消费侧资源，改善地域资源不平衡问题，提高电网智能化水平和响应速率。

8.1.3.2 稳碳阶段（2031~2040年）

在稳碳阶段，我国能源电力系统转型升级已经有了显著的成效，碳排放量已经趋于稳定且逐年下降，此时，我国经济社会已经进入了实现社会主义现代化的关键时期，在此阶段我国的能源消费侧需求将大幅度增长，因此我国长距离电力输送仍然保持着较大的压力。此阶段我国新型电力系统建设的重点是提高源-网-荷-储协同运行机制与能源电力系统的深度融合，改进电力系统调节能力，提高新能源发电数电量，改善能源互联网分布架构。

8.1.3.3 减碳阶段（2041~2050年）

在减碳阶段，我国能源电力系统已经完成了大部分的技术攻关，碳排放量在此阶段快速降低，碳中和的目标已经趋于完成。在此阶段，我国新能源和储能等技术已经达到世界领先水平，各类能源开发、存储与利用技术的成本得到大幅降低。此阶段我国新型电力系统的建设已经到达收尾阶段，新能源输电量受到远距离输电技术限制而达到峰值。

8.1.3.4 碳中和阶段（2051~2060年）

在碳中和阶段，我国已经实现了"双碳"目标和全面建成社会主义现代化强国的目标，在此阶段我国净碳排放量为零，各地区电力供应已经达到平衡。此阶段我国新型电力系统在国内部分的建设已经完成，未来建设发展的重点将转向跨国长距离电力运输技术。

8.2 能源互联网智能系统

8.2.1 智能电网概述

8.2.1.1 智能电网概念

二十一世纪以来，全球经济社会和科学技术的飞速发展对世界能源与电力行业提出了更高的要求，传统电网发电、输电、配电、售电的功能定位已经不能满足人们日益增长的能源需求。为了突破传统电网在功能和效率上的瓶颈，人们开始探寻新型电网系统的发展前景。

智能电网是在传统电网的技术功能上增加能源资源开发与输送技术、现代信息智能化技术，且可将发电侧、电网侧、消费侧和储能侧的各种设备或系统进行数字化信息共享和调节的智能系统。智能电网相较于传统电网不仅功能更全面、运行效率更高，而且可以有效减少能源电力系统的碳排放和造成的环境污染。

目前世界各国和各大能源组织对智能电网并没有统一的概念，但通常意义上，智能电网是在传统电网的技术与设计基础上，将先进的传感测控技术、智能化信息技术、电力安全技术、人工智能技术、自动控制技术与新能源应用技术加以高度的集成融合而形成的现代化电力网络。现代智能电网可以实现最大化的优化负荷分布与资源最佳利用调度，兼容各类传统能源与新能源，实现能源与电力行业低碳可持续发展（陈树勇等，2009）。

8.2.1.2 智能电网主要特征

智能电网与传统电网相比，其技术特点和运行方式都有着显著的区别，智能电网与传统电网相比具有如下特征：

（1）智能电网相较于传统电网具有更突出的稳定性。智能电网的电力网络分布相较于传统电网更加合理高效，且具有先进的电力安全保护措施。智能电网具有先进的传感测控技术，能够对各类扰动做出精确识别与反馈，因此具有良好的动态稳定性。智能电网中的储能系统可以保证在发电侧故障或供电不足时为消费端补偿电力，而各类电力安全技术可以有效保障电力系统的信息及设备安全。

（2）智能电网相较于传统电网具有自愈性。智能电网在发生扰动或故障时，可以利用其传感测控技术和智能化信息技术对发电系统状态进行实时评估，通过人工智能技术和自动化控制技术第一时间做出反应决策，消除可能存在的安全隐患，及时恢复电力系统的正常运行。

（3）智能电网相较于传统电网具有更广泛的兼容性。智能电网不仅可以弥补新能源自身的缺陷，调控各类新能源发电系统有序接入电网，还可以合理调控传统能源与各类新能源互补配合，提高电力系统能效与稳定性。

（4）智能电网相较于传统电网具有交互性。传统的电网一般只能提供电力生产与运输服务，而智能电网可以通过人工智能和智能信息技术对消费端实行信息识别与反馈，实现人机互动，改变常规的电力消费习惯。通过智能电网与用电市场的信息交互，可以帮助电力系统更好地进行调节控制，及时匹配用电市场的电力需求。

（5）智能电网相较于传统电网具有高效性。智能电网可以利用大数据分析技术、全生命周期分析技术和传感测控技术对电网的运行情况和控制方案进行实时管理，选择合适的运行方案，充分提高能量的传输与利用效率，降低系统运行过程中的成本。

（6）智能电网相较于传统电网具有高度集成性。智能电网不仅集成了传感测控技术、智能化信息技术、电力安全技术、人工智能技术、自动控制技术与新能源应用技术等多种新型技术，而且集成了系统控制、实时监测、能量管理、市场分析等各类信息系统，可以对市场环境、运行情况进行实时分析和预测。

8.2.1.3 智能电网的综合效益

智能电网的综合效益主要包括其经济效益、社会效益以及环境效益。

智能电网的经济效益主要体现在两个方面。一方面，智能电网可以通过对电能的高效调配实现巨大的直接经济利益。智能电网可以有效缓解我国电力紧张和地域资源失衡等问题，有效提高我国电力资源的生产、运输与使用效率，节省了大量经济成本。另一方面，智能电网是多系统、多功能的大型电力网络，其投资成本大、建设周期长、涉及产业广，可以有效推动相关技术和产业的发展与进步，带动相关产业经济增长。智能电网还可以促进经济增长方式转变，带动全国经济实现长期可持续发展。

智能电网除了可以产生巨大经济效益外，还可以产生巨大的社会效益。能源与电力行业是现代国民经济的重要支柱产业，智能电网相关技术的发展不仅可以推动通信、电气、材料、机械、制造业等相关行业的快速发展，还可以为社会提供大量的就业岗位，促进国民经济转型升级，促进全社会资源共享和多行业协同发展。智能电网相关技术的进步还有利于实现我国能源自主，保障我国能源安全，提高我国国际地位和国际影响力。

智能电网对我国能源与电力行业的节能减排工作具有重大的意义。智能电网在发电系统、输电系统、用电系统和储能系统上都具有良好的安全性、经济性和环境友好性。智能电网不仅可以对电源进行综合优化，还可以有效提高电网综合效益，通过蕴含的测控、分析、调节、交互等方面智能技术,还可以对电力负荷进行整形优化,改变用户的用电方式。除此以外,智能电网有力推动了新能源技术和储能技术的发展和应用,降低了传统火力发电在能源与电力行业中的比重及碳排放量。

| 碳中和聚焦 8-1 |

羊场乡纳木村新型电力系统示范区

羊场乡纳木村新型电力系统示范区建设从 2022 年至 2025 年,分三个阶段实施。示范区建成后,将实施应用具有多层次结构的"分布式智能电网",到 2022 年底,部分关键性技术在示范区落地;未来 2~3 年,以"分布式智能电网"为平台的绿色低碳生态链在示范区初步实现闭环,形成系列装备和"分布式智能电网"的系统化解决方案。

示范项目的建设,将促进清洁能源的消纳,保障示范区用户的用电需求,降低用户的用电成本,保证村民绿色安全用电的同时,还能给村民带来收益。与传统的供电系统相比,新型电力系统可储存屋顶光伏发出的电能供用户使用,并且共享至其他地区,用不完的电能还能出售给电网公司,带来额外的收益。

8.2.2 能源互联网概述

8.2.2.1 能源互联网简介

(1)能源互联网概念。在人类社会传统能源结构中,不同类型的能源彼此相互独立,缺乏相互联系与互助互补,总体能源系统能量转换与利用效率低下。随着人类经济社会的不断发展,传统能源结构已经不能满足当今社会对能源电力水平的要求,因此需要对社会能源结构进行改革升级,而能源互联网概念的提出为世界能源基础设施架构的进一步发展提供了可行方案。

能源互联网的主要理念是用新能源替代传统化石能源作为能源与电力系统主要的能量供应源,通过综合利用互联网技术、人工智能技术等新型技术手段,在能源电力系统范围内实现各类能源的共享与配合。目前,国际社会对能源互联网并没有一个统一的定义,不同国家对能源互联网的理解也存在差异。综合来看,能源互联网可理解为综合运用先进的电力电子技术、信息技术和人工智能技术,将大量分布式能量系统和各种类型的资源网络等能源节点互联起来,以实现能量双向流动的能量对等交换与共享网络(马钊等,2015)。

能源互联网不仅改变了能源网络覆盖及运行方式,还推动了互联网技术和理念在能源与电力行业中的应用,改变了传统能源电力行业的管理模式与商业理念。

(2)能源互联网构成要素。能源互联网的主要构成要素有物联网、能源信息网、创新技术平台、服务流程再造以及制度创新等部分。

物联网是互联网领域的一种延伸,是指将各种信息传感设备与互联网结合起来而形成的一个巨大网络。物联网是能源互联网的重要基础,可以使能源系统中的各个部分和设备都接入能源互联网中,实现电力系统的实时监测和调节。

能源信息网是能源电力系统中负责收集、存储、传递、处理全部信息的网络,能源信息网依赖于电子信息技术、大数据技术、云处理技术等技术。

创新技术平台是对能源互联网中各种信息进行综合处理和应用,对能源系统的各个流程进行梳理和优化的智能计算平台。

服务流程再造是指能源互联网通过大数据技术对用户需求以及能源系统运行流程进行深

入分析，再根据分析结果形成实时交互反馈信息，最终合理优化自身资源配置的过程。

能源互联网制度创新是能源互联网相关技术以及相关领域发展的重要推动力，只有不断进行制度创新，才能为能源互联网行业源源不断地注入新鲜活力。

（3）能源互联网与智能电网。能源互联网与智能电网都是新型能源与电力行业的概念，二者存在许多类似的地方，同时也存在着许多不同。

能源互联网与智能电网的接入能源类型不同。智能电网的生产侧产生能源类型只有电能，其他一次和二次能源都无法接入电网中，而能源互联网所包含的能源种类更多，除了电能以外，还有热能、天然气等多种能源，不同类型的能源在能源互联网中可以相互转换，最终实现多能源优化整合。

能源互联网与智能电网的能源接入方式不同。智能电网对于电力系统内各个部分和设备的调度是中心调度形式，即以一个总的控制中心实现对能源系统的调度，而能源互联网采取分级式能源接入方式，系统中的各设备只需服从上一级设备或系统调度，相较于智能电网更加灵活便捷。

能源互联网与智能电网的信息利用模式不同。智能电网是传统电网的升级版本，在信息的采集、利用方面相较于传统电网更加全面、更加智能、更加灵活，但信息的利用方式差异仅仅来源于技术升级，并不存在本质上的区别，而能源互联网通过信息与物理系统有机结合的方式，实现了信息系统与物理系统的融合与耦合优化。

8.2.2.2 能源互联网技术特征

能源互联网作为一种新型能源与信息交换网络，具有互联性、开放性、清洁高效性、协同性和安全性等技术特点。

能源互联网的互联性表现在其内部的各类设施和系统都通过网络紧密连接，国家可以利用能源互联网对发电装置、电网、用电设施等进行调节，各设施之间也可以通过能源互联网相互作用。

能源互联网的开放性主要表现在各类新能源在电力系统中的接入，同时也支持消费端用户接入能源互联网平台，为用户提供更加便利的能源服务，提升用户的参与度。

能源互联网的清洁高效性主要表现在各类电能系统在能源互联网中接入的兼容性和及时性，能源互联网可以调度多种清洁能源和储能设施，根据用户的实际需求提供清洁高效的能源服务，降低能量在运输和使用环节的损耗。

能源互联网的协同性主要表现在各类能源形式在能源系统内的协同、能源传输和利用方面的协同、不同区域之间的协同等。

能源互联网的安全性主要表现在能源安全技术先进、运行及信息安全标准严格、意外故障反应迅速等，安全可靠是能源与电力行业发展的必要前提，能源互联网的安全稳定与经济社会发展、人民生活幸福有着不可忽视的关系。

8.2.2.3 能源互联网分类

能源互联网根据其规模大小和应用场景可以分为跨国能源互联网、国家能源互联网、城市能源互联网和社区能源互联网。

跨国能源互联网主要用于跨国、跨洲尺度的能源转换、运输及交易，一般用于运输电能或氢能等能源，跨国能源互联网对不同国家之间的经济贸易、资源配置以及国际合作有深远的影响。国家能源互联网主要用于国内跨城市、跨省份的能源生产、运输、消纳及存储，是我国能源与电力行业进一步发展的关键基础，也是我国能源系统提高总体运行效率的重要保障。城市能源互联网主要用于城市内能源的生产、运输及分配，城市能源互联网的发展情况对其所在地的经济水平以及各行各业的发展具有重大意义。社区能源互联网是最基础、最小型的能源互联网，是其他能源互联网的重要组成部分，主要负责工厂、建筑群、居民区等小型系统内的能源分配管理（田世明，2015）。

能源与电力行业的稳定高效运行离不开各级别能源互联网之间相互协同与相互联系，各级能源互联网共同构成了多层次一体化的综合能源互联网架构。

8.2.3 "源-网-荷-储"运营模式

电力系统"源-网-荷-储"运营模式的概念最早由华北电力大学曾鸣教授提出，"源-网-荷-储"四个字分别对应电力系统中的电源、电网、负荷与储能环节，这些环节通过多种交互手段可以有效提高电力系统的综合效率与统筹控制能力，从而实现能源资源的最大化利用（见图8-5）。"源-网-荷-储"运营模式是解决当前我国能源电力系统双侧随机问题的可行方案。"源-网-荷-储"运营模式主要包含"源-源互补"、"源-网协调"和"网-荷-储互动"三个方面（曾鸣等，2016）。

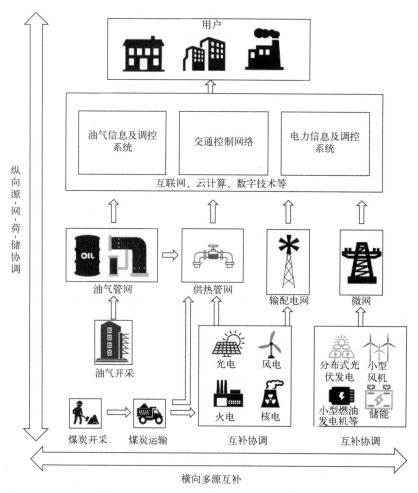

图8-5 电力系统"源-网-荷-储"运营模式

"源-源互补"是指电力系统中不同发电能源之间的协调互补。"源-源互补"主要包括传统能源与传统能源之间、新能源与新能源之间、传统能源与新能源之间的协调互补,除此之外,还可以将消费侧资源视为发电侧资源,实现发电侧与消费侧资源的协调互补。"源-源互补"有利于避免因发电资源的不稳定性而导致的一系列不利影响。

"源-网协调"是指电力系统中发电能源与电网之间的协调,通过智能化信息采集技术与自动控制技术对不同特点的电源进行协调优化,充分调动发电资源潜力与消费侧资源潜力。

"网-荷-储互动"是指电力系统中电网、负荷与储能设备之间的互动,通常是将储能及具备电能供需一体化特征的消费侧设备视为消费侧资源,引导电负荷系统对发电系统进行出力追踪,并提高电力系统各环节的匹配程度。

电力系统"源-网-荷-储"运营模式基本架构主要包括供应侧、电网侧、消费侧及信息控制系统,其中,供应侧主要包含分布式新能源发电、储能设备及近似处理过的消费侧资源等分散式资源和火电、核电、大型光伏基地等集中式资源。电网侧主要包含围网、电网、输电线路等网络构成的多元化智能输送网络。消费侧主要包括系统各用电单元或聚合单元系统,信息控制系统主要包括数据采集、智能分析、自动控制等系统。

能源互联网赋予了"源-网-荷-储"运营模式更广泛的技术内涵,"源"不仅仅指电力能源,也包含了石油、天然气等多种资源;"网"包括电网、石油管网、供热网等多种资源网络;"荷"不仅包括电力负荷,还包含用户的多种能源需求;而"储"则主要指多种储能技术及设备。能源互联网背景下的"源-网-荷-储"运营模式具体可以分为横向多源互补及纵向"源-网-荷-储"协调。

横向多源互补衍生于电力系统"源-源互补"的理念,能源互联网中的横向多源是指电力系统、石油系统、供热系统、天然气供应系统等多种能源系统。通过横向多源互补,能源互联网的运行稳定性得到了保障,用户也可以根据实际需求自由选择能源资源的组成成分。纵向"源-网-荷-储"协调衍生于电力系统"源-网协调"和"网-荷-储互动"的理念。能源互联网中的纵向"源-网-荷-储"协调一方面指通过多种能量转换技术及信息流、能量流交互技术,实现能源资源的开发利用和资源及能量传输网络之间的相互协调,另一方面指将用户的能源消费需求统一为一个整体,利用消费侧资源促进能源电力消纳和相关系统的稳定运行。

电力系统"源-网-荷-储"协调优化运营模式主要包括基础条件分析、系统规划、系统运行和全过程综合评价四个部分,如图8-6所示。

基础条件分析是开展电力系统"源-网-荷-储"协调优化运营模式的前提条件,需要对目标区域进行发展现状评估及预测当地未来发展趋势。基础条件分析可为电力系统的开发升级提供宝贵的数据信息支撑。

系统规划是结合基础条件分析所获得的数据,选择合适地点开展能源模块构建,系统规划要求考虑到未来电力系统的运营要求,分散能源模块与集中能源模块相互补充。

系统运行需要通过信息通信网络收集用户及发电系统的信息,通过大数据智能分析系统为消费端提供最优的能源使用方案,实现能源互联网双侧协调优化。

全过程评价是能源互联网项目运营一段时期后进行的运营情况评价分析,运用综合评价方法进行对比分析,寻找项目缺陷并进行循环修正。

能源互联网"源-网-荷-储"运营模式将能源互联网的能量开发、分配、使用、储存几个环节协调统一为一个有机整体,不仅能够实现能源资源的优化配置,还能促进新能源的高效开发利用,提高新能源在能源互联网中的比重。

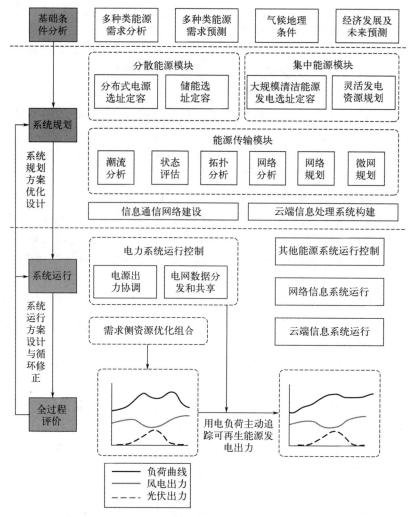

图 8-6 能源互联网"源-网-荷-储"运营模式基本流程

| 碳中和聚焦 8-2 |

三峡乌兰察布新一代电网友好绿色电站示范项目

2021年12月29日，随着并网发电指令下达，三峡乌兰察布新一代电网友好绿色电站示范项目首批机组成功并网发电，标志着乌兰察布市新能源产业发展迈出关键性步伐。

三峡乌兰察布新一代电网友好绿色电站示范项目是乌兰察布市深入贯彻落实"全力做好现代能源经济这篇文章"重要指示精神的生动实践，也是乌兰察布市探索新能源就近消纳的新模式、新应用的具体举措。

三峡乌兰察布新一代电网友好绿色电站示范项目是三峡乌兰察布"源-网-荷-储一体化"示范项目的核心组成部分，建设规模200万千瓦，含风电170万千瓦，光伏30万千瓦，配套建设55万千瓦×2小时储能。本次实现首批并网的是一期50万千瓦项目，项目建设内容为42.5万千瓦风电、7.5万千瓦光伏和14万千瓦×2小时储能。项目全部建成后，将成为全球电化学储能装置配置最大的单体新能源场站，国内首个单体储能配置规模达到千兆瓦时的新能源场站，也将成为新一代电网绿色友好新能源电站的示范标杆。

8.3 多元互补综合能源发电体系

8.3.1 互补发电技术的界定

随着人类经济社会的不断发展，传统化石能源已经逐渐不能满足现代电力市场的高效和可持续发展要求，因此，风能、太阳能、核能等一系列新能源迅速崛起，成为了未来世界能源与电力行业必不可少的组成部分，然而，目前绝大部分新能源形式还存在着难以弥补的缺陷，如太阳能和风能受气候环境影响大、发电量存在较大的峰谷差值，不利于电力系统的稳定持续供电。互补发电是不同种类能源相互联系协调、相互补充的一种新型发电形式，可以有效利用不同能源的优秀特性，避免不同能源的缺陷问题，因此互补发电技术已经成为新型综合能源系统研究领域的重要方向。

能源互补发电一般可以分为传统能源与传统能源互补发电、传统能源与新能源互补发电、新能源与新能源互补发电三种形式。随着以化石能源为主的能源结构向化石燃料、核能和可再生能源的多元化结构转型，后两种互补发电形式的互补发电系统技术可以有效利用多种新能源的不同特性，根据实际生产需求组成多种综合发电系统，大幅度提高系统的可靠性，减小新能源给电网带来的不利影响，提高新能源的竞争优势。

8.3.2 互补发电方式

8.3.2.1 光火互补发电

太阳能光热发电是一种间接的太阳能热发电，主要采用的是聚光型技术。太阳能光热电站主要由光场、储热系统和热力循环系统三部分构成。

常规火电机组的电力来源是化石燃料燃烧所释放的热量，而光热电站的热量来源是太阳能。光热电站通过大量的反射镜将太阳能聚集起来并加热传热流体，传热流体一方面可将热量传递给储热系统进行储存，在需要利用时使储热系统放热再次加热传热流体，也可以将热量传递给热力循环系统，产生过热蒸汽进入汽轮机进行发电。储热装置一般包括单罐式和双罐式储热，按照储能方式的不同又可分为显热储热、相变储热和化学反应储热。双罐熔盐储热系统是目前技术成熟度与安全性较高的储热系统，双罐式光热电站的结构图如图8-7所示。

光热发电与火力发电的互补方式主要有热互补与并网两种。

光热与火电机组热互补的主要技术手段是将光热电站的聚光集热系统吸收到的热量传输到常规火电机组发电的朗肯循环中参与发电。热互补发电可以省去光热发电的储热系统与热力循环系统，提高了火力发电的发电效率并减少了化石能源的消耗及发电过程对环境的污染，降低了火电机组改造的经济成本。光火热互补一般有光场与机组回热系统并联、光场与锅炉汽化段并联、光场与机组的回热系统和锅炉汽化段二者相并联这三种设计方式。

光热与火电机组的并网不需要消耗一次能源，光热电站并网后，太阳能发电设备与火电机组同时供电，减轻了发电系统中火电机组的发电负荷，减少了生产单位电能污染物的排放。目前我国电网发电端主要为火电机组，而光热发电等新能源发电的并网能有效改善电网的调剂能力，降低火电机组调峰压力，提高电网能量转换效率。

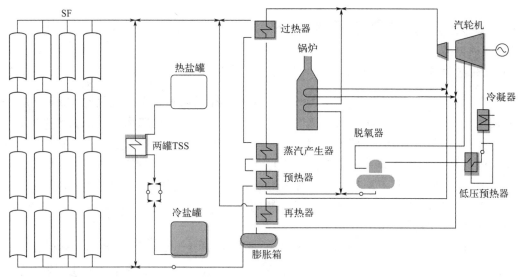

图 8-7 双罐式光热电站结构图（李慧等，2019）

8.3.2.2 风光互补发电

风能发电和太阳能发电是目前新能源行业中技术和配套产业最为成熟的两种，都拥有可再生、低碳清洁、开采成本低等优势，但也同时存在能量密度低、能量稳定性差的缺陷。

风能和太阳能在发电过程中都会受地理环境和天气气候等多种自然环境因素的影响，其发电量存在较大的峰谷差值，因此一般不适用于担任电网单独供电源，然而这两种新能源发电受环境的影响趋势基本相反，夏季、白天阳光强烈时风量一般较小，而冬季、晚上或阴雨天气阳光微弱时风量又会因地表温差大而变大，这种时间上的互补性使得风能和太阳能有着良好的互补发电应用场景，风光互补发电系统相较于独立发电系统具有更强的稳定性和实用性。

由于风能、太阳能的稳定性较差，难以长期提供稳定的能量产出，因此需要增设储能设备将高峰期发电量存储起来，在低谷期进行释放以保证能量供需平衡。以蓄电池为能量载体的化学储能是目前技术最为成熟、应用最为广泛的储能方式之一。在太阳能光伏发电系统和风力发电系统中，被转换为电能的太阳能或风能首先对蓄电池进行充电，然后根据用电负荷通过逆变器对消费端进行交流负载供电。一般来说，太阳能电站的造价较高、可靠性较高、维护成本较低，而风能电站则刚好相反。单纯引入蓄电池设备虽然可以改善两种发电系统的稳定性，但系统发电量的波动性会引起系统的供电与用电负荷的不平衡，从而导致蓄电池组处于亏电状态或过充电状态，长期运行会降低蓄电池组的使用寿命，增加系统的维护投资。因此，风光互补发电系统是解决电量供需不平衡、延长机组使用寿命、降低系统维护工作量的一种合理的独立供电方案（荆涛等，2022）。

8.3.2.3 生光互补发电

太阳能发电与传统火力发电互补发电系统是解决太阳能发电不稳定性、弥补太阳能发电相关储能技术不成熟性、降低太阳能技术与安全风险、提高循环发电效率的有效手段，目前光火互补发电已经得到了长足的研究，然而光火互补发电系统并不能从根本上解决化石能源燃烧造成的温室气体及污染物排放、化石能源资源短缺等问题，因此研究太阳能发电系统与其他新型能源发电系统的互补发电技术对我国能源行业的进一步转型升级具有重要意义。

生物质能来自于植物的光合作用，广义上来说也是太阳能的一种分支，与太阳能同为清洁低碳的可再生能源。生物质能最普遍和成熟的应用方法为直接燃烧，生物质中通过光合作用得到的含碳组分本身来源于空气，因此其燃烧并不会引起大气含碳量的增加，且生物质中一般硫化物、硝化物含量较少，燃烧过程中不易产生污染物排放。与使用化石能源的火力发电站相比，生物质直接燃烧发电站规模较小，因此不适用于单独作为电力系统的电力供应来源。

新型生光互补发电系统的主要特征是根据太阳能产热与生物质能产热的特点，对给水进行分级匹配加热。首先通过太阳能集热器加热段导热油为给水提供初步加热，使其经过预热、蒸发、过热后生成中温高压蒸汽，随后通过生物质燃烧锅炉产生的高温烟气将中温高压蒸汽加热为高温高压蒸汽，最后进入发电设备进行发电。新型生光互补发电系统流程图如图8-8所示。生光互补发电系统包括太阳能集热系统、生物质燃烧系统和发电系统（周鹏，2014）。

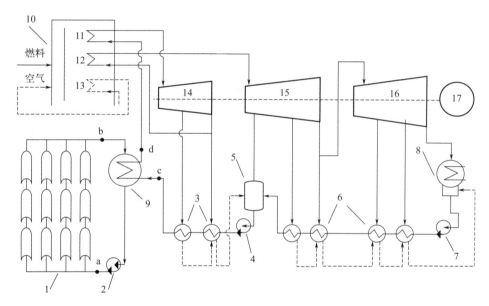

图 8-8 新型生光互补发电系统流程图（周鹏，2014）

1—太阳能集热场；2—导热油泵；3—高压给水加热器组；4—高压水泵；5—除氧器；6—低压给水加热器组；7—凝结水泵；8—冷凝器；9—油水换热器；10—生物质锅炉；11—过热器；12—再热器；13—空气预热器；14—高压缸；15—中压缸；16—低压缸；17—发电机组

8.3.2.4 水风光互补发电

水力发电具有技术成熟、启停速度快等独特优势，可以有效弥补风力发电和光伏发电的不足，形成更加完善、更加先进的互补发电系统。水风光互补发电共有常规水风光互补发电、储能工厂水风光互补发电、抽水储能水风光互补发电三种技术形式（任德江，2020）。

常规水风光互补是指将水电厂、风电场与太阳能电厂进行并网，根据日照水平、风力水平进行综合调度，调整各机组在不同时段的出力比例，保证混合能源平稳输出、减少电网波动性能。

储能工厂水风光互补是指将风力发电系统与光伏发电系统组合为局域电网，在发电时带动水泵将低位的水抽至高位，将能量以水的势能的形式存储起来，需要供电时再将水向低位排放，带动水电机组产生电能并为电网供电（见图 8-9）。由于风能和太阳能波动较大，需要通过水泵和电动机进行动态调节，因此储能工厂水风光互补对大型水泵和电动机的设计制造水平要求较高。储能工厂为电网实现供电时仅采用水电机组，在此供电模式下水电机组的运行环境得到极大改善，有助于延长机组使用寿命。除了风光水互补发电，储能工厂也能单独用于风能、水能、太阳能发电和储能任务，具有多种配套运行模式，可以根据电力系统的实际需求进行灵活切换。

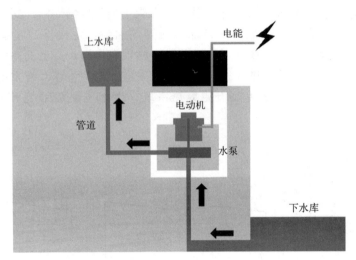

图 8-9　储能工厂水风光互补发电

抽水储能水风光互补是指将风力发电系统、太阳能发电系统和抽水储能系统同时并入大型电网中，通过综合互补匹配实现发电系统削峰填谷效果，实现电网平稳出力。

|碳中和聚焦 8-3|

城市内风光水储抽水蓄能电站

2022 年 6 月 6 日，武汉市新洲区阳逻污水处理厂全国首个市内风光水储抽水蓄能多能互补微电网项目一期示范项目成功发电。

该示范项目由国网武汉供电公司营销运营中心、武汉大学和东湖高新集团公司协同研发建设，以武汉市阳逻污水处理厂为实验基地，一期安装 18 千瓦轴流式水轮发电机，充分利用排入长江的污水处理尾水落差进行水力发电，并配置了建设在泄水池上方分布式实验用光伏电站和分布式风力发电，充分实现了多能互补。二期建设水位落差 10 米 1500 立方米水箱，安装轮机式 50 千瓦水轮发电机，通过夜间利用低电价抽水蓄能，负荷尖峰时刻泄水发电，削峰填谷。远期还规划了沼气发电和采用氢能储能，实现"风-光-水-储-沼气-氢能"等多种能源互补的运行模式。预计水轮机组年均利用小时数为 8500 小时，是光伏电站发电时间的 8 倍，电站整体每年可生产清洁电量一期 150000 千瓦时，实现替代标准煤 76.2 吨，减少二氧化碳排放 261.9 吨，二期利用谷电抽水至 10 米水箱，峰电时段泄水发电，预计每年发电为 500000 千瓦时，远期还将利用收集污水处理中产生的沼气发电和使用污水处理后尾水作为原材进行氢能储能，实现资源循环利用，为城市绿色低碳高质量发展提供了新的思路。

本章小结

（1）本章对电力企业的发电体系进行了概述，分析了新型电力系统和现代能源互联网智能系统的主要特征，对能源互补发电系统的主要原理和应用场景进行了介绍。

（2）新型电力系统相较于传统电力系统在结构、形态、技术和运行机制上都有很大不同，新型电力系统的构建与我国双碳目标的达成具有相辅相成的关系。

（3）智能电网与能源互联网是现代能源与电力行业最有代表性的技术概念，智能电网使得现代电力网络具有了智能性、互联性、自动性运输特性，而能源互联网的发展和应用则直接推动了能源与电力行业的改革升级，改变了能源与电力行业的运行模式。

（4）多能源互补发电是充分发挥各类能源优势特点、弥补新能源发电缺陷的一种有效技术手段，根据应用场景的不同，多能源互补发电系统有多种不同的表现形式。

关键术语

新型电力系统（new power system）
智能电网（smart grid）
能源互联网（energy internet）
源-网-荷-储（source-net-load-storage）
能源互补发电（complementary power generation）

复习思考题

（1）新型电力系统与传统电力系统有哪些区别？
（2）什么是智能电网与能源互联网？它们之间有什么区别？
（3）能源互补发电有哪些实现方式？为什么要使用不同能源进行互补？
（4）请简要阐述能源互联网的运行方法，并谈谈你对能源互联网的看法。

9 能源电力企业碳中和技术的发展

❖ **学习目标**

(1) 掌握碳捕集、利用与封存技术，了解相关技术的风险与风险评价方法。
(2) 理解数字经济和数字技术的相关概念和其在"双碳"目标中的意义和作用。
(3) 掌握生命周期分析方法和碳成本的相关概念，理解企业碳成本的计算方法。

❖ **开篇案例**

技术减碳新模式将加速迈向碳中和

2019 年，联合国政府间气候变化专门委员会（IPCC）指出：我们必须将全球变暖限制在 1.5℃之内。1.5℃的气候变化控制目标不仅仅是学界和联合国的认知，更受到了各国政府的肯定。《巴黎协定》由全世界 178 个缔约方共同签署，明确指出各缔约国的长期目标是将全球平均气温较前工业化时期上升幅度努力限制在 1.5℃以内。然而，仅仅依靠提升能源利用效率、增加新能源装机比例等减碳措施，是无法达到《巴黎协定》制定的 1.5℃温度控制目标的，因此，需要对大气中的碳进行捕集、利用与封存。

与此同时，数字经济的飞速发展与数字技术的升级也给"双碳"目标的实现注入了新的活力。数字技术在碳足迹、碳汇等领域的深度融合可以促进能源行业的数字化监测、排放精准计量与预测、规划与实施效率提升，从而大幅提升能源使用效率，直接或间接减少能源行业碳排放量。此外，数字技术引领的新业态、新模式变革还可以助推能源消费理念转变，重构能源商业模式，助力我国碳达峰、碳中和目标的实现。因此，在国家持续推进能源领域数字化转型背景下，加强我国能源行业数字技术融合创新及应用对实现碳中和目标具有重要战略意义。

9.1 二氧化碳捕集、利用与封存

9.1.1 CCUS 技术概述

随着全球经济社会的不断发展和能源需求量的进一步提高，全球气候环境问题已经引起了全球各国的普遍重视。化石燃料燃烧产生的二氧化碳及其他污染物排放是造成全球气候变暖、极端天气频发、海平面上升等环境问题的一大重要原因。如何有效控制和减少二氧化碳的排放量是当今全球共同面临的技术难题。

二氧化碳捕集、利用与封存（CCUS）技术最早起源于 20 世纪 70 年代，是目前世界各国实现二氧化碳节能减排与净零排放的有效方案，对世界各国应对处理环境问题、推动我国

"双碳"目标达成和能源与电力产业绿色低碳的可持续发展具有重要战略意义。CCUS 技术主要包括碳捕集技术、碳运输技术、碳利用技术和碳封存技术。

9.1.1.1 碳捕集

火电厂和工业生产是二氧化碳捕集技术最常见的应用场景。火电厂二氧化碳捕集技术是指通过一系列物理或化学反应,将火力发电过程中燃料、氧化剂和燃烧产物中的碳进行捕集的一种技术,主要包括燃烧前捕集、富氧燃烧和燃烧后捕集三种类型,如图 9-1 所示。

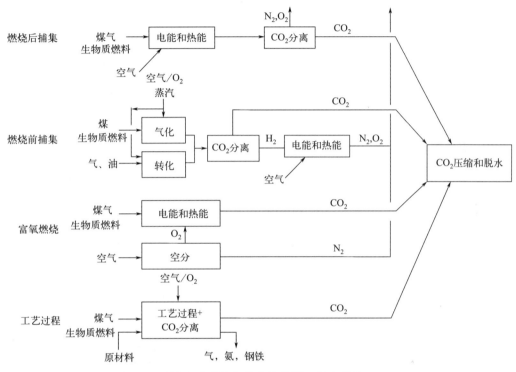

图 9-1 不同方法碳捕集技术路线图(赵志强等,2021)

燃烧前碳捕集技术的工作原理是在高温高压条件下,将化石固体燃料进行粉末化处理并与水蒸气、氧气一同入气化炉中分解生成氢气和一氧化碳混合气体,再经冷却和催化重整生成以氢气和二氧化碳为主的水煤气,对水煤气中的二氧化碳传感器进行分离、提纯和压缩,将剩余氢气作为氢燃料用于氢燃料发电等领域。

富氧燃烧技术的工作原理是采用高纯度的氧气代替空气与燃料燃烧,生成以水和二氧化碳为主的烟气,再经进一步处理得到高纯度的二氧化碳。富氧燃烧具有产生的二氧化碳易于提纯、无须添加溶剂等优点,但所用到的大量高纯度氧气的制取较为困难。

燃烧后捕集技术的工作原理是通过添加化学试剂的方法从电厂排出的烟气中分离出二氧化碳,然后对分离剂采取加热等措施使二氧化碳与分离剂分离得到高纯度二氧化碳,所用分离剂可重复使用。

在工业生产应用中,二氧化碳的捕集一般可分为吸收法、变压吸附法和低温蒸馏法三种。吸收法分为物理吸收和化学吸收两种,且通常用于二氧化碳含量低于 20% 的情况。变压吸附法适用于二氧化碳浓度在 20%~60% 之间的气源,具有产品纯度高、工艺过程简单、全自动化运作、生产成本低等优良特性。低温蒸馏法适用于气源中二氧化碳浓度在 90% 以上,且产品纯度要求高、需要对二氧化碳进行液化储运的场合,若二氧化碳需要转换为固态干冰的形式,则需要采用低温高压精馏法。

9.1.1.2 碳运输

二氧化碳的运输指将二氧化碳分离并压缩后通过管道或运输工具运至存储地或应用地。常见的商用二氧化碳运输方式主要有管道运输、罐车运输和船舶运输三种。

就目前而言,二氧化碳管道运输是二氧化碳进行大规模、长距离运输最经济、最高效的方法,其相关技术已经十分成熟,但陆上二氧化碳管道运输易受到地理环境的影响。为了尽可能降低二氧化碳运输成本,二氧化碳在管道内应处于超临界状态,需要对管内二氧化碳进行加压处理。

二氧化碳罐车运输是将二氧化碳以液态的形式储存于低温绝热的液罐中进行运输。二氧化碳罐车运输根据运输距离和容量可以分为公路罐车运输和铁路罐车运输两种。相较于管道运输,二氧化碳罐车运输灵活性更强,但运输成本较高,无法连续供应且二氧化碳在运输工程中容易泄漏。

二氧化碳船舶运输是将二氧化碳以液态的形式储存于船舶的低温绝热容器中,二氧化碳船舶运输的特点与罐车运输相似,适合于长距离的跨国运输或海上运输。

9.1.1.3 碳利用

强化采油(CCUS-EOR)技术是二氧化碳利用的常见技术手段之一。强化采油技术的原理为利用高压将超临界或密相二氧化碳注入储油层中,通过二氧化碳挤压作用驱动原油流向生产井,从而提高原油的采收率,同时也可以将二氧化碳封存在储油层中。根据国内外实践经验,每提高1吨原油产量需要多消耗2~4吨的二氧化碳,我国是二氧化碳捕集大国,强化采油技术在我国石油地质开发领域有着广阔的应用前景。图9-2为强化采油技术工艺流程图。

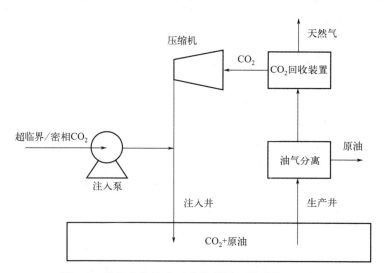

图 9-2 强化采油技术工艺流程图(陈兵等,2018)

强化采油技术主要受到储油层温度、压力、地理环境、原油组分等因素的影响。强化采油技术的驱油方式可分为非混相驱油和混相驱油两种。

非混相驱油主要适用于储油层压力较低、温度较高、重组分较多的环境,在此条件下二氧化碳与原油表面张力较大,二氧化碳可抽提部分原油的轻质组分,同时部分二氧化碳溶解于原油中使其膨胀并降低黏度，便于原油的开采，但此状态下二氧化碳不能与原油形成混合相。

混相驱油主要适用于压力较高的油藏，当地层压力高于最小混相压力时，二氧化碳与原油界面张力趋近于零，二氧化碳可抽提较多原油的轻质组分，同时大量二氧化碳溶解于原油中，与原油形成混合相，大大增加了原油的流动性，因此其强化采油效率高于非混相驱油。

9.1.1.4 碳封存

碳封存技术是指将二氧化碳捕集后，通过处理和运输到地底或海底进行长期储存，或直接通过生物化学作用把二氧化碳储存在植物、土壤和地下沉积物中。

目前常用的碳封存技术手段主要分为海洋封存与地质封存两种。

二氧化碳的海洋封存是指将二氧化碳高压液化并注入海底。二氧化碳在海平面2.5km以下的区域受到深海压强的作用，会保持液态的存在形式，而液态二氧化碳的密度大于海水密度，因此可以长期存储在海洋底部。

二氧化碳的地质封存是将超临界或密相二氧化碳储存在地下800m到1000m左右的地质区域内，超临界状态的二氧化碳具有流体性质，可实现长期封存。地质封存中常用的封存方式主要有枯竭油气藏封存、深部咸水层封存和煤层封存。

枯竭油气藏封存是指将二氧化碳存储在枯竭的油气藏中，油气藏的地质状态适用于二氧化碳封存，该种方式是唯一成熟的二氧化碳封存技术。

深部咸水层封存是指将二氧化碳封存在地底深部的咸水层，该地质处的水不能作为饮用水，不具有开采价值，而且二氧化碳在咸水层中会与矿物质缓慢反应生成碳酸盐，因此咸水层是理想的碳封存场景。

煤层封存是指将二氧化碳封存在煤层中，煤层对二氧化碳有较强的吸附力，二氧化碳可置换出煤层中的甲烷，增加煤层气的采收率，但二氧化碳在煤层中会发生溶胀反应，导致煤层空隙变小，阻碍后续二氧化碳的注入，因此二氧化碳的煤层封存前景十分有限（王丹，2020）。

9.1.2 CCUS技术风险

CCUS技术经过了近几十年的发展，如今依然还存在诸多没有攻克的技术难题和安全风险。随着世界各国对CCUS技术的不断深入研究与应用，CCUS技术存在的经济、环境、安全风险受到了越来越多的重视。当前，CCUS技术的风险问题主要聚集在二氧化碳运输阶段和地质封存阶段。

9.1.2.1 碳运输风险

二氧化碳管道运输是二氧化碳运输最常用的运输方式，拥有使用寿命长、运输损失小、稳定性强等诸多优点，但同时也存在着诸多安全隐患。二氧化碳泄漏问题是二氧化碳管道运输技术中最常见、最难解决的风险，输运管道的老化、腐蚀、机械损伤、设计缺陷等问题都有可能使管道失去抗压能力甚至发生严重断裂，造成二氧化碳泄漏。二氧化碳的泄漏不仅会造成输运系统经济损失，还有可能对周围生态环境以及相关工作人员的生命健康安全产生严重损害。

二氧化碳在输气管道运输过程中通常处于超临界或密相状态，具有非常大的压力。高压二氧化碳在发生管道泄漏事故后，管道内部压力环境遭到破坏，二氧化碳迅速生成两相流并泄漏至管外，由于二氧化碳自身静压和环境压力相对大小发生改变形成马赫盘。随着不断泄漏，泄漏出去的二氧化碳压力逐渐降低，会发生正向的焦耳-汤姆孙效应，即二氧化碳的温

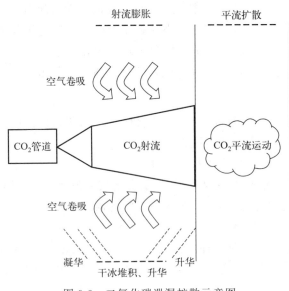

度会随着压力的下降而下降，剧烈的温降会使得二氧化碳发生相变生成干冰，随着时间的推移，干冰逐渐升华变回气相（见图9-3）。

二氧化碳自身的物理性质使得其发生泄漏后会造成许多危害。首先，二氧化碳的正向焦耳-汤姆孙效应会导致其温度迅速降低，这不仅会导致泄漏点发生过冷脆断使得泄漏更加严重，还会在泄漏处生成干冰，造成周围相关机械故障、环境破坏以及生物冻伤。二氧化碳是一种无色无味的气体，因此泄漏不易被察觉，过高的二氧化碳浓度会导致附近人员或其他生命体窒息，危害到其生命健康安全。

图 9-3 二氧化碳泄漏扩散示意图

9.1.2.2 碳封存风险

二氧化碳在封存阶段存在的风险大致可以分为二氧化碳在封存阶段存在的泄漏风险和二氧化碳封存场所本身的安全风险两类（贺凯，2019）。

二氧化碳在封存阶段存在泄漏风险以及泄漏引发的给环境、生态以及人体生命健康安全带来的一系列风险。二氧化碳封存风险主要来自于地底封存，二氧化碳的泄漏可能会增加地面二氧化碳浓度，从而对人体及其他自然界生命体的生命健康造成威胁。除此之外，地下二氧化碳的泄漏也可能造成地下水污染。

二氧化碳封存场所本身的安全风险主要包括二氧化碳在封存场所的活动行为风险、注入井和泄漏井的完整性风险以及封存场所底层断裂风险等，由于许多封存场所无法直接进行测量，所以二氧化碳封存场所本身的安全风险研究需要依靠计算机进行数值模拟仿真。

9.1.2.3 风险评价方法

风险评价是项目开发应用必不可少的关键环节之一。风险评价是指在风险识别和风险估计的基础上评估风险发生的概率及危害程度，并决定是否需要采取相应措施的行为，对CCUS可能导致的风险事故进行风险评价可以有效避免风险事故的发生、减少风险事故带来的损失、提高 CCUS 技术的安全性与稳定性。

如图 9-4 所示，风险评价的技术过程一般包括风险因素识别、风险因素分析、风险评价和风险应对四个阶段（宣亚雷，2013）。

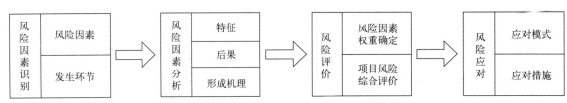

图 9-4 碳封存项目风险评价流程

风险因素识别与分析是风险评价技术的基础和起点，风险因素识别可以对造成风险的因素及产生风险的环节进行识别，从而得到风险因素产生的特征、后果及形成机理，为风险规避与风险应对措施提供指导性思路。

风险评价是对风险概率及可能造成的损失进行定量分析计算的技术。通过分析不同风险因素的权重，可以对项目风险等级进行综合评价。

风险应对是根据风险评价结果和评价目标的实际情况，制定相应的风险规避、风险应对、风险降级策略的步骤。

9.1.2.4 CCUS 风险应对措施

CCUS 技术的发展和应用推广面临着来自技术发展、环境安全、社会认可、市场规模、能源资源以及政策法规等六个方面的风险，而 CCUS 技术风险的应对也可从这六个方面进行预防。

在技术发展方面，CCUS 相关产业应当加大相关技术研发投入，鼓励技术合作与交流，主动开展技术培训，引进国外先进技术。在环境安全方面，应当制定完善的 CCUS 技术环境影响指标，加强 CCUS 技术应用的监管，避免 CCUS 技术对环境的破坏。在社会认可方面，应积极向群众科普和推广 CCUS 技术原理，鼓励公众参与到 CCUS 相关行业中来。在市场规模方面，应当加大相关政策和经济支持力度，积极推动全球化合作，建立完善的碳交易市场和经济模式。在能源资源方面，应当积极推进 CCUS 技术及产业清洁化发展，提高相应风险分析技术，避免 CCUS 技术对自然资源的破坏。在政策法规方面，应当主动借鉴国外先进发展经验，结合我国能源行业发展现状，制定长期有效的发展政策和全面具体的法律法规。

| 碳中和聚焦 9-1 |

百万吨级 CCUS 项目

2022 年 8 月 29 日，中国石化宣布中国最大的碳捕集、利用与封存全产业链示范基地、首个百万吨级 CCUS 项目——"齐鲁石化-胜利油田百万吨级 CCUS 项目"正式注气运行，标志着中国 CCUS 产业开始进入技术示范中后段——成熟的商业化运营。

齐鲁石化-胜利油田百万吨级 CCUS 项目被誉为"工业森林"，投产后每年可减排二氧化碳 100 万吨，相当于植树近 900 万棵、近 60 万辆经济型轿车停开 1 年，可有力推进化石能源洁净化、洁净能源规模化、生产过程低碳化。"齐鲁石化-胜利油田 CCUS 项目"自 2021 年 7 月 5 日开启。作为中国第一个百万吨级 CCUS 项目，也是国内最大的 CCUS 全产业链示范基地和标杆工程，对搭建"人工碳循环"模式具有重要意义。CCUS 项目汇聚中国制造力量，装备的国产化率达到 100%。2022 年 1 月 29 日，用时 96 天，该项目全面建成中交。

9.2 数字技术在碳中和的应用

9.2.1 数字经济概述

9.2.1.1 数字经济的内涵

数字经济是建立在现代信息网络基础上的一种新型经济模式，其概念最早提出于 20 世纪末，以美国、日本为代表的发达国家是世界上最早对数字经济进行研究、预测、规划的国家。数字技术的应用是数字经济区别于传统经济的最显著特征,目前我国对数字经济的定义,是指以使用数字化的知识和信息作为关键生产要素、以现代信息网络作为重要载体、以信息通信技术的有效使用作为效率提升和经济结构优化的重要推动力的一系列经济活动。

数字技术也称数码技术、数字控制技术等,是伴随着电子计算机技术的产生而得以产生与发展的一类技术的总称,是指利用电子计算机等电子设备将图片、文字、声音等信息转换为数字形式进行运算、传输、存储的技术。数字技术一般采用二进制对信息进行编码、压缩和解码处理,典型的数字技术包括区块链技术、大数据技术、云计算、人工智能技术等。

除了数字经济以外,现代社会的经济体系中还存在知识经济、信息经济、互联网经济等新概念,这些新型经济形式相互联系又相互区别,它们的侧重点各不相同(如图9-5所示)。数字经济主要突出了数字技术在现代经济体系中的作用,知识经济主要强调知识作为生产要素在经济体系中的重要意义,信息经济主要强调现代信息及通信技术对经济行业发展的影响,互联网经济强调互联网及有关技术在现代经济社会资源整合、处理、分配中的重要地位。这些技术尽管侧重点有所差异,但都体现出信息产业、互联网产业、人工智能产业等新兴产业对现代社会经济发展与改革的重大意义。

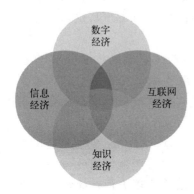

图9-5 相关概念区别与联系

9.2.1.2 数字经济的特征

数字经济是区别于传统实体经济的新型经济模式,与传统经济相比,数字经济在产业资源、技术手段、发展方向、商业模式、治理方式等方面具有显著的特征。

在产业资源方面,实体经济时代的社会生产主要依赖于自然资源、人力资源和各类实体机械资源,而数字经济时代的社会生产模式已经发生了极大的改变,各类数据和信息已经成为数字经济最重要的产业资源。

在技术手段方面,电子信息技术与人工智能技术等新型技术在经济产业中的地位已经发生了本质性的变化。传统实体经济的发展主要依赖于各类农业生产、工业制造、能源电力等实体技术的发展,电子信息技术等数字技术在传统实体经济中主要起到调节、优化作用。数字经济时代中,数据信息是经济产业的核心,工业制造、能源消费、服务业等诸多领域都在进行数字化、网络化与智能化改革。

在发展方向方面,传统经济的核心为工业、制造业、能源电力行业等实体行业,各行各业之间存在一定程度的相互影响与渗透,而数字经济时代,不同行业领域之间的关系更加紧密,互联网、大数据、人工智能等技术的应用极大程度地提高了不同行业的融合发展,有效促进了社会经济的全面发展。

在商业模式方面,数字经济改变了传统商业模式的决策架构,行业竞争不再仅仅局限于单个行业,而是进入到多行业结合、产业生态系统建设的新领域。

在治理方式方面,传统的行业治理机制已经不能满足数字经济多元化、智能化、数据化的发展需求,需要建设以政府监管为主导,各平台、企业、用户主动参与的新型数字经济治理体系,发挥不同社会主体的特点与作用,构建全新的经济治理模式。

9.2.1.3 数字经济的影响

(1) 数字经济的意义

数字经济对于推动社会各行各业发展、促进国际全球化趋势、改善人民生活水平具有重大意义,数字经济对于我国当前阶段的具体作用主要包括改变经济发展逻辑、推动经济增长、提高发展质量、改善就业环境、增进民生福祉等方面。

数字经济对我国经济发展逻辑的影响主要体现在技术革新和产业升级两个方面。一方面,数字技术的推广有助于人工智能技术、无人机自动控制技术、超级计算机技术、5G通信技术等相关技术的发展,从而带动相关领域对于新型技术的应用和产品质量的提高。另一方面,数字技术可以推动全球贸易和各行各业向数字化、智能化、互联化改革升级,构建以数字经济为主体的新一代经济模式,改善我国经济发展质量与生产关系结构。

数字经济也将成为我国经济增长的主要动力。随着世界数字技术的不断升级与推广,数字经济也处于高速发展阶段,数字经济的发展有利于社会各行业的技术升级,可以有效提高社会生产力,促进全球经济社会可持续发展。除了提高社会经济增长速度,数字经济也可以有效提高社会经济发展质量,引领社会经济向数字化、智能化、互联化发展,引领传统行业改革升级,促进信息技术与传统行业深度融合。

数字经济的发展也将产生巨大的社会红利。如今,数字技术与数字经济已经对社会各行各业产生了深远的影响,已经成为当今社会生态不可或缺的重要环节。数字经济不仅可以有效提高国际竞争力,也可以为国家和社会提供巨大的就业创业市场,孕育和造就一大批优秀的国民企业。此外,数字技术也有助于提高人民群众知识水平,为劳动人员提供就业技术与机会;数字技术可以为生活的方方面面提供便利,增强人们日常生活的幸福感。

(2) 数字经济对传统经济的冲击

数字经济是世界各国实现经济快速发展和社会改革升级的重大机遇,但同时也会给传统经济带来一定程度的挑战与冲击。在享受到数字技术和数字经济带来的红利的同时,国家也应及时调整传统经济的运行和发展政策,正确应对数字经济带来的挑战。

首先,数字经济会引领传统经济从摩擦经济转向非摩擦经济。摩擦经济是指高交易成本的经济,如在古代,交通运输技术不发达会引起长距离交通成本过高,因此跨区域贸易在古代就是一种典型的摩擦经济行为。摩擦经济会降低市场活力和交易效率,限制各行业的发展。随着数字技术的不断发展和互联网信息技术的不断普及,如今各行各业的交易成本已经得到了很大的控制,传统经济中的摩擦性已经越来越低。

数字经济也会促使各行业向可持续方向不断发展。传统经济受到科学技术水平的限制,长期处于高排放、低效率的发展模式,并不能解决社会经济增长和环境资源恶化之间的矛盾。数字技术的发展和数字经济时代的到来极大地促进了新能源技术的发展和各行各业的清洁化转型,数字经济不仅有助于人类更有规划、更有效率地利用地球环境资源,也可以帮助人类更好地维护、恢复健康的自然生态环境。

数字经济本质上是一种信息服务型经济和生产服务型经济,随着数字技术的不断发展与创新,数字经济时代服务业的市场规模和目标范围也越来越大,服务性工作的中心任务逐渐由生产辅助与个人服务转型到对信息的收集、处理和分配工作。在生产方面,科学技术的发展和信息技术的普及直接降低了企业在产品质量与生产成本之间的差异,企业的竞争方向逐渐转向服务质量。另一方面,数字经济带来的社会信息量激增虽然促进了社会经济的发展,但个人用户对信息的接收与处理能力是有限的,过量的信息会降低个人用户的有用信息获取效率、消耗消费者的注意力，使消费者的注意力成为一种宝贵的稀缺资源。

数字经济是生产服务型经济。计算机、因特网的核心技术直接渗透在市场调研、研究与试验、设计、采购、产品检测、市场营销和售后服务等过程，改变了工业经济时代车间劳动的生产方式。这种背景下，企业之间在产品质量和成本方面的竞争将渐渐退出历史舞台，竞争的焦点将转到服务质量上。

| 碳中和聚焦 9-2 |

数字经济

据中国信息通信研究院数据，2020年，发达国家数字经济规模达到24.4万亿美元，占全球总量的74.7%。发达国家数字经济占国内生产总值比重达54.3%，远超发展中国家27.6%的水平。从增速看，发展中国家数字经济同比名义增长3.1%，略高于发达国家数字经济3.0%的增速。2020年，全球47个国家数字经济增加值规模达到32.6万亿美元，同比名义增长3.0%，产业数字化仍然是数字经济发展的主引擎，占数字经济比重为84.4%。从规模看，美国数字经济继续蝉联世界第一，2020年规模接近13.6万亿美元。从占比看，德国、英国、美国数字经济在国民经济中占据主导地位，占国内生产总值比重超过60%。从增速看，中国数字经济同比增长9.6%，位居全球第一。

9.2.2 碳中和中的数字技术

9.2.2.1 大数据技术

大数据是指在社会运行过程中高速产生的大量多样化数据，而大数据技术指的是对大数据进行收集、分析、处理的一类技术的总称。随着我国碳达峰、碳中和的目标制定，对社会碳排放及节能减排相关领域信息的收集处理是制定我国未来社会发展方案的必要前提之一。大数据技术可以有效提高能源行业的信息收集效率与预测精度，是我国实现"双碳"目标的重要技术支撑。大数据技术对于碳中和目标的实现主要有以下几点帮助：

首先，大数据技术可以帮助能源与电力行业对排放因子进行优化。排放因子是表征单位生产或消费活动所产生温室气体排放量的一种评价系数，随着能源与电力技术和产业的不断发展，不同阶段时期的排放因子也在动态变化，采用大数据技术对碳排放量和排放趋势等信息进行高效收集和处理，可以帮助有关部门更精确地确定合适的碳排放因子。

其次，大数据技术通过对全行业的碳排放数据进行监测收集、对节能减排技术的能效进行综合评估和对碳排放规律进行仿真预测等工作，可以有效实现碳排放相关信息的精确计算，帮助有关部门更好地评估分析能源电力行业的现状。

最后，大数据技术可以根据当前收集到的碳排放与节能减排数据构建能源碳排放数据库与模拟预测系统，对不同条件下碳排放情况和能源电力行业的发展方向进行预测分析，帮助有关部门制定合理有效的减排方案，实现对我国"双碳"目标的精准规划和预测。

9.2.2.2 人工智能技术

人工智能技术是使计算机模拟人的思维过程或智能行为的技术，通过人工智能技术可以使有关产品或系统具备脱离人为操作而自主实现控制、分析、决策等工作的智能化功能。人工智能技术在能源与电力行业中的应用可以满足能源调度的智能化、精确化需求，实现各类能源的高效综合利用，帮助能源电力系统实现低碳清洁化改革升级。

在能源生产阶段，人工智能技术可以帮助相关新能源发电系统进行合理设计规划，提高不同能源发电技术之间的合作互补，促进发电设备智能化升级。

在能源运输及调度阶段，人工智能技术一方面可以有效提高现代能源互联网的反应速度，实现能源电力的智能化和高效化调度，提高能源运输及调度的稳定性和安全性。另一方面，通过人工智能优化技术可以对能源系统的调度方案进行分析和智能优化，提高能源运输与调度的精准度和有效性，降低运输过程中的不必要浪费。

在能源利用阶段，通过利用人工智能分析技术对消费端数据分析、利用人工智能算法对各类能源消费设备进行优化和利用人工智能管理技术对能源消费侧进行自动一体化精确管理，可以有效提高能源利用效率，改善能源用户侧的能源消费体验。

9.2.2.3 区块链技术

区块链指的是由含有信息的多个区块按照一定的顺序连接而成的链式信息结构，区块链数据被存储在多个服务器节点中，每个节点均可以保证区块链系统的正常运行，此外，对于区块链信息的更改需要经过多个节点的验证才能进行，因此区块链技术是一种去中心化、开放、稳定、安全、高效的数据信息技术。区块链技术可以充分满足现代多元化能源交易市场对能源交易提出的透明化、实时化和安全化要求，形成新型分布式能源交易市场，改善我国实现"双碳"目标进程中的能源交易环境，具体来说，区块链技术对我国"双碳"目标的实现有以下几点作用：

首先，区块链技术可以有效推动分布式能源市场的建立与创新。区块链技术可以构建分布式能源交易数据库，对能源市场的供给侧、调配侧和消费侧数据进行分布式去中心化管理。通过区块链技术可以提高能源交易市场的信息交互性，实现能源市场交易的自动化和智能化处理，优化能源交易市场资源配置，实现全能源系统的协调优化运行。

其次，区块链技术可以促进能源市场结构及运行流程的进一步优化升级。一方面，区块链技术可以实现能源交易过程中的设备互联与信息互联，提高能源交易过程中的信息交互性，构建由基础层、引擎层、业务层、应用层构成的分层能源市场结构。其中基础层负责提供能源市场交易基础架构，储存并加密区块链数据；引擎层负责通过智能合约算法对能源交易市场交易、定价、调度等合约进行合理优化调配；业务层负责能源市场各类业务的有序进行；应用层负责提供能源市场各类场景条件下的具体应用方案。另一方面，区块链技术可以完善能源市场交易流程，通过对供给侧和消费侧信息的收集处理，可以自动调配最佳的能源交易方案，对交易双方的交易资格进行安全验证，保障能源交易流程的高效性、透明性和安全性。

最后，区块链技术还有助于构建能源市场低碳行为激励体系。通过区块链技术可以为企业设置低碳交易通证，控制和规范企业交易行为，也可以从能源供给侧、调度侧和消费侧进行综合调度与激励，提高能源转换效率，降低消费侧能源需求、供给侧污染物排放量和调配侧能量运输成本。

9.2.2.4 数字孪生技术

数字孪生是一种超越现实的概念，数字孪生的实质是建立现实世界物理系统的虚拟数字镜像，贯穿于物理系统的全生命周期，并随着物理系统动态演化。数字孪生技术有助于我国在"双碳"目标上建立实时碳足迹追踪模型与碳排放生命周期评价体系，从而帮助有关部门制定碳排放监测、控制和规划政策。

数字孪生技术对我国"双碳"目标的促进作用主要可以分为两点：

首先，数字孪生技术可以实现社会及企业的碳排放精准监测和计量。通过数字孪生技术可以建立碳排放数据监测系统，对能源电力系统进行全方面模拟和仿真预测，实现自动化排放量核算。

其次，数字孪生技术有助于"双碳"目标过程中的精准规划实施。通过数字孪生技术可以对能源电力系统的碳排放情况进行理论建模与仿真模拟，预测企业的碳排放趋势和碳排放潜力，根据实际情况确定精准的企业节能减排政策。数字孪生技术也可以帮助企业对碳减排规划和生产行为进行精准匹配，推动企业技术创新和低碳化转型。通过数字孪生技术对能源生产、运输、调配、消费流程的全生命周期实时模拟，可以对碳排放流程进行实时监测，构建完整的碳排放监管与控制体系，实现碳排放量的智能化、自动化、精确化控制（陈晓红等，2021）。

9.2.3 数字经济发展方向

数字技术的发展和数字经济规模的不断扩大促进了我国经济的高质量发展和经济模式的改革升级，为经济社会可持续发展注入了活力。数字技术是实现我国"双碳"目标的重要技术支撑之一，数字经济与能源行业低碳化转型升级有着密不可分的关系。为了进一步扩大数字经济规模，推动我国"双碳"目标工作的开展，应该从以下几个方向重点着手：

首先，我国应当加快数字经济基础设施建设，推动人工智能技术、大数据技术、5G 信息技术等数字技术的进一步发展，为数字经济规模的扩大提供基础，促进数字经济与传统经济之间的融合升级。数字经济基础设施的建设可以提高各行各业的生产数字化水平，优化能源与电力市场产业结构，强化数字技术在各个领域的应用规模。

其次，我国应当加大数字技术创新发展力度。通过加大对新型数字技术的经济投资和制定相关激励性政策，可以有效完善数字技术创新发展体系。通过完善数字经济相关法律法规，可以更好地保护数字技术知识产权，营造公平公正公开的数字经济竞争环境。我国应当加强对数字技术人才的大力培养，积极与国际社会交流合作，学习先进技术与应用经验，为数字技术创新发展注入源源不断的活力。

最后，我国应该制定因地制宜的数字经济发展战略。我国国土面积庞大、资源分布与社会发展水平存在区域性差异，因此数字经济发展政策应当向欠发达地区适当倾斜，推动欠发达地区数字技术的发展与数字经济的推广，消除不同区域之间的数字化水平差异。通过优化全国范围内的数据中心建设布局，可以有效促进区域之间数字经济协同发展，充分发挥不同区域的资源与经济优势。此外，应当优化资源型城市的人力资本结构，增加科技产业投资和人才培养力度，倡导数字化绿色生产消费理念，制定严格的能源环境政策，促进社会清洁低碳化转型。

9.3 生命周期分析方法

9.3.1 生命周期理论与概念

9.3.1.1 生命周期

生命周期的概念最早出现于 20 世纪初，最早应用于包装废弃物问题上。生命周期是指某一种产品或服务从取得原材料，经生产、使用直至废弃、回收的整个过程。生命周期评价是一个评价与产品、生产工艺或行动相关的环境负荷的客观过程，对产品进行生命周期评价可以全面分析评估分析对象在其生命周期范围内的综合表现，帮助决策者找到评价对象的优化改进潜力并制定相关优化方案。图 9-6 展示了生命周期评价实施步骤，生命周期评价可以分为定义目标与确定范围、清单分析、影响评价和改善评价四个部分（武振东，2021）。

生命周期评价已经发展成为产品环境特征分析和决策的工具，被广泛地运用于技术科学、自然科学、社会科学、经济科学、管理科学和国际关系学等领域。生命周期评价已经被认为是一种全新的、最具潜力的、适应可持续发展战略要求的环境管理工具。

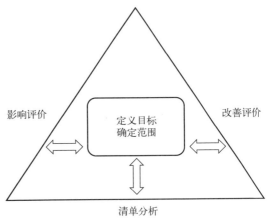

图 9-6　生命周期评价实施步骤

9.3.1.2　生命周期成本

生命周期成本是指项目或系统在其生命周期内建设、运行、维护和拆除过程中产生的量化成本的总和。

生命周期成本具有多种分类方法和标准，其中按照时间分类可以分为初始化成本和未来成本，其中初始化成本是在设施获得之前将要发生的成本，即建设成本，而未来成本是指从设施开始运营到设施被拆除期间所发生的成本，包括能源成本、运行成本、维护和修理成本、替换成本、剩余价值等。生命周期成本按照相关内容分类可以分为投资相关成本、效用相关成本、运行相关成本和其他相关的成本和利益（张静，2015）。

生命周期成本分析的步骤包括确定分析对象的成本分析范围、细化分析对象的成本构成、定义和量化成本组成要素、预测分析对象的生命周期范围、对各类成本进行加和。

9.3.1.3　生命周期碳成本

随着世界经济社会的不断发展，人类社会水平与自然环境之间的矛盾愈加明显，资源短缺和环境恶化等问题的到来对世界经济的低碳清洁化转型提出了新的要求。碳成本是一种从社会视角出发，综合评价产品或系统的社会效益的量化指标，是指碳排放主体为了降低排放量而采取的一切措施的成本，以及这些措施可能导致的一切代价成本（王冰，2012）。

碳成本一般包括碳控制成本和碳补偿成本。

碳控制成本是指排放主体为减少碳排放量而产生的成本，主要包括优化设计的成本、使用清洁能源的成本、更换材料的成本、升级技术或设备的成本等。碳控制成本体现了碳排放主体履行节能减排义务的程度。

碳补偿成本是指碳排放主体因其已经造成的碳排放量而产生的成本，主要包括政府有关部门对碳排放超标的处罚、企业因其过度碳排放而对社会或环境进行的主动补偿等。碳补偿成本体现了碳排放主体在控制碳排放量方面存在的责任缺失与技术缺陷。

碳成本可以认为是对产品生命周期成本核算范围进一步的扩充，充分考虑了碳排放主体在碳排放过程中所应承担的社会成本，使企业充分重视产品在其全生命周期内发生在企业内外的碳排放成本。生命周期碳成本是生命周期成本与碳成本相结合的一种新型量化评价指标，是碳排放主体在设计、制造、运行、废弃的全生命周期中所发生的与碳排放相关的成本（如图 9-7）。

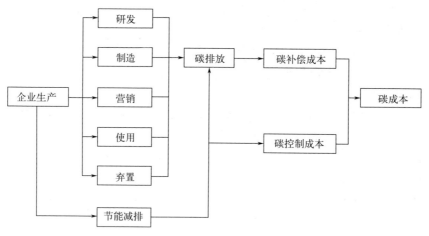

图 9-7 生命周期碳成本结构

9.3.2 生命周期碳成本分析

9.3.2.1 生命周期碳成本核算

对碳排放主体进行生命周期碳成本分析的首要前提是进行生命周期碳成本核算。生命周期碳成本核算范围可以分为生命周期直接碳成本和生命周期间接碳成本。生命周期直接碳成本是指碳排放主体生命周期中造成的碳成本和可以直接控制的碳成本的综合,如排放主体的电力成本、原材料成本、运输成本、设备成本等。生命周期间接碳成本是指与碳排放主体活动有关,但直接来源于其他主体或不能直接判断来源的碳成本的综合,如原材料在开采运输过程中的成本、生产产品在售出后产生的成本等。

生命周期碳成本核算计量方法主要包括历史成本法、全额计量法、差额计量法、机会成本法和市场价值法。历史成本法是以经济业务或事项实际发生时的成本作为标准计量计价的计量方法;全额计量法是指将与碳排放相关成本全部进行加和的计量方法;差额计量法是对节能减排所导致的碳成本下降总量进行计算的计量方法;机会成本法是指在无市场价格的情况下用所牺牲的替代用途的收入来估算资源使用成本的计量方法;市场价值法是按照市场现行价格确定资源和技术成本的计量方法。

在完成产品生命周期碳成本的计量之后,需要对碳成本进行归集和分配,最常用的方法是作业成本法或者生命周期成本法。

作业成本法是指根据成本产生的动因来确认和计算企业作业量,进而以作业动因作为分配基础对成本进行分配的成本计算方法,主要用于对企业的间接费用和辅助生产费用进行归集和分配,可以有效对企业作业活动进行跟踪和动态反应,但作业成本法只考虑了企业内部碳成本,无法对企业外部碳成本进行计量。产品生命周期成本法是指对产品从设计、制造、营销、使用、废弃的全生命周期内产生的所有成本进行归集和分配的成本计算方法,既保证了企业内部产品成本信息的完整性,又能有效核算企业的外部碳成本,但由于计算时涉及信息量巨大,因此需要其他企业成本管理方法的配合。

在生命周期碳成本核算的过程中,应当保证分析对象产品生命周期碳成本的相关性、准确性和可定义性。碳成本的相关性是指生命周期碳成本核算的信息应当完全包含有助于确定碳排放主体碳成本的所有信息。碳成本的准确性是指生命周期碳成本核算的信息可以真实有效反映碳排放主体的碳排放水平，避免核算过程中的不确定性。碳成本核算的可定义性是指生命周期碳成本在进行核算时具有详细、具体的评价依据，保证碳成本定义的一致性。

9.3.2.2 生命周期碳成本控制

对碳排放主体进行生命周期碳成本核算可以帮助碳排放主体找到控制碳排放成本的可行方向并做出合理决策。生命周期碳成本的控制不仅符合企业可持续发展的需求，也符合企业经济效益与社会环境效益的和谐统一要求。生命周期碳成本控制一共可以分为设计、采购、生产、销售、弃置五个阶段。

设计阶段是生命周期碳成本的控制源头和基础，对碳排放主体实施低碳设计，可以使节能减排的理念贯穿碳排放主体运行的每个环节，实现碳排放主体生命周期碳成本的最小化。低碳设计的主要方向有选择合适的低碳材料、优化产品工艺设计、使用低碳产品包装、优化产品使用方法、设计产品回收利用方案等。

采购阶段是碳排放主体与外部进行信息与资源交换、产生碳成本的起点。低碳采购要求企业建立完备的低碳采购数据库，对不同的采购原料及供应方案进行综合评估，从而选择碳成本最低的采购方案。

生产阶段是碳排放主体最主要的碳排放来源，也是控制碳排放和碳成本最关键的技术环节。低碳生产一方面要求企业大力发展和应用低碳技术，选择合适的生产工艺和能源资源，提高生产效率，减少生产过程中的碳排放量，另一方面要求企业对生产过程管理进行优化改革，建立相应的碳成本管理中心，对企业碳成本进行实时监测和分析评估，帮助企业制定切实可行的生产管理策略。此外，产品的规模化生产有利于降低企业节能减排成本，提高资源利用率，优化生产流程。

销售阶段是企业与市场紧密联系的关键环节。低碳销售要求企业降低在包装、物流运输等过程中产生的一系列碳成本，包括选择可回收包装材料、减少包装用料、优化包装设计、选用低碳物流运输方法等。

弃置阶段是碳排放主体生命周期中的最后一环，是发现和利用废弃物剩余价值的关键环节。通过对生产过程中产生的固态、液态、气态废弃物进行统一收集、集中处理和循环利用，可以有效提高资源利用效率，降低企业生产过程中不必要的成本损失，同时可以避免大量废弃物流入自然环境，有效保护自然生态。

9.3.2.3 生命周期碳成本信息披露

任何行业的发展都离不开政府的有力监管和社会的监督。企业对生命周期碳成本进行主动披露，可以真实反映出企业碳成本的控制情况，有助于企业为降低排放量和碳成本制定合理的方案规划，也可以体现企业主动承担社会责任的态度，提高企业在市场中的竞争力。

在生命周期碳成本信息披露中，应当保证信息披露的重要性、完整性、相关性、可验证性与可对比性。生命周期碳成本信息披露的重要性是指所披露的信息能够真实有效反映企业的碳排放水平和碳成本水平，避免在披露过程中出现不必要的无用信息或虚假信息；生命周期碳成本信息披露的完整性是指所披露的信息可以完整反映企业现状，以便相关机构对企业进行全方面评价分析；生命周期碳成本信息披露的相关性是指所披露的信息是与碳排放和碳成本相关的信息；生命周期碳成本信息披露的可验证性是指所披露的信息便于得到第三方验证，从而保证信息披露的真实有效；生命周期碳成本信息披露的可比性是指所披露的信息可以进行不同企业间的横向对比，或是同一企业不同时间上的纵向对比。

企业在进行生命周期碳成本信息披露时，除了在财务报表或责任报告中以书面文字的形式进行披露，还可以采用表内披露与表外披露两种披露方式。表内披露是指在传统的会计报表中直接添加碳成本要素信息进行披露；而产品在其整个生命周期内所产生的无法以货币形式进行表内披露的碳成本信息（如规划、分类、措施等），可以借助表格、文字、图形、指标等形式在表外进行定性的披露。企业也可以通过公司简介、碳排放项目调查问卷、企业年报、企业社会责任报告、企业招股说明书等方式进行信息披露，并将披露信息单独整理成书。

| 碳中和聚焦 9-3 |

钢铁企业碳成本计算

钢铁行业因其高能耗、高排放，成为碳减排的重点领域。然而，当前钢铁行业在成本核算中存在内容不全面，计算对象不规范等问题，为使钢铁企业及时方便地获得碳成本信息，进而达到节能减排、降低成本的目的，有必要引入更加科学的碳成本核算体系。

钢铁企业碳成本核算具体步骤如下。

步骤一：界定钢铁企业产品的生命周期和成本分类。根据钢铁企业的工艺流程，可以把原料采购、生产制造、销售、废弃回收作为一个完整的生命周期，碳成本主要来自燃料、电能消耗以及化学反应形成的碳排放成本、处理废弃机器设备的折旧成本。

步骤二：识别周期内关键作业，找出成本动因，如表 9-1 所示。

步骤三：分配资源到作业，根据能源碳排放系数计算出碳成本。

步骤四：分配次级作业的碳成本到一级作业。

步骤五：计算一级作业的分配率。

步骤六：根据成本对象消耗的作业数量，分配作业碳成本到成本对象。

表 9-1 钢铁企业作业库

成本对象	一级作业	次级作业	作业动因
原料采购	原料运输	—	次数
生产制造	烧结	混合	电耗/(kW·h)
		除尘	电耗/(kW·h)
		烧结	批次
		破碎、筛分	电耗/(kW·h)
	炼铁	冷却	电耗/(kW·h)
		烟气处理	批次
		脱硫	批次
	炼钢	氧气转炉	批次
		电炉炼钢	电耗/(kW·h)
		酸洗	批次
	运铸	修磨	电耗/(kW·h)
		加热	批次
		轧制精整	电耗/(kW·h)
销售	配送	—	批次
回收	运输	—	批次

根据企业碳成本计算的结果，企业可以对其生命周期碳成本进行有效追溯，并采取针对性措施调整生产结构、降低企业碳成本。作业成本法通过识别碳成本产生的动因，提高了成本分配的准确性以及成本信息的整体质量与相关性，为企业决策提供了更加可靠的依据（韩丹等，2015）。

本章小结

（1）本章节对碳捕集、利用与封存，碳循环和数字经济在"双碳"目标中的作用进行了简要分析和概述，同时介绍了生命周期分析和碳成本这两种概念。

（2）碳捕集、利用与封存（CCUS）技术是实现社会节能减排和碳循环的关键技术。

（3）数字技术的发展和应用促进了数字经济时代的到来，促进了我国经济的高质量发展和经济发展模式的改变，为经济社会可持续发展注入了活力，同时数字经济也有助于我国能源电力行业的改革升级与"双碳"目标的实现。

（4）生命周期理念与生命周期分析方法在生态环境领域有着广泛的应用，通过对企业等社会碳排放主体进行生命周期碳成本分析，可以找到降低社会碳排放量的关键方向，为节能减排相关政策的制定和相关技术的发展提供指导性意见。

关键术语

碳捕集、利用与封存（carbon capture, utilization and storage）
数字经济（digital economy）
数字技术（digital technology）
生命周期分析（life-cycle analysis）
生命周期成本（life-cycle cost）
碳成本（carbon cost）

复习思考题

（1）什么是CCUS技术？CCUS技术可以应用到哪些行业？
（2）什么是数字技术与数字经济？
（3）数字经济与我们的日常生活有什么关系？
（4）什么是生命周期和生命周期分析？生命周期分析的步骤有哪些？
（5）什么是碳成本？为什么要分析企业的生命周期碳成本？

参考文献

[1] Carroll A B. A three-dimensional conceptual model of corporate performance. Academy of management review,1979,4(4):497-505.

[2] Huang J W,Li Y H. Green innovation and performance:The view of organizational capability and social reciprocity. Journal of Business Ethics,2017,145(2):309-324.

[3] HU J L,WANG S C. Total-factor energy efficiency of regions in China. Energy Policy,2006,34(17):3206-3217.

[4] Lee Burke,Jeanne M Logsdon. How corporate social responsibility pays off. Long Range Planning,1996,29(4):495-502.

[5] Leonidas C. Leonidou and Paul Christodoulides and Des Thwaites. External Determinants and Financial Outcomes of an Eco-friendly Orientation in Smaller Manufacturing Firms. Journal of Small Business Management,2016,54(1):5-25.

[6] Leonidou L C,Christodoulides P,Kyrgidou L P,et al. Internal drivers and performance consequences of small firm green business strategy:The moderating role of external forces. Journal of business ethics,2017,140:585-606.

[7] LI D,HUANG M,REN S,et al. Environmental legitimacy,green innovation,and corporate carbon disclosure:evidence from CDP China 100. Journal of Business Ethics,2018(150):1089-1104.

[8] MCDANIEL B,KOSANOVIC D. Modeling of combined heat and power plant performance with seasonal thermal energy storage. Journal of Energy Storage,2016(7):13-23.

[9] Teece D J,Pisano G,Shuen A. Dynamic capabilities and strategic management. Strategic management journal,1997,18(7):509-533.

[10] WANG X,DING H,LIU L. Eco-efficiency measurement of industrial sectors in China:A hybrid super-efficiency DEA analysis. Journal of Cleaner Production,2019,229:53-64.

[11] 曹红军,赵剑波,王以华. 动态能力的维度:基于中国企业的实证研究. 科学学研究,2009,27(01):36-44.

[12] 操小娟. 气候政策中激励政策工具的组合应用:欧盟的实践与启示. 中国地质大学学报:社会科学版,2014,14(04):60-66.

[13] 陈兵,肖红亮,李景明,等. 二氧化碳捕集、利用与封存研究进展. 应用化工,2018,47(03):589-592.

[14] 陈柳钦. 中国生物质发电问题探讨. 决策咨询,2012(05):1-7.

[15] 陈树勇,宋书芳,李兰欣,等. 智能电网技术综述. 电网技术,2009,33(08):1-7.

[16] 陈晓红,胡东滨,曹文治,等. 数字技术助推我国能源行业碳中和目标实现的路径探析. 中国科学院院刊,2021,36(09):1019-1029.

[17] 傅翠晓. 碳达峰、碳中和的五大重点关注领域. 张江科技评论,2021(04):66-68.

[18] 高泽,杨建华,冯语晴,等. 新能源发电现状概述与分析. 中外能源,2014,19(10):31-36.

[19] 哈琳. 六种第四代核反应堆概念. 国外核新闻,2003(01):15-19.

[20] 荆涛,陈庚,王子豪,等. 风光互补发电耦合氢储能系统研究综述. 中国电力,2022,55(01):75-83.

[21] 金兴. 浅谈火力发电厂的节能减排技术. 上海节能,2011(08):7-10.

[22] 康子冉,丁韦娜. 中国碳交易市场发展的内在逻辑和路径选择. 中国物价,2022(05):98-101.

[23] 孔力,裴玮,饶建业,等. 建设新型电力系统促进实现碳中和. 中国科学院院刊,2022,37(04):522-528.

[24] 李赶顺,周长荣. 碳排放内部化措施及其贸易效应. 生态经济,2013(06):55-57.

[25] 李慧, 赵芳琦, 焦傲, 等. 太阳能光热与火电机组互补发电研究综述. 东北电力大学学报, 2019, 39 (06): 8-14.

[26] 李平, 饶泽炜. 碳交易主要问题研究现状. 电子科技大学学报: 社科版, 2021, 23 (05): 12-23.

[27] 李军军, 吴政球, 谭勋琼, 等. 风力发电及其技术发展综述. 电力建设, 2011, 32 (08): 64-72.

[28] 李璐伶, 樊栓狮, 陈秋雄, 等. 储氢技术研究现状及展望. 储能科学与技术, 2018, 7 (04): 586-594.

[29] 李小玉, 薛有志, 牛建波. 企业战略转型研究述评与基本框架构建. 外国经济与管理, 2015, 37 (12): 3-15.

[30] 罗星, 王吉红, 马钊. 储能技术综述及其在智能电网中的应用展望. 智能电网, 2014, 2 (01): 7-12.

[31] 马隆龙, 唐志华, 汪丛伟, 等. 生物质能研究现状及未来发展策略. 中国科学院院刊, 2019, 34 (04): 434-442.

[32] 马蓝, 王士勇, 张剑勇. 数字经济驱动企业商业模式创新的路径研究. 技术经济与管理研究, 2021 (10): 37-42.

[33] 马秋卓, 宋海清. CDM机制下政府碳税及垄断企业最优定价与碳排放策略研究. 运筹与管理, 2015, 24 (06): 261-271.

[34] 马晓辉, 高素英, 赵雪. 数字化转型企业商业模式创新演化研究——基于海尔的纵向案例研究. 兰州学刊, 2022, 345 (06): 28-41.

[35] 马钊, 周孝信, 尚宇炜, 等. 能源互联网概念、关键技术及发展模式探索. 电网技术, 2015, 39 (11): 3014-3022.

[36] 莫一波, 杨灵, 黄柳燕, 等. 各种太阳能发电技术研究综述. 东方电气评论, 2018, 32 (01): 78-82.

[37] 莫一波, 黄柳燕, 袁朝兴, 等. 地热能发电技术研究综述. 东方电气评论, 2019, 33 (02): 76-80.

[38] 齐书芳, 左朋莱, 王晨龙, 等. 我国火电厂大气污染防治现状分析. 中国环保产业, 2016 (07): 46-50.

[39] 沈晓倩. 我国电力行业碳排放达峰及减排潜力研究. 应用能源技术, 2022 (02): 24-26.

[40] 宋敬, 张卓, 叶涛. 高管团队异质性与数字商业模式创新——基于A股上市公司的经验分析. 技术经济, 2022, 41 (05): 39-51.

[41] 宋嘉颖. 核能安全发展的伦理研究. 南京: 南京理工大学, 2013.

[42] Solomykov Aleksandr. 核能供热的中俄比较及基本热负荷优化研究. 大连: 大连理工大学, 2020.

[43] 田虹, 王宇菲. 动态环境下的企业环境战略转型研究综述与基本框架构建. 科技管理研究, 2020, 40 (05): 233-242.

[44] 田世明, 栾文鹏, 张东霞, 等. 能源互联网技术形态与关键技术. 中国电机工程学报, 2015, 35 (14): 3482-3494.

[45] 王炳成, 赵静怡, 王滋承. 消极互惠: 心理契约违背对商业模式创新的影响机理研究——一个有调节的中介模型. 管理工程学报, 2022, 36 (01): 73-82.

[46] 王丹. 二氧化碳捕集、利用与封存技术全链分析与集成优化研究. 北京: 中国科学院大学, 中国科学院工程热物理研究所, 2020.

[47] 王科, 李思阳. 中国碳市场回顾与展望 (2022). 北京理工大学学报: 社会科学版, 2022, 24 (02): 33-42.

[48] 王京安, 韩立. 碳税与碳排放权交易制度对比分析. 商业研究, 2013 (07): 21-27.

[49] 王丽平, 赵飞跃. 组织忘记、关系学习、企业开放度与商业模式创新. 科研管理, 2016, 37 (03): 42-50.

[50] 王雅楠, 罗岚, 陈伟, 等. 中国产业结构调整视角下的碳减排潜力分析——基于EIO-LCA模型. 生态经济, 2019, 35 (11): 21-27.

[51] 王真. 超低排放火电机组燃煤锅炉运行优化技术研究. 济南：山东大学，2021.
[52] 卫志民. 中国碳排放权交易市场的发展现状、国际经验与路径选择. 求是学刊，2015，42（05）：64-71.
[53] 翁智雄，马中，刘婷婷. 碳中和目标下中国碳市场的现状、挑战与对策. 环境保护，2021，49（16）：18-22.
[54] 吴克河，王继业，李为，等. 面向能源互联网的新一代电力系统运行模式研究. 中国电机工程学报，2019，39（04）：966-979.
[55] 谢滨，雷平和. 大型直接空冷电站的设计和运行情况. 电力设备，2006（03）：8-13.
[56] 宣亚雷. 二氧化碳捕获与封存技术应用项目风险评价研究. 大连：大连理工大学，2013.
[57] 杨军，赵永斌，丛建辉. 全国统一碳市场碳配额的总量设定与分配——基于碳交易三大特性的再审视. 天津社会科学，2017（05）：110-114.
[58] 姚若军，高啸天. 氢能产业链及氢能发电利用技术现状及展望. 南方能源建设，2021，8（04）：9-15.
[59] 俞红梅，邵志刚，侯明，等. 电解水制氢技术研究进展与发展建议. 中国工程科学，2021，23（02）：146-152.
[60] 曾鸣，杨雍琦，刘敦楠，等. 能源互联网"源-网-荷-储"协调优化运营模式及关键技术. 电网技术，2016，40（01）：114-124.
[61] 张程. 碳中和下的"氢经济". 检察风云，2022（02）：70-71.
[62] 张海龙. 中国新能源发展研究. 长春：吉林大学，2014.
[63] 张璐阳，戚聿东. 数字技术背景集成电路产业颠覆创新模式构建. 科学学研究，2021，39（05）：920-929.
[64] 张文亮，丘明，来小康. 储能技术在电力系统中的应用. 电网技术，2008（07）：1-9.
[65] 张智刚，康重庆. 碳中和目标下构建新型电力系统的挑战与展望. 中国电机工程学报，2022，42（08）：2806-2819.
[66] 赵志强，张贺，焦畅，等. 全球CCUS技术和应用现状分析. 现代化工，2021，41（04）：5-10.
[67] 周一工. 中国燃煤发电节能技术的发展及前景. 中外能源，2011，16（07）：91-95.
[68] 贺凯. CO_2地质封存系统完整性演化及其泄漏研究. 大庆：东北石油大学，2019.